W0292259

Zu diesem Buch

Das Grundgesetz liefert die Richtschnur für das politische und gesellschaftliche Leben in der Bundesrepublik. Es klärt die Rechte der Bürger, beschreibt die Aufgaben des Staates und bestimmt die Befugnisse von Parlament und Regierung. Selbst Ergebnis eines historischen Prozesses, verändert es sich ständig unter dem Druck gesellschaftlicher Kräfte. Das Grundgesetz verstehen, heißt also nicht nur, die staatlichen Institutionen und Normen zu kennen. Es bedeutet auch, sich der verfassungsrechtlichen Möglichkeiten einer Gesellschaftsveränderung bewußt zu werden.

Dazu bietet dieses didaktische Sachbuch einen neuen Weg. Es liefert keinen fortlaufenden Kommentar zum Grundgesetz, sondern greift die Grundprobleme der Verfassung heraus, die zum Verständnis unseres Staatsaufbaus und zentraler Punkte der gesellschaftspolitischen Diskussion wichtig sind. Fälle aus dem Alltag, Grundsatzurteile und Expertenbeiträge ergänzen den Text um Materialien zur vertiefenden Information und selbständigen Überlegung. Arbeitsvorschläge verweisen auf die besondere Eignung des Bandes für den politischen Unterricht.

Ernst-Heinrich Freiherr v. Bernewitz ist Diplom-Politologe und hat sich als Lehrbeauftragter am Fachbereich Politische Wissenschaften der FU Berlin eingehend mit didaktischen Fragen des politischen Weltkundeunterrichts befaßt. 1977 erschien der von ihm herausgegebene Band «Wirtschaft und Politik verstehen. Didaktisches Sachbuch zur Vorgeschichte und Geschichte der Bundesrepublik» (rororo Sachbuch 7118).

Konrad v. Bonin, Dr. jur., ist juristischer Assessor. Er war bis 1977 Wissenschaftlicher Assistent am Fachbereich Rechtswissenschaft der FU Berlin. Dort arbeitete er unter anderem an einer wissenschaftlichen Konzeption zur Einführung in das Verfassungssystem an der Universität und leitete seit 1972 Lehrveranstaltungen zu diesem Thema. Seit 1984 ist er Studienleiter beim Deutschen Evangelischen Kirchentag.

Die Autoren haben ihr Buch zusammen mit Sozialkundelehrern entwickelt und erprobt.

Ernst Heinrich v. Bernewitz
Konrad v. Bonin

Das Grundgesetz verstehen

Didaktisches Sachbuch zu Verfassungsrecht und Gesellschaftswirklichkeit

Erläuterungen – Materialien – Arbeitsvorschläge

rororo

Rowohlt

Originalausgabe
Redaktion Ludwig Moos
Umschlagentwurf Werner Rebhuhn

88.–90. Tausend August 1992

Überarbeitete und aktualisierte Ausgabe
Veröffentlicht im Rowohlt Taschenbuch Verlag GmbH,
Reinbek bei Hamburg, Dezember 1976
Copyright © 1976 by Rowohlt Taschenbuch Verlag GmbH,
Reinbek bei Hamburg
Satz Aldus (Linotron 505 C)
Gesamtherstellung Clausen & Bosse, Leck
Printed in Germany
890-ISBN 3 499 16995 9

Vorbemerkung

Die vorliegende Einführung in das Grundgesetz soll einen Weg zum kritischen Verständnis der Grundprobleme der Verfassungsordnung in der Bundesrepublik Deutschland zeigen. Die Verfasser wollen dabei deutlich machen, daß das Grundgesetz auf einer langen historischen Tradition beruht, in einer bestimmten historischen Situation entstanden ist und nur hieraus verständlich wird. Wie jedes Recht unterliegt es einem ständigen geschichtlichen Wandel. Deutlich werden soll die Entscheidung des Grundgesetzes für den demokratischen und sozialen Rechtsstaat, aber auch die ständige Bedrohung der Demokratie, des Rechtsstaates, des Sozialstaates und der Grundrechte in der Verfassungswirklichkeit, sowohl von seiten des Staates als auch durch mächtige gesellschaftliche Organisationen.

Das Buch wendet sich vor allem an Lehrer und Schüler in den oberen Klassen weiterführender Schulen, sowie an Fachhochschulen und Volkshochschulen. Daneben dürften die abgedruckten Materialien eine Lücke in der Ausbildungsliteratur für Studienanfänger der Politikwissenschaft und der Rechtswissenschaft füllen.

Die einführenden Texte, die Auswahl der Materialien und die Formulierung der Arbeitsvorschläge beruhen vorwiegend auf didaktischen Gesichtspunkten. Die einzelnen Abschnitte können durchaus unabhängig voneinander bearbeitet werden; die behandelten Probleme haben größtenteils exemplarischen Charakter. Einige Vereinfachungen und Ungenauigkeiten waren in dem gesetzen Rahmen unvermeidlich.

Bei der Arbeit mit dem vorliegenden Buch empfiehlt es sich, einen neueren Text des Grundgesetzes zu benutzen.

Ernst Heinrich Freiherr v. Bernewitz — Berlin, August 1976
Konrad v. Bonin

Für die Neuauflage 1985 ist das Buch in einigen Bereichen aktualisiert und überarbeitet worden. Dies betrifft besonders die Prinzipien der parlamentarischen Demokratie, die Presse- und Rundfunkfreiheit, die Mitbestimmung, das Ausländerrecht und den Persönlichkeitsschutz gegenüber neuen Technologien.

Inhaltsverzeichnis

Materialienverzeichnis

Rechte der Ausländer

Koalitionsfreiheit

Versammlungsfreiheit

Die Freiheit der Meinungsäußerung

Persönlichkeitsschutz und Datenschutz

Einleitung
Was ist eine Verfassung?

Wenn Menschen zusammen leben, ergeben sich bestimmte, wiederkehrende Probleme und mögliche Konflikte. Zum Beispiel:

- Wer darf welches Land bebauen?
- Wem gehören die Früchte?
- Wer entscheidet im Falle eines Streites?

Ohne eine Regelung solcher Probleme wäre das friedliche Zusammenleben von Menschen kaum möglich. Im Streitfalle würde immer nur der Mächtigere und Stärkere die Oberhand behalten. Deshalb haben sich schon frühzeitig in der Geschichte Regelungen entwickelt, die mögliche Streitpunkte im Zusammenleben von Menschen klären sollten. Diese Regeln bezeichnet man als *Recht*. Das Recht, das eine Gemeinschaft sich gibt, ist eine Widerspiegelung der Grundstrukturen der Gemeinschaft.

Die Inhalte der rechtlichen Regelungen richten sich:

- nach den Problemen, die es zu regeln gilt
- nach denen, die die Regeln festlegen

Verschiedene Gesellschaften haben verschiedene Probleme.

Beispiel:

Vor 1000 Jahren waren die Flüsse in Mitteleuropa voller Fische. Die Bevölkerung war gering. Jedermann konnte genügend Fische für seine Ernährung fangen. Zu jener Zeit brauchte nicht geregelt zu werden, wer in welchen Flüssen fischen durfte. Später wuchs die Bevölkerung. Einige Personen lebten davon, daß sie Fische fingen und diese an die Bewohner der Städte verkauften. Es tauchte die Gefahr auf, Flüsse und Seen könnten leer gefischt werden. Jetzt wurden Regelungen des Fischfanges notwendig.

Heute sind viele Flüsse nicht nur leergefischt; die meisten sind durch Industrieabwässer und andere Eingriffe des Menschen in ihrer natürlichen Zusammensetzung zerstört. Jetzt bedarf es neuer Regelungen, um die Industrieansiedlung zu beschränken und die Abwässerbeseitigung zu kontrollieren.

Das Beispiel soll folgendes zeigen:

Wenn sich die Verhältnisse und Beziehungen der Menschen nicht änderten, müßten auch die Regeln ihres Zusammenlebens nicht notwendig anders werden. Da sich in der geschichtlichen Entwicklung die Verhältnisse wandeln, müssen sich auch die Regeln (das Recht) verändern. Es wird sich also ein Verfahren der Setzung von neuem Recht herausbilden.

Je größer eine Gemeinschaft ist, desto notwendiger ist es, daß die Hauptprobleme des Zusammenlebens und die wichtigsten Aufgaben der Gesamtheit einheitlich und langfristig geregelt werden. Deshalb haben sich die Gemeinwesen rechtliche Grundordnungen gegeben.

Die rechtliche Grundordnung eines Staates ist seine *Verfassung.* In ihr sind die Leitprinzipien festgelegt, nach denen das politische Zusammenleben sich richten und die staatlichen Aufgaben wahrgenommen werden sollen. Sie ordnet die Organisation und das Verfahren politischer Entscheidungen und staatlichen Wirkens. Sie schafft Grundlagen und normiert Grundzüge der rechtlichen Gesamtordnung. Sie regelt Verfahren zur Bewältigung von Konflikten innerhalb des Gemeinwesens.

Als rechtliche Grundordnung der Gemeinschaft ist die Verfassung nicht auf eine Ordnung staatlichen Lebens beschränkt. Ihre Regelungen umfassen zum Beispiel auch Garantien für Leben und Gesundheit der Bürger, für ihr Eigentum, für Ehe und Familie und für die Freiheit geistiger Betätigung.

Verfassungen ändern sich, oder neue Verfassungen entstehen durch gesellschaftliche Veränderungen, die sowohl evolutionärer wie revolutionärer Natur sein können.

Die Verfassung der Bundesrepublik Deutschland ist das *Grundgesetz.*

Arbeitsvorschlag 1

Lesen Sie sorgfältig Art. 1–20, 33, 38, 103, 104 GG.
Überlegen Sie, ob der Wortlaut dieser Verfassungsbestimmungen mit der gesellschaftlichen Wirklichkeit in der Bundesrepublik übereinstimmt. Bei welchen Bestimmungen würden Sie dies bejahen, bei welchen es verneinen? Begründen Sie Ihre Stellungnahme.

Arbeitsvorschlag 2

Überlegen Sie, in welchen historischen Situationen neue Verfassungen entstehen.
Nehmen Sie als Beispiel
1. Die preußische Verfassungsurkunde von 1850
2. Die Reichsverfassung Bismarcks von 1871
3. Die Weimarer Verfassung von 1919
4. Das Grundgesetz von 1949

Versuchen Sie, Gemeinsamkeiten über die Zeit unmittelbar vor Entstehung der genannten vier Verfassungen zu formulieren. Läßt sich daraus ein allgemeines Prinzip entwickeln?

Erster Teil
Vorgeschichte und Geschichte des Grundgesetzes

A. Verfassungen vor dem Grundgesetz

Das Grundgesetz der Bundesrepublik Deutschland ist nicht die erste Verfassung in Deutschland. Es hat eine lange Reihe von Vorläufern. Viele seiner Bestimmungen sind nur verständlich, wenn sie in ihrer historischen Entwicklung gesehen werden.

Deshalb sollen im folgenden einige wichtige frühere Verfassungen vorgestellt werden.

I. Die französische Verfassung vom 3. September 1791

Von erheblicher Bedeutung für die spätere Verfassungsentwicklung in Europa war die französische Verfassung vom 3. September 1791. Vorangestellt war ihr eine *Erklärung der Menschen- und Bürgerrechte.* Diese hatte folgenden Wortlaut:

●●

Da die Vertreter des französischen Volkes, als Nationalversammlung eingesetzt, erwogen haben, daß die Unkenntnis, das Vergessen oder die Verachtung der Menschenrechte die einzigen Ursachen des öffentlichen Unglücks und der Verderbtheit der Regierungen sind, haben sie beschlossen, die natürlichen, unveräußerlichen und heiligen Rechte der Menschen in einer feierlichen Erklärung darzulegen, damit diese Erklärung allen Mitgliedern der Gesellschaft beständig vor Augen ist und sie unablässig an ihre Rechte und Pflichten erinnert; damit die Handlungen der gesetzgebenden wie der ausübenden Gewalt in jedem Augenblick mit dem Endzweck jeder politischen Einrichtung verglichen werden können und dadurch mehr geachtet werden; damit die Ansprüche der Bürger, fortan auf einfache und unbestreitbare Grundsätze begründet, sich immer auf die Erhaltung der Verfassung und das Allgemeinwohl richten mögen.

Infolgedessen erkennt und erklärt die Nationalversammlung in Gegenwart und unter dem Schutze des Allerhöchsten folgende Menschen- und Bürgerrechte:

Art. 1. Die Menschen sind und bleiben von Geburt frei und gleich an Rechten.

Soziale Unterschiede dürfen nur im gemeinen Nutzen begründet sein.

Art. 2. Das Ziel jeder politischen Vereinigung ist die Erhaltung der natürlichen und unveräußerlichen Menschenrechte. Diese Rechte sind Freiheit, Eigentum, Sicherheit und Widerstand gegen Unterdrückung.

Art. 3. Der Ursprung jeder Souveränität ruht letztlich in der Nation. Keine Körperschaften, kein Individuum können eine Gewalt ausüben, die nicht ausdrücklich von ihr ausgeht.

Art. 4. Die Freiheit besteht darin, alles tun zu können, was einem anderen nicht schadet. So hat die Ausübung der natürlichen Rechte eines jeden Menschen nur die Grenzen, die den anderen Gliedern der Gesellschaft den Genuß der gleichen Rechte sichern. Diese Grenzen können allein durch Gesetz festgelegt werden.

Art. 5. Nur das Gesetz hat das Recht, Handlungen, die der Gesellschaft schädlich sind, zu verbieten. Alles, was nicht durch Gesetz verboten ist, kann nicht verhindert werden, und niemand kann gezwungen werden zu tun, was es nicht befiehlt.

Art. 6. Das Gesetz ist der Ausdruck des allgemeinen Willens. Alle Bürger haben das Recht, persönlich oder durch ihre Vertreter an seiner Formung mitzuwirken. Es soll für alle gleich sein, mag es beschützen, mag es bestrafen. Da alle Bürger in seinen Augen gleich sind, sind sie gleicherweise zu allen Würden, Stellungen und Beamtungen nach ihrer Fähigkeit zugelassen ohne einen anderen Unterschied als den ihrer Tugenden und ihrer Talente.

Art. 7. Jeder Mensch kann nur in den durch das Gesetz bestimmten Fällen und in den Formen, die es vorschreibt, angeklagt, verhaftet und gefangengehalten werden. Diejenigen, die willkürliche Befehle betreiben, ausfertigen, ausführen oder ausführen lassen, sollen bestraft werden. Doch jeder Bürger, der auf Grund des Gesetzes vorgeladen oder ergriffen wird, muß sofort gehorchen. Er macht sich durch Widerstand strafbar.

Art. 8. Das Gesetz soll nur solche Strafen festsetzen, die offenbar unbedingt notwendig sind. Und niemand kann auf Grund eines Gesetzes bestraft werden, das nicht vor Begehung der Tat erlassen, verkündet und gesetzlich angewandt worden ist.

Art. 9. Da jeder Mensch so lange für unschuldig gehalten wird, bis er für schuldig erklärt worden ist, soll, wenn seine Verhaftung für unumgänglich erachtet wird, jede Härte, die nicht notwendig ist, um sich seiner Person zu versichern, durch Gesetz streng vermieden sein.

Art. 10. Niemand soll wegen seiner Meinungen, selbst religiöser Art, beunruhigt werden, solange ihre Äußerung nicht die durch das Gesetz festgelegte öffentliche Ordnung stört.

Art. 11. Die freie Mitteilung der Gedanken und Meinungen ist eines der kostbarsten Menschenrechte. Jeder Bürger kann also frei schreiben, reden und drucken unter Vorbehalt der Verantwortlichkeit für den Mißbrauch dieser Freiheit in den durch das Gesetz bestimmten Fällen.

Art. 12. Die Sicherung der Menschen- und Bürgerrechte erfordert eine Streitmacht. Diese Macht ist also zum Vorteil aller eingesetzt und nicht für den besonderen Nutzen derer, denen sie anvertraut ist.

Art. 13. Für den Unterhalt der Streitmacht und für die Kosten der Verwaltung ist eine allgemeine Abgabe umumgänglich. Sie muß gleichmäßig auf alle Bürger unter Berücksichtigung ihrer Vermögensumstände verteilt werden.

Art. 14. Alle Bürger haben das Recht, selbst oder durch ihre Abgeordneten die Notwendigkeit der öffentlichen Abgabe festzustellen, sie frei zu bewilligen, ihre Verwendung zu überprüfen und ihre Höhe, ihre Veranlagung, ihre Eintreibung über seine Verwaltung zu fordern.

Art. 15. Die Gesellschaft hat das Recht, von jedem öffentlichen Beamten Rechenschaft über seine Verwaltung zu fordern.

Art. 16. Eine Gesellschaft, in der die Verbürgung der Rechte nicht gesichert und die Gewaltenteilung nicht festgelegt ist, hat keine Verfassung.

Art. 17. Da das Eigentum ein unverletzliches und heiliges Recht ist, kann es niemandem genommen werden, wenn es nicht die gesetzlich festgelegte, öffentliche Notwendigkeit augenscheinlich erfordert und unter der Bedingung einer gerechten und vorherigen Entschädigung.

Arbeitsvorschlag 3

Vergleichen Sie die Menschenrechtserklärung von 1791 mit den Art. 1 bis 20, 103 und 104 GG.

Welche Grundsätze der Menschenrechtserklärung enthält auch das Grundgesetz?

Welche Grundsätze fehlen?

Wo finden sich Fortentwicklungen?

In welche Richtung gehen diese?

II. Die preußische Verfassung von 1850

Von großer praktischer Bedeutung in Deutschland war die Verfassungsurkunde für den preußischen Staat vom 31. Januar 1850. Sie war fast siebzig Jahre lang, bis zum Ende des Ersten Weltkrieges, geltendes Recht in Preußen, dem größten deutschen Teilstaat jener Zeit.

Die preußische Verfassungsurkunde ist nicht – wie die französische Verfassung von 1791 – aus einer revolutionären Bewegung entstanden. Sie war ein Kompromiß zwischen Monarchie und wohlhabendem Bürgertum und wurde vom König mit Zustimmung der beiden Kammern des preußischen Parlaments erlassen.

Die preußische Verfassungsurkunde enthält die wesentlichen liberalen Grundrechte. Die Art. 3 bis 39 *Von den Rechten der Preußen* haben folgenden Wortlaut:

●●

Art. 3 (Staatsbürgerrechte) Die Verfassung und das Gesetz bestimmen, unter welchen Bedingungen die Eigenschaft eines Preußen und die staatsbürgerlichen Rechte erworben, ausgeübt und verloren werden.

Art. 4 (Gleichheitsgrundsatz, Zugang zu öffentlichen Ämtern) Alle Preußen sind vor dem Gesetz gleich. Standesvorrechte finden nicht statt. Die öffentlichen Ämter sind, unter Einhaltung der von den Gesetzen festgestellten Bedingungen, für alle dazu Befähigten gleich zugänglich.

Art. 5 (Persönliche Freiheit) Die persönliche Freiheit ist gewährleistet. Die Bedingungen und Formen, unter welchen eine Beschränkung derselben, insbesondere eine Verhaftung zulässig ist, werden durch das Gesetz bestimmt.

Art. 6 (Unverletzlichkeit der Wohnung) Die Wohnung ist unverletzlich. Das Eindringen in dieselbe und Haussuchungen sowie die Beschlagnahme von Briefen und Papieren sind nur in den gesetzlich bestimmten Fällen und Formen gestattet.

Art. 7 (Gesetzliche Richter, Ausnahmegerichte) Niemand darf seinem gesetzlichen Richter entzogen werden. Ausnahmegerichte und außerordentliche Kommissionen sind unstatthaft.

Art. 8 (Strafen) Strafen können nur in Gemäßheit des Gesetzes angedroht oder verhängt werden.

Art. 9 (Eigentum, Enteignung) Das Eigentum ist unverletzlich. Es kann nur aus Gründen des öffentlichen Wohles gegen vorgängige, in dringenden Fällen wenigstens vorläufig festzustellende Entschädigung nach Maßgabe des Gesetzes entzogen oder beschränkt werden.

Art. 10 (Bürgerlicher Tod, Vermögenseinziehung) Der bürgerliche Tod und die Strafe der Vermögenseinziehung finden nicht statt.

Art. 11 (Auswanderung) Die Freiheit der Auswanderung kann von Staats wegen nur in bezug auf die Wehrpflicht beschränkt werden. Abzugsgelder dürfen nicht erhoben werden.

Art. 12 (Religionsfreiheit) Die Freiheit des religiösen Bekenntnisses, der Vereinigung zu Religionsgesellschaften (Art. 30 und 31) und der gemeinsamen häuslichen und öffentlichen Religionsausübung wird gewährleistet. Der Genuß der bürgerlichen und staatsbürgerlichen Rechte ist unabhängig von dem religiösen Bekenntnisse. Den bürgerlichen und staatsbürgerlichen Pflichten darf durch die Ausübung der Religionsfreiheit kein Abbruch geschehen.

Art. 14 (Christliche Religion) Die christliche Religion wird bei denjenigen Einrichtungen des Staates, welche mit der Religionsausübung im Zusammenhang stehen, unbeschadet der im Art. 12 gewährleisteten Religionsfreiheit, zum Grunde gelegt.

Art. 15 (Selbständigkeit der Religionsgesellschaften) Die evangelische und die römisch-katholische Kirche sowie jede andere Religionsgesellschaft ordnet und verwaltet ihre Angelegenheiten selbständig und bleibt im Besitz und Genuß der für ihre Kultus-, Unterrichts- und Wohltätigkeitszwecke bestimmten Anstalten, Stiftungen und Fonds.

Art. 16 (Bekanntmachung kirchlicher Anordnungen) Der Verkehr der Religionsgesellschaften mit ihren Oberen ist ungehindert. Die Bekanntmachung kirchlicher Anordnungen ist nur denjenigen Beschränkungen unterworfen, welchen alle übrigen Veröffentlichungen unterliegen.

Art. 17 (Kirchenpatronat) Über das Kirchenpatronat und die Bedingungen, unter welchen dasselbe aufgehoben werden kann, wird ein besonderes Gesetz ergehen.

Art. 18 (Besetzung kirchlicher Stellen) Das Ernennungs-, Vorschlags-, Wahl- und Bestätigungsrecht bei Besetzung kirchlicher Stellen ist, soweit es dem Staate zusteht und nicht auf dem Patronat oder besonderer Rechtstiteln beruht, aufgehoben.

Auf die Anstellung von Geistlichen beim Militär und an öffentlichen Anstalten finden diese Bestimmungen keine Anwendung.

Art. 19 (Zivilehe) Die Einführung einer Zivilehe erfolgt nach Maßgabe eines besonderen Gesetzes, was auch die Führung der Zivilstandsregister regelt.

Art. 20 (Freiheit von Wissenschaft und Lehre) Die Wissenschaft und ihre Lehre ist frei.

Art. 21 (Schulen) Für die Bildung der Jugend soll durch öffentliche Schulen genügend gesorgt werden.

Eltern und deren Stellvertreter dürfen ihre Kinder oder Pflegebefohlenen nicht ohne den Unterricht lassen, welcher für die öffentlichen Volksschulen vorgeschrieben ist.

Art. 22 (Privatschulen) Unterricht zu erteilen und Unterrichtsanstalten zu gründen und zu leiten, steht jedem frei, wenn er seine sittliche, wissenschaftliche und technische Befähigung den betreffenden Staatsbehörden nachgewiesen hat.

Art. 23 (Staatsaufsicht) Alle öffentlichen und Privat-Unterrichts- und Erziehungsanstalten stehen unter der Aufsicht vom Staate ernannter Behörden.

Die öffentlichen Lehrer haben die Rechte und Pflichten der Staatsdiener.

Art. 24 (Volksschulen) Bei der Einrichtung der öffentlichen Volksschulen sind die konfessionellen Verhältnisse möglichst zu berücksichtigen.

Den religiösen Unterricht in der Volksschule leiten die betreffenden Religionsgesellschaften.

Die Leitung der äußeren Angelegenheiten der Volksschule steht der Gemeinde zu. Der Staat stellt unter gesetzlich geordneter Beteiligung der Gemeinden aus der Zahl der Befähigten die Lehrer der öffentlichen Volksschulen an.

Art. 25 (Unterhaltung der Volksschulen) Die Mittel zur Errichtung, Unterhaltung und Erweiterung der öffentlichen Volksschule werden von den Gemeinden und, im Falle des nachgewiesenen Unvermögens, ergänzungsweise vom Staate aufgebracht. Die auf besonderen Rechtstiteln beruhenden Verpflichtungen Dritter bleiben bestehen.

Der Staat gewährleistet demnach den Volksschullehrern ein festes, den Lokalverhältnissen angemessenes Einkommen.

In der öffentlichen Volksschule wird der Unterricht unentgeltlich erteilt.

Art. 26 (Regelung des Unterrichtswesens) Ein besonderes Gesetz regelt das ganze Unterrichtswesen.

Art. 27 (Meinungsfreiheit, Pressefreiheit) Jeder Preuße hat das Recht, durch Wort, Schrift, Druck und bildliche Darstellung seine Meinung frei zu äußern.

Die Zensur darf nicht eingeführt werden; jede andere Beschränkung der Pressefreiheit nur im Wege der Gesetzgebung.

Art. 28 (Verweisung auf die allgemeinen Strafgesetze) Vergehen, welche durch Wort, Schrift, Druck oder bildende Darstellung begangen werden, sind nach den allgemeinen Strafgesetzen zu bestrafen.

Art 29 (Versammlungsfreiheit) Alle Preußen sind berechtigt, sich ohne vorgängige Erlaubnis friedlich und ohne Waffen in geschlossenen Räumen zu versammeln.

Diese Bestimmung bezieht sich nicht auf Versammlungen unter freiem Himmel, welche auch in bezug auf vorgängige obrigkeitliche Erlaubnis der Verfügung des Gesetzes unterworfen sind.

Art. 30 (Vereinigungsfreiheit) Alle Preußen haben das Recht, sich zu solchen Zwecken, welche den Strafgesetzen nicht zuwiderlaufen, in Gesellschaften zu vereinigen. Das Gesetz regelt, insbesondere zur Aufrechterhaltung der öffentlichen Sicherheit, die Ausübung des in diesem und in dem vorstehenden Artikel 29 gewährleisteten Rechts.

Politische Vereine können Beschränkungen und vorübergehenden Verboten im Wege der Gesetzgebung unterworfen werden.

Art. 31 (Korporationsrechte) Die Bedingungen, unter welchen Korporationsrechte erteilt oder verweigert werden, bestimmt das Gesetz.

Art. 32 (Petitionsrecht) Das Briefgeheimnis steht allen Preußen zu. Petitionen unter einem Gesamtnamen sind nur Behörden und Korporationen gestattet.

Art. 33 (Briefgeheimnis) Das Briefgeheimnis ist unverletzlich. Die bei strafgerichtlichen Untersuchungen und in Kriegsfällen notwendigen Beschränkungen sind durch die Gesetzgebung festzustellen.

Art. 34 (Wehrpflicht) Alle Preußen sind wehrpflichtig. Den Umfang und die Art dieser Pflicht bestimmt das Gesetz.

Art. 35 (Heer) Das Heer begreift alle Abteilungen des stehenden Heeres und der Landwehr.

Im Falle des Krieges kann der König nach Maßgabe des Gesetzes den Landsturm aufbieten.

Art. 36 (Unterdrückung von Unruhen) Die bewaffnete Macht kann zur Unterdrückung innerer Unruhen und zur Ausführung der Gesetze nur in den vom Gesetz bestimmten Fällen und Formen und auf Requisition der Zivilbehörde verwendet werden. In letzterer Beziehung hat das Gesetz die Ausnahmen zu bestimmen.

Art. 37 (Militärgerichtsstand) Der Militärgerichtsstand des Heeres beschränkt sich auf Strafsachen und wird durch das Gesetz geregelt. Die Bestimmungen über die Militärdisziplin im Heere bleiben Gegenstand besonderer Verordnungen.

Art. 38 (Versammlungsverbot) Die bewaffnete Macht darf weder in noch außer dem Dienste beratschlagen oder sich anders als auf Befehl versammeln. Versammlungen und Vereine der Landwehr zur Beratung militärischer Einrichtungen, Befehle und Anordnungen sind auch dann, wenn dieselbe nicht zusammenberufen ist, untersagt.

Art. 39 (Einschränkung der Grundrechte) Auf das Heer finden die in den Artikeln 5, 6, 29, 30 und 32 enthaltenen Bestimmungen nur insofern Anwendung, als die militärischen Gesetze und Disziplinarvorschriften nicht entgegenstehen.

●●

Diese Grundrechte der Bürger galten aber nicht unbeschränkt; denn sie konnten durch Gesetz aufgehoben oder eingeschränkt werden. Ein Gesetz konnte nur zustande kommen, wenn der König und beide Kammern, das Herrenhaus und das Abgeordnetenhaus, ihm zustimmten. Der König, der Adel und das wohlhabende Bürgertum, das wegen des Dreiklassenwahlrechtes vor allem im Abgeordnetenhaus vertreten war, konnten also gemeinsam die Grundrechte außer Kraft setzen. Diese Mitwirkung des Bürgertums an der Gesetzgebung garantierte ihm, daß es an der Ausfüllung der Verfassung, wenn auch nicht bestimmend, so doch durch eine Art Veto beteiligt war. Wenn es also auch nicht seine Interessen unbedingt durchzusetzen vermochte, so lief es doch auch keine Gefahr, gegen seinen Willen Gesetze verabschiedet zu sehen.

III. Die Weimarer Verfassung von 1919

Die Verfassung des Deutschen Reiches vom 11. August 1919 (Weimarer Verfassung) war die erste republikanische und demokratische Verfassung in Deutschland. Geprägt von den Umwälzungen nach dem Ersten Weltkrieg, war sie Ausdruck eines deutlichen Bewußtseins für die Bedürfnisse der sozial schwachen Schichten der Gesellschaft.

Die wichtigsten Bestimmungen aus dem II. Hauptteil der Weimarer Verfassung (*Grundrechte und Grundpflichten der Deutschen*) lauten:

●●

Art. 109 (Gleichheitsgrundsatz, Gleichberechtigung, Titel, Orden) Alle Deutschen sind vor dem Gesetze gleich.

Männer und Frauen haben grundsätzlich dieselben staatsbürgerlichen Rechte und Pflichten.

Öffentlich-rechtliche Vorrechte oder Nachteile der Geburt oder des Standes sind aufzuheben. Adelsbezeichnungen gelten nur als Teil des Namens und dürfen nicht mehr verliehen werden.

Titel dürfen nur verliehen werden, wenn sie ein Amt oder einen Beruf bezeichnen; akademische Grade sind hierdurch nicht betroffen.

Orden und Ehrenzeichen dürfen vom Staat nicht verliehen werden.

Kein Deutscher darf von einer ausländischen Regierung Titel oder Orden annahmen.

Art. 110 (Staatsangehörigkeit) Die Staatsangehörigkeit im Reiche und in den Ländern wird nach den Bestimmungen eines Reichsgesetzes erworben und verloren. Jeder Angehörige eines Landes ist zugleich Reichsangehöriger. Jeder Deutsche hat in jedem Lande des Reichs die gleichen Rechte und Pflichten wie die Angehörigen des Landes selbst.

Art. 111 (Freizügigkeit, Berufsfreiheit) Alle Deutschen genießen Freizügigkeit im ganzen Reiche. Jeder hat das Recht, sich an beliebigem Orte des Reichs aufzuhalten und niederzulassen, Grundstücke zu erwerben und jeden Nahrungszweig zu betreiben. Einschränkungen bedürfen eines Reichsgesetzes.

Art. 112 (Auswanderung, Auslieferung) Jeder Deutsche ist berechtigt, nach außerdeutschen Ländern auszuwandern. Die Auswanderung kann nur durch Reichsgesetz beschränkt werden.

Dem Ausland gegenüber haben alle Reichsangehörigen inner- und außerhalb des Reichsgebiets Anspruch auf den Schutz des Reichs.

Kein Deutscher darf einer ausländischen Regierung zur Verfolgung oder Bestrafung überliefert werden.

Art. 113 (Fremdsprachliche Volksteile) Die fremdsprachlichen Volksteile des Reichs dürfen durch die Gesetzgebung und Verwaltung nicht in ihrer freien, volkstümlichen Entwicklung, besonders nicht im Gebrauch ihrer Muttersprache beim Unterricht sowie bei der inneren Verwaltung und der Rechtspflege beeinträchtigt werden.

Art. 114 (Freiheit der Person) Die Freiheit der Person ist unverletzlich. Eine Beeinträchtigung oder Entziehung der persönlichen Freiheit durch die öffentliche Gewalt ist nur auf Grund von Gesetzen zulässig.

Personen, denen die Freiheit entzogen wird, sind spätestens am darauffolgenden Tage in Kenntnis zu setzen, von welcher Behörde und aus welchen Gründen die Entziehung der Freiheit angeordnet worden ist; unverzüglich soll ihnen Gelegenheit gegeben werden, Einwendungen gegen ihre Freiheitsentziehung vorzubringen.

Art. 115 (Unverletzlichkeit der Wohnung) Die Wohnung jedes Deutschen ist für ihn eine Freistätte und unverletzlich. Ausnahmen sind nur auf Grund von Gesetzen zulässig.

Art. 116 (Gesetzliche Bestimmung der Strafbarkeit) Eine Handlung kann nur dann mit Strafe belegt werden, wenn die Strafbarkeit gesetzlich bestimmt war, bevor die Handlung begangen wurde.

Art. 117 (Briefgeheimnis) Das Briefgeheimnis sowie das Post-, Telegraphen- und Fernsprechgeheimnis sind unverletzlich. Ausnahmen können nur durch Reichsgesetz zugelassen werden.

Art. 118 (Meinungsfreiheit, Zensur) Jeder Deutsche hat das Recht, innerhalb der Schranken der allgemeinen Gesetze seine Meinung durch Wort, Schrift,

Druck, Bild oder in sonstiger Weise frei zu äußern. An diesem Rechte darf ihn kein Arbeits- oder Anstellungsverhältnis hindern, und niemand darf ihn benachteiligen, wenn er von diesem Rechte Gebrauch macht.

Eine Zensur findet nicht statt, doch können für Lichtspiele durch Gesetz abweichende Bestimmungen getroffen werden. Auch sind zur Bekämpfung der Schund- und Schmutzliteratur sowie zum Schutze der Jugend bei öffentlichen Schaustellungen und Darbietungen gesetzliche Maßnahmen zulässig.

Art. 119 (Ehe und Familie) Die Ehe steht als Grundlage des Familienlebens und der Erhaltung und Vermehrung der Nation unter dem besonderen Schutz der Verfassung. Sie beruht auf der Gleichberechtigung der beiden Geschlechter.

Die Reinhaltung, Gesundung und soziale Förderung der Familie ist Aufgabe des Staates und der Gemeinden. Kinderreiche Familien haben Anspruch auf ausgleichende Fürsorge.

Die Mutterschaft hat Anspruch auf den Schutz und die Fürsorge des Staats.

Art. 120 (Erziehung) Die Erziehung des Nachwuchses zur leiblichen, seelischen und gesellschaftlichen Tüchtigkeit ist oberste Pflicht und natürliches Recht der Eltern, über deren Betätigung die staatliche Gemeinschaft wacht.

Art. 121 (Uneheliche Kinder) Den unehelichen Kindern sind durch die Gesetzgebung die gleichen Bedingungen für ihre leibliche, seelische und gesellschaftliche Entwicklung zu schaffen wie den ehelichen Kindern.

Art. 122 (Schutz der Jugend) Die Jugend ist gegen Ausbeutung sowie gegen sittliche, geistige oder körperliche Verwahrlosung zu schützen. Staat und Gemeinde haben die erforderlichen Einrichtungen zu treffen.

Fürsorgemaßregeln im Wege des Zwanges können nur auf Grund des Gesetzes angeordnet werden.

Art. 123 (Versammlungsfreiheit) Alle Deutschen haben das Recht, sich ohne Anmeldung oder besondere Erlaubnis friedlich und unbewaffnet zu versammeln.

Versammlungen unter freiem Himmel können durch Reichsgesetz anmeldepflichtig gemacht und bei unmittelbarer Gefahr für die öffentliche Sicherheit verboten werden.

Art. 124 (Vereinigungsfreiheit) Alle Deutschen haben das Recht, zu Zwecken, die den Strafgesetzen nicht zuwiderlaufen, Vereine oder Gesellschaften zu bilden. Dies Recht kann nicht durch Vorbeugungsmaßregeln beschränkt werden. Für religiöse Vereine und Gesellschaften gelten dieselben Bestimmungen.

Der Erwerb der Rechtsfähigkeit steht jedem Verein gemäß den Vorschriften des bürgerlichen Rechts frei. Er darf einem Verein nicht aus dem Grunde versagt werden, daß er einen politischen, sozialpolitischen oder religiösen Zweck verfolgt.

Art. 125 (Wahlfreiheit, Wahlgeheimnis) Wahlfreiheit und Wahlgeheimnis sind gewährleistet. Das Nähere bestimmen die Wahlgesetze.

Art. 126 (Petitionsrecht) Jeder Deutsche hat das Recht, sich schriftlich mit Bitten oder Beschwerden an die zuständige Behörde oder an die Volksvertretung zu wenden. Dieses Recht kann sowohl von einzelnen als auch von mehreren gemeinsam ausgeübt werden.

Art. 127 (Selbstverwaltung der Gemeinden) Gemeinden und Gemeindeverbände haben das Recht der Selbstverwaltung innerhalb der Schranken der Gesetze.

Art. 133 (Persönliche Dienste, Wehrpflicht) Alle Staatsbürger sind verpflichtet, nach Maßgabe der Gesetze persönliche Dienste für den Staat und die Gemeinde zu leisten.

Die Wehrpflicht richtet sich nach den Bestimmungen des Reichswehrgesetzes. Dieses bestimmt auch, wieweit für Angehörige der Wehrmacht zur Erfüllung ihrer Aufgaben und zur Erhaltung der Manneszucht einzelne Grundrechte einzuschränken sind.

Art. 134 (Beitrag zu öffentlichen Lasten) Alle Staatsbürger ohne Unterschied tragen im Verhältnis ihrer Mittel zu allen öffentlichen Lasten nach Maßgabe der Gesetze bei.

Art. 135 (Glaubens- und Gewissensfreiheit) Alle Bewohner des Reichs genießen volle Glaubens- und Gewissensfreiheit. Die ungestörte Religionsübung wird durch die Verfassung gewährleistet und steht unter staatlichem Schutz. Die allgemeinen Staatsgesetze bleiben hiervon unberührt.

Art. 142 (Freiheit von Kunst und Wissenschaft) Die Kunst, die Wissenschaft und ihre Lehre sind frei. Der Staat gewährt ihnen Schutz und nimmt an ihrer Pflege teil.

Art. 143 (Bildung der Jugend, Lehrer) Für die Bildung der Jugend ist durch öffentliche Anstalten zu sorgen. Bei ihrer Einrichtung wirken Reich, Länder und Gemeinden zusammen.

Die Lehrerbildung ist nach Grundsätzen, die für die höhere Bildung allgemein gelten, für das Reich einheitlich zu regeln.

Die Lehrer an öffentlichen Schulen haben die Rechte und Pflichten der Staatsbeamten.

Art. 144 (Schulaufsicht) Das gesamte Schulwesen steht unter der Aufsicht des Staates; er kann die Gemeinden daran beteiligen. Die Schulaufsicht wird durch hauptamtlich tätige, fachmännisch vorgebildete Beamte ausgeübt.

Art. 145 (Schulpflicht) Es besteht allgemeine Schulpflicht. Ihrer Erfüllung dient grundsätzlich die Volksschule mit mindestens acht Schuljahren und die anschließende Fortbildungsschule bis zum vollendeten achtzehnten Lebensjahre. Der Unterricht und die Lernmittel in den Volksschulen und Fortbildungsschulen sind unentgeltlich.

Art. 146 (Aufbau des öffentlichen Schulwesens) Das öffentliche Schulwesen ist organisch auszugestalten. Auf einer für alle gemeinsamen Grundschule baut sich das mittlere und höhere Schulwesen auf. Für diesen Aufbau ist die Mannigfaltigkeit der Lebensberufe, für die Aufnahme eines Kindes in eine bestimmte Schule sind seine Anlage und Neigung, nicht die wirtschaftliche und gesellschaftliche Stellung oder das Religionsbekenntnis seiner Eltern maßgebend.

Innerhalb der Gemeinden sind indes auf Antrag von Erziehungsberechtigten Volksschulen ihres Bekenntnisses oder ihrer Weltanschauung einzurichten, soweit hierdurch ein geordneter Schulbetrieb, auch im Sinne des Abs. 1, nicht beeinträchtigt wird. Der Wille der Erziehungsberechtigten ist möglichst zu berücksichtigen. Das Nähere bestimmt die Landesgesetzgebung nach den Grundsätzen eines Reichsgesetzes.

Für den Zugang Minderbemittelter zu den mittleren und höheren Schulen sind durch Reich, Länder und Gemeinden öffentliche Mittel bereitzustellen, insbesondere Erziehungsbeihilfen für die Eltern von Kindern, die zur Ausbildung auf mittleren und höheren Schulen für geeignet erachtet werden, bis zur Beendigung der Ausbildung.

Art. 148 (Inhalt des Unterrichts) In allen Schulen ist sittliche Bildung, staatsbürgerliche Gesinnung, persönliche und berufliche Tüchtigkeit im Geiste des deutschen Volkstums und der Völkerversöhnung zu erstreben.

Beim Unterricht in öffentlichen Schulen ist Bedacht zu nehmen, daß die Empfindungen Andersdenkender nicht verletzt werden.

Staatsbürgerkunde und Arbeitsunterricht sind Lehrfächer der Schulen. Jeder Schüler erhält bei Beendigung der Schulpflicht einen Abdruck der Verfassung.

Das Volksbildungswesen, einschließlich der Volkshochschulen, soll von Reich, Ländern und Gemeinden gefördert werden.

Art. 151 (Grundsätze) Die Ordnung des Wirtschaftslebens muß den Grundsätzen der Gerechtigkeit mit dem Ziel der Gewährleistung eines menschenwürdigen Daseins für alle entsprechen. In diesen Grenzen ist die wirtschaftliche Freiheit des einzelnen zu sichern.

Gesetzlicher Zwang ist nur zulässig zur Verwirklichung bedrohter Rechte oder im Dienst überragender Forderungen des Gemeinwohls.

Die Freiheit des Handels und Gewerbes wird nach Maßgabe der Reichsgesetze gewährleistet.

Art. 152 (Vertragsfreiheit) Im Wirtschaftsverkehr gilt Vertragsfreiheit nach Maßgabe der Gesetze.

Wucher ist verboten. Rechtsgeschäfte, die gegen die guten Sitten verstoßen, sind nichtig.

Art. 153 (Eigentum, Enteignung) Das Eigentum wird von der Verfassung gewährleistet. Sein Inhalt und seine Schranken ergeben sich aus den Gesetzen.

Eine Enteignung kann nur zum Wohle der Allgemeinheit und auf gesetzlicher Grundlage vorgenommen werden. Sie erfolgt gegen angemessene Entschädigung, soweit nicht ein Reichsgesetz etwas anderes bestimmt. Wegen der Höhe der Entschädigung ist im Streitfalle der Rechtsweg bei den ordentlichen Gerichten offenzuhalten, soweit Reichsgesetze nichts anderes bestimmen. Enteignung durch das Reich gegenüber Ländern, Gemeinden und gemeinnützigen Verbänden kann nur gegen Entschädigung erfolgen.

Eigentum verpflichtet. Sein Gebrauch soll zugleich Dienst sein für das gemeine Beste.

Art. 154 (Erbrecht) Das Erbrecht wird nach Maßgabe des bürgerlichen Rechtes gewährleistet.

Der Anteil des Staates am Erbgut bestimmt sich nach den Gesetzen.

Art. 155 (Verteilung und Nutzung des Bodens) Die Verteilung und Nutzung des Bodens wird von Staats wegen in einer Weise überwacht, die Mißbrauch verhütet und dem Ziele zustrebt, jedem Deutschen eine gesunde Wohnung und allen deutschen Familien, besonders den kinderreichen, eine ihrer Bedürfnissen entsprechende Wohn- und Wirtschaftsheimstätte zu sichern. Kriegsteilnehmer sind bei dem zu schaffenden Heimstättenrecht besonders zu berücksichtigen.

Grundbesitz, dessen Erwerb zur Befriedigung des Wohnungsbedürfnisses, zur Förderung der Siedlung und Urbarmachung oder zur Hebung der Landwirtschaft nötig ist, kann enteignet werden. Die Fideikommisse sind aufzulösen.

Die Bearbeitung und Ausnutzung des Bodens ist eine Pflicht des Grundbesitzers gegenüber der Gemeinschaft. Die Wertsteigerung des Bodens, die ohne eine Arbeits- oder Kapitalaufwendung auf das Grundstück entsteht, ist für die Gesamtheit nutzbar zu machen.

Alle Bodenschätze und alle wirtschaftlich nutzbaren Naturkräfte stehen unter Aufsicht des Staates. Private Regale sind im Wege der Gesetzgebung auf den Staat zu überführen.

Art. 156 (Sozialisierung) Das Reich kann durch Gesetz, unbeschadet der Entschädigung, in sinngemäßer Anwendung der für Enteignung geltenden Bestimmungen, für die Vergesellschaftung geeignete private wirtschaftliche Unternehmungen in Gemeineigentum überführen. Es kann sich selbst, die Länder oder die Gemeinden an der Verwaltung wirtschaftlicher Unternehmungen und Verbände beteiligen oder sich daran in anderer Weise einen bestimmten Einfluß sichern.

Das Reich kann ferner im Falle dringender Bedürfnisse zum Zwecke der Gemeinwirtschaft durch Gesetz wirtschaftliche Unternehmungen und Verbände auf der Grundlage der Selbstverwaltung zusammenschließen mit dem Ziele, die Mitwirkung aller schaffenden Volksteile zu sichern, Arbeitgeber und Arbeitnehmer an der Verwaltung zu beteiligen und Erzeugung, Herstellung, Verteilung, Verwendung, Preisgestaltung sowie Ein- und Ausfuhr der Wirtschaftsgüter nach gemeinwirtschaftlichen Grundsätzen zu regeln.

Die Erwerbs- und Wirtschaftsgenossenschaften und deren Vereinigungen sind auf ihr Verlangen unter Berücksichtigung ihrer Verfassung und Eigenart in die Gemeinwirtschaft einzugliedern.

Art. 157 (Arbeitsrecht) Die Arbeitskraft steht unter dem besonderen Schutz des Reichs.

Das Reich schafft ein einheitliches Arbeitsrecht.

Art. 158 (Schutz geistigen Eigentums) Die geistige Arbeit, das Recht der Urheber, der Erfinder und der Künstler genießt den Schutz und die Fürsorge des Reichs.

Den Schöpfungen deutscher Wissenschaft, Kunst und Technik ist durch zwischenstaatliche Vereinbarung auch im Ausland Geltung und Schutz zu verschaffen.

Art. 159 (Gewerkschaften usw.) Die Vereinigungsfreiheit zur Wahrung und Förderung der Arbeits- und Wirtschaftsbedingungen ist für jedermann und für alle Berufe gewährleistet. Alle Abreden und Maßnahmen, welche diese Freiheit einzuschränken oder zu behindern suchen, sind rechtswidrig.

Art. 160 (Wahrnehmung staatsbürgerlicher Rechte) Wer in einem Dienst- oder Arbeitsverhältnis als Angestellter oder Arbeiter steht, hat das Recht auf die zur Wahrnehmung staatsbürgerlicher Rechte und, soweit dadurch der Betrieb nicht erheblich geschädigt wird, zur Ausübung ihm übertragener öffentlicher Ehrenämter nötige freie Zeit. Wieweit ihm der Anspruch auf Vergütung erhalten bleibt, bestimmt das Gesetz.

Art. 161 (Sozialversicherung) Zur Erhaltung der Gesundheit und Arbeitsfähigkeit, zum Schutz der Mutterschaft und zur Vorsorge gegen die wirtschaftlichen Folgen von Alter, Schwäche und Wechselfällen des Lebens schafft das Reich ein umfassendes Versicherungswesen unter maßgebender Mitwirkung des Versicherten.

Art. 162 (Zwischenstaatliche Regelung) Das Reich tritt für eine zwischenstaatliche Regelung der Rechtsverhältnisse der Arbeiter ein, die für die gesamte arbeitende Klasse der Menschheit ein allgemeines Mindestmaß der sozialen Rechte erstrebt.

Art. 163 (Nachweis von Arbeitsgelegenheiten) Jeder Deutsche hat unbeschadet seiner persönlichen Freiheit die sittliche Pflicht, seine geistigen und körperlichen Kräfte so zu betätigen, wie es das Wohl der Gesamtheit erfordert.

Jedem Deutschen soll die Möglichkeit gegeben werden, durch wirtschaftliche Arbeit seinen Unterhalt zu erwerben. Soweit ihm angemessene Arbeitsgelegenheit nicht nachgewiesen werden kann, wird für seinen notwendigen Unterhalt gesorgt. Das Nähere wird durch besondere Reichsgesetze bestimmt.

Art. 164 (Selbständiger Mittelstand) Der selbständige Mittelstand in Landwirtschaft, Gewerbe und Handel ist in Gesetzgebung und Verwaltung zu fördern und gegen Überlastung und Aufsaugung zu schützen.

Art. 165 (Arbeiter- und Wirtschaftsräte) Die Arbeiter und Angestellten sind dazu berufen, gleichberechtigt in Gemeinschaft mit den Unternehmern an der Regelung der Lohn- und Arbeitsbedingungen sowie an der gesamten wirtschaftlichen Entwicklung der produktiven Kräfte mitzuwirken. Die beiderseitigen Organisationen und ihre Vereinbarungen werden anerkannt.

Die Arbeiter und Angestellten erhalten zur Wahrnehmung ihrer sozialen und wirtschaftlichen Interessen gesetzliche Vertretungen in Betriebsarbeiterräten sowie in nach Wirtschaftsgebieten gegliederten Bezirksarbeiterräten und in einem Reichsarbeiterrat.

Die Bezirksarbeiterräte und der Reichsarbeiterrat treten zur Erfüllung der gesamten wirtschaftlichen Aufgaben und zur Mitwirkung bei der Ausführung der Sozialisierungsgesetze mit den Vertretern der Unternehmer und sonst beteiligter Volkskreise zu Bezirkswirtschaftsräten und zu einem Reichswirtschaftsrat zusammen. Die Bezirkswirtschaftsräte und der Reichswirtschaftsrat sind so zu gestalten, daß alle wichtigen Berufsgruppen entsprechend ihrer wirtschaftlichen und sozialen Bedeutung darin vertreten sind.

Sozialpolitische und wirtschaftspolitische Gesetzesentwürfe von grundlegender Bedeutung sollen von der Reichsregierung vor ihrer Einbringung dem Reichswirtschaftsrat zur Begutachtung vorgelegt werden. Der Reichswirtschaftsrat hat das Recht, selbst solche Gesetzesvorlagen zu beantragen. Stimmt ihnen die Reichsregierung nicht zu, so hat sie trotzdem die Vorlage unter Darlegung ihres Standpunktes beim Reichstag einzubringen. Der Reichswirtschaftsrat kann die Vorlage durch eines seiner Mitglieder vor dem Reichstag vertreten lassen.

Den Arbeiter- und Wirtschaftsräten können auf den ihnen überwiesenen Gebieten Kontroll- und Verwaltungsbefugnisse übertragen werden.

Aufbau und Aufgabe der Arbeiter- und Wirtschaftsräte sowie ihr Verhältnis zu anderen sozialen Selbstverwaltungskörpern zu regeln, ist ausschließlich die Sache des Reichs.

Arbeitsvorschlag 4

Vergleichen Sie diese Bestimmungen mit dem Grundrechtsteil des Grundgesetzes, Art. 1–19. In welchen Punkten gehen sie über die Grundrechte des Grundgesetzes hinaus?

Die Weimarer Verfassung enthält neben den klassischen liberalen Grundrechten der Freiheit, der Gleichheit und des Eigentums auch sogenannte soziale Grundrechte, wie das Recht auf Gründung von Gewerkschaften, auf Sozialversicherung, auf Arbeitslosenunterstützung sowie auf Mitwirkung der Arbeiter und Angestellten bei der wirtschaftlichen Entwicklung durch Arbeiter- und Wirtschaftsräte (vgl. Art. 159, 161, 163, 165 WV).

Scheinbar standen auch nach der Weimarer Verfassung, ebenso wie in Preußen vorher, die Grundrechte zur Disposition des Gesetzgebers. Die Verfassung enthielt keine anderslautende Bestimmung.

Doch anders als in Preußen war der Gesetzgeber allein der Reichstag, der jetzt durch allgemeine, freie, gleiche, geheime und direkte Wahlen gewählt wurde. Aus dieser Durchsetzung des allgemeinen Wahlrechts in Weimar erwuchs dem Bürgertum theoretisch Gefahr, daß das Parlament auch gegen dessen Stellung in der Gesellschaft gerichtete Gesetze erlassen konnte.

Allerdings war der Gesetzgeber auch in Weimar nicht völlig unabhängig. Sein verfassungsgemäßes Vorgehen unterstand nach der vorherrschenden Auffassung der Juristen nämlich der Kontrolle der Gerichte, die auch die jeweilige Interpretation der Verfassungsbestimmungen für sich in Anspruch nahmen.

Obwohl also die Weimarer Verfassung fordert, daß die Staatsgewalt vom Volke ausgeht und dieses im Parlament repräsentiert zu sein hat, wird die neu gewonnene Volkssouveränität gleich wieder unter die Kontrolle der Gerichte gestellt, die faktisch dieselben sind wie im Kaiserreich.

Die neue Lehre, daß die Verfassung den Gesetzgeber einschränken kann, wurde aber nicht auf alle Grundrechte ausgeweitet. Lediglich die klassischen liberalen Rechtspositionen des Bürgertums wie Freiheit, Gleichheit und Eigentum wurden als unmittelbar bindend für den Gesetzgeber angesehen; die neuen sozialen Grundrechte, die vor allem den sozial schwachen Schichten des Volkes zugute kommen sollten, wurden überwiegend lediglich als unverbindliche Programmsätze bezeichnet.

Der Versuch der Weimarer Verfassung, auch im gesellschaftlichen Bereich mit der Durchsetzung sozialer Forderungen demokratische Lebensverhältnisse zu schaffen, scheiterte. Demokratie beschränkte sich auf den staatlichen Bereich, war *Staatsformprinzip*.

Arbeitsvorschlag 5

Verfolgen Sie die Verfassungsentwicklung bis zum Grundgesetz, indem Sie die Regelung einzelner sachlicher Bereiche in den genannten Verfassungen in ihrem Wortlaut vergleichen:

1. Schutz des Eigentums; Enteignung; Sozialisierung
2. Schutz von Leben und Gesundheit
3. Regelung des Schulwesens
4. Schutz gegen Festnahme und Freiheitsberaubung
5. Meinungs- und Pressefreiheit
6. Glaubens- und Gewissensfreiheit

Versuchen Sie, die Ergebnisse des Vergleichs schriftlich zu fixieren.

IV. Vergleich wichtiger Bestandteile deutscher Verfassungen

	Preußische Verfassung von 1848/50
Grundrechte	Die wichtigsten Grundrechte des Liberalismus sind gewährleistet: Art. 4 unter den Titel II – Von den Rechten der Preußen – garantiert die *Gleichheit*, Art. 5 die *Freiheit*, Art. 9 das *Eigentum*.
Gesetzgebung	Gesetzgeber war das nach Dreiklassenwahlrecht gewählte Abgeordnetenhaus, Herrenhaus und der König. Ein Gesetz kam nur zustande, wenn alle drei übereinstimmten.
rechtliche Kontrolle	Die Grundrechte stehen unter dem *Gesetzesvorbehalt, d. h. Inhalt und Schranken der Grundrechtsbestimmungen werden vom Gesetzgeber bestimmt.* Die Exekutive durfte in die Grundrechte nur nach *Maßgabe des Gesetzes eingreifen, damit war die Gesetzmäßigkeit der Verwaltung gesichert.* Gesichert waren die Grundrechte also nicht absolut, sondern nur gegen ungesetzliche oder gesetzwidrige Eingriffe der Verwaltung. Der Schutz der Grundrechte gegenüber dem Gesetzgeber war nicht gewährleistet.

Weimarer Verfassung	*Bonner Grundgesetz*
Die WV enthält neben den klassischen liberalen Grundregeln auch soziale Grundrechte.	Das GG enthält die klassischen liberalen Grundrechte. Soziale Rechte fehlen. Art. 20 bezeichnet die Bundesrepublik lediglich als »demokratischen und sozialen Bundesstaat«. Inhalt und Reichweite dieser Bestimmung sind umstritten.
Gesetzgeber war vor allem der Reichstag, wenn man von Volksentscheid und der Diktaturermächtigung für den Reichspräsidenten absieht. Dieser wird in allgemeinen, freien, gleichen und geheimen und direkten Wahlen gewählt.	Gesetzgeber sind Bundestag und Bundesrat, wenn man von der Notstandsgesetzgebung absieht. Der Bundestag wird in allgemeinen, unmittelbaren, freien, gleichen und geheimen Wahlen gewählt.
Scheinbar stehen die Grundrechte auch in Weimar zur Disposition des Gesetzgebers. Es setzte sich aber die herrschende Lehre durch, daß die Grundrechte unmittelbar galten und den Gesetzgeber banden. Inhalt und Schranken dieser Bindung werden von Rechtsprechung und Lehre entwickelt. Insbesondere das Eigentum wird der Abschaffung durch den Gesetzgeber entzogen.	Die Grundrechte stehen diesmal ausdrücklich nicht zur Disposition des Gesetzgebers (Art. 79,3). Außerdem gibt es weiterhin die Kontrolle des Gesetzgebers durch die Gerichte, diesmal aber nicht durch alle, sondern nur durch das Bundesverfassungsgericht. Das bedeutet also eine Einschränkung der Gerichte, aber auch eine Konzentrierung der Macht bei bestimmten Richtern.

B. Die Entstehung des Grundgesetzes

Wie sah die historische Situation aus, die zur Schaffung des Grundgesetzes führte?

Unmittelbar nach dem Ende des Zweiten Weltkrieges bestand zwischen allen politischen Richtungen in Deutschland Einigkeit, daß eine Wiederkehr der Bedingungen, die die Entstehung des Nationalsozialismus ermöglicht hatten, in einem zukünftigen Deutschland verhindert werden müßte. Dies betraf vor allem die Wirtschaftsordnung. Als Beispiel sei das *Ahlener Wirtschaftsprogramm der Nordrhein-Westfälischen CDU vom 3. Februar 1947* zitiert:

●●

I. Die deutsche industrielle Wirtschaft in der Vergangenheit
. . . auf den wichtigsten Gebieten des Bergbaus und der Schlüsselindustrien waren schwere Schäden vorhanden. Die Zeit vor 1933 hat zu große Zusammenballungen industrieller Unternehmungen gebracht. Diese bekamen dadurch einen monopolartigen Charakter. Sie wurden für die Öffentlichkeit undurchsichtig und unkontrollierbar. Wenn der Aktienbesitz der großen industriellen Unternehmungen, abgesehen von wenigen Ausnahmen, wie z. B. Krupp, auch stark gestreut war, so wurde doch die Zusammensetzung des Aufsichtsrats und Vorstandes infolge der Vertretung der zahlreichen Aktionäre durch wenige Banken von einem verhältnismäßig kleinen Kreis von Personen bestimmt. Die zu dem engen Kreis der Vertreter der Großbanken und der großen industriellen Unternehmungen gehörigen Personen hatten infolgedessen eine zu große wirtschaftliche und damit zu große politische Macht.
II. Neue Struktur der deutschen industriellen Wirtschaft
Die neue Struktur der deutschen Wirtschaft muß davon ausgehen, daß die Zeit der unumschränkten Herrschaft des privaten Kapitalismus vorbei ist. Es muß aber ebenso vermieden werden, daß der private Kapitalismus durch den Staatskapitalismus ersetzt wird, der noch gefährlicher für die politische und wirtschaftliche Freiheit des einzelnen sein würde. Es muß eine neue Struktur der Wirtschaft gesucht werden, die die Mängel der Vergangenheit vermeidet und die Möglichkeit zu technischem Fortschritt und zur schöpferischen Initiative des einzelnen läßt. (. . .)
IV. Planung und Lenkung der Wirtschaft
wird auf lange Zeit hinaus in erheblichem Umfange notwendig sein; es ist aber ein Unterschied, ob die Planung und Lenkung im Hinblick auf die Schwierigkeiten der wirtschaftlichen Lage erfolgt oder von Fall zu Fall als notwendig betrachtet wird, oder ob die Planung und Lenkung der Wirtschaft als Selbstzweck angesehen wird. Planung und Lenkung wird auch in normalen Zeiten der Wirtschaft in gewissem Umfang notwendig sein, was sich aus

unserer Auffassung ergibt, daß die Wirtschaft der Bedarfsdeckung des Volkes zu dienen hat.

Diese Planungs- und Lenkungsaufgaben sollen von Selbstverwaltungskörperschaften der Wirtschaft in Wirtschaftskammern vorgenommen werden. Ob diese Wirtschaftskammern identisch sein werden mit den Industrie- und Handelskammern, ist eine Frage von sekundärer Bedeutung. Notwendig ist auf jeden Fall, daß die breiten Massen der Arbeitnehmer und Konsumenten an dieser Planung und Lenkung innerhalb der wirtschaftlichen Selbstverwaltung neben den Unternehmern gleichberechtigt teilnehmen. In ihren letzten Entscheidungen unterliegen auch die Selbstverwaltungskörperschaften der parlamentarischen Kontrolle.

Die Erfahrungen mit der Willkürherrschaft im «Dritten Reich» ließen es ferner geboten erscheinen, in Zukunft den Grundrechten einen besonderen Stellenwert und einen besonderen Schutz zu geben.

Im Jahre 1948 beschlossen die westlichen Alliierten, in ihren Besatzungszonen ein gesondertes Staatswesen zu errichten. Sie forderten die Ministerpräsidenten der Länder auf, eine Verfassung für einen westlichen Teilstaat Deutschlands zu schaffen. Dieser zu errichtende Staat sollte nach gewissen Grundsätzen aufgebaut sein, die die Militärgouverneure in einem *Dokument 1*, das sie den elf Ministerpräsidenten am 1. Juli 1948 übergaben, festgelegt hatten:

Die verfassunggebende Versammlung wird eine demokratische Verfassung ausarbeiten, die für die beteiligten Länder eine Regierungsform des föderalistischen Typs schafft (. . .) und die Rechte der beteiligten Länder schützt, eine angemessene Zentralinstanz schafft und Garantien der individuellen Rechte und Freiheiten enthält.

Das bedeutete eine Festlegung auf die Verfassungstradition der westeuropäischen Länder und der Vereinigten Staaten. Auch auf die Beratungen des von den Ländern einberufenen Parlamentarischen Rates über die neue Verfassung nahmen die Alliierten wiederholt Einfluß. Das schließlich beschlossene Grundgesetz konnte erst Gültigkeit erlangen, nachdem die Alliierten es mit Schreiben vom 12. Mai 1949 genehmigt hatten.

Über die Wirtschaftsstruktur des neuen Staates bestand zwischen den verschiedenen politischen Gruppierungen im Parlamentarischen Rat zu dieser Zeit keine Einigung mehr. Man konnte sich lediglich darüber einigen, daß die Festlegung der zukünftigen Wirtschaftsordnung dem neu zu wählenden Parlament überlassen bleiben sollte. Deshalb fanden in das Grundgesetz keine mit den Regelungen in der Weimarer Verfassung vergleichbaren ökonomischen Einzelbestimmungen Eingang. In Art. 3, 12, 14, 15 und 20 wurden lediglich Grenzen für die Gestaltungsmöglichkeiten des zukünftigen Wirtschaftssystems abgesteckt. Auch das Bundesverfassungsgericht hat deshalb später die Auffassung vertreten (im KPD-Urteil vom 17. August 1956), daß das Grundgesetz sich nicht auf ein bestimmtes Wirtschaftssystem festgelegt hat.

Arbeitsvorschlag 6

Zur Entstehung des Grundgesetzes schreibt Jürgen Seifert:

«Das Grundgesetz ist nicht aus sozialen Auseinandersetzungen – etwa als Produkt eines revolutionären Befreiungsaktes – hervorgegangen. Das Grundgesetz ist nicht erkämpft oder ertrotzt worden. Es war nicht die Manifestation politisch-sozialer Kräfte, die den Faschismus im eigenen Lande von innen besiegt hätten. Das Grundgesetz ist – der deutschen Verfassungstradition nicht fremd – dekretiert worden. Es wurde – ebenfalls der Tradition gemäß – hingenommen.»

Ist damit dem Grundgesetz die Legitimation abgesprochen? Kann das Grundgesetz wegen dieser so beschriebenen Entstehungsgeschichte keinen Anspruch auf Gültigkeit als demokratisches Grundgesetz erheben?

Das Grundgesetz ist nicht der Bevölkerung zur Abstimmung unterbreitet worden. Es ist lediglich von den Länderparlamenten mit Ausnahme des Bayerischen Landtages ratifiziert worden. Könnte eine nachträgliche Legitimation darin gesehen werden, daß es seit 25 Jahren praktiziert wird und in Wahlen solche Parteien mit überwiegender Mehrheit gewählt worden sind, die das Grundgesetz bejahen?

C. Änderungen des Grundgesetzes

Während es in den USA 180 Jahre dauerte, bis man zwei Dutzend Verfassungsänderungen zählen konnte, ist das Grundgesetz seit 1949 starken Wandlungen unterworfen. «Keine Verfassung der Welt wurde im Wortlaut – ohne gewaltsamen Umsturz – innerhalb von 25 Jahren in einem solchen Umfang verändert. Seit der Verkündung des Grundgesetzes sind 45 Artikel neu eingefügt und 5 Artikel gestrichen, insgesamt sind rund 350 Verfassungssätze hinzugefügt, neu verfaßt oder gestrichen worden.» (Jürgen Seifert)

Das Grundgesetz von 1985 ist also in weiten Teilen ein völlig anderes als das von 1949.

I. Das Verfahren der Verfassungsänderung

Angesichts der großen Zahl der Änderungen des Grundgesetzes seit 1949 und des sehr bedeutsamen Inhalts dieser Änderungen stellt sich die Frage nach ihren Ursachen.

Dabei müssen zwei Gesichtspunkte unterschieden werden:

1. Wann und nach welchem Verfahren ist eine Änderung der Verfassung überhaupt zulässig?
2. Warum wurden so umfangreiche Änderungen des – doch noch sehr jungen – Grundgesetzes vorgenommen; waren sie notwendig, und welchen Interessen haben sie möglicherweise gedient?

Das Verfahren der Verfassungsänderung ist in Art. 79 GG geregelt. Diese Bestimmung enthält drei Vorkehrungen gegen zu einfache und zu unbedachte Änderungen der Verfassung:

Absatz 1 bestimmt, daß das Grundgesetz nur durch ein Gesetz geändert werden kann, das den Wortlaut des Grundgesetzes ausdrücklich ändert oder ergänzt. Damit soll verhindert werden, daß die Verfassung geändert wird, ohne daß dies unmittelbar beabsichtigt ist oder ohne daß sich der Gesetzgeber ausdrücklich dazu bekennt. Der gültige Text des Grundgesetzes soll unzweideutig feststehen.

Absatz 2 legt fest, daß eine Änderung des Grundgesetzes der Zustimmung von zwei Dritteln der Mitglieder des Bundestages und zwei Dritteln der Stimmen des Bundesrates bedarf. Hiermit soll sichergestellt werden, daß eine politische Gruppierung (Partei), die im Parlament lediglich eine einfache Mehrheit hat, nicht allein gegen den Willen von anderen relevanten politischen Richtungen die Verfassung nach ihren Vorstellungen ändern kann. Vielmehr soll eine Grundgesetzänderung regelmäßig nur auf der Basis eines breiten Konsenses über die Parteigrenzen hinweg möglich sein. Dies soll verhindern, daß ein so wichtiger Eingriff in die Struktur des Gemeinwesens, wie ihn eine Verfassungsänderung mit sich bringen kann, ohne eine breite politische Basis und damit ohne die überwiegende Zustimmung der Bevölkerung möglich werden könnte. Aus diesem Grunde war es zum Beispiel in der zweiten Hälfte der 50er Jahre der damals von der CDU/CSU unter Adenauer geführten Bundesregierung nicht möglich, die von ihr geschaffenen Streitkräfte mittels umfangreicher Verfassungsänderungen im Grundgesetz zu verankern, solange die SPD hiermit nicht einverstanden war. Erst nachdem die SPD ihre Auffassung geändert und zehn Jahre später mit der CDU/CSU eine große Koalition gebildet hatte, fand die Bundeswehr im Rahmen der Notstandsgesetzgebung eine ausführliche Regelung im Grundgesetz.

Absatz 3 ist von besonderem Gewicht, denn er erklärt die Änderung von Grundprinzipien des Grundgesetzes überhaupt für unzulässig. Damit ist es dem Gesetzgeber, auch wenn er mit einer Zwei-Drittel-Mehrheit beschließt, nicht möglich, die elementaren Prinzipien der Verfassung aufzuheben. Als unantastbar nennt Art. 79 Abs. 3 GG: die Gliederung des Bundes in Länder, die Mitwirkung der Länder bei der Gesetzgebung und die in Art. 1 und Art. 20 niedergelegten Grundsätze. Über Art. 1 sind damit die wichtigsten Grundrechte in ihrem Kernbereich und über Art. 20 das Demokratieprinzip, das Sozialstaatsprinzip, das Bundesstaatsprinzip und zentrale Elemente des Rechtsstaatsprinzips vor einer Verfassungsänderung geschützt.

Angesichts der in Art. 79 GG niedergelegten Erschwernisse der Verfassungsänderung ist es um so bemerkenswerter, daß trotzdem das Grundgesetz in den ersten 25 Jahren seines Bestehens so häufig und in so zentralen Punkten geändert worden ist. Offensichtlich konnte auch eine derart rigorose Bestimmung die Anpassung der Verfassung an neue politische Machtkonstellationen (gesellschaftliche Verhältnisse) und an veränderte Auffassungen über die Gestaltung der Bundesrepublik Deutschland nicht verhindern.

Die Veränderung der herrschenden Auffassungen über zentrale Verfassungsprobleme wird an folgenden Beispielen deutlich:

1949 bestand auf Grund der Erfahrungen in der NS-Zeit allgemeine Übereinstimmung, daß Deutschland nicht wieder eine Militärmacht werden sollte. Hiervon ausgehend, enthielt das Grundgesetz keine Bestimmungen über deutsche Soldaten. Nach der Wiederbewaffnung der Bundesrepublik in den 50er Jahren wurde dieses Schweigen des Grundgesetzes von der CDU, später auch von der SPD für überholt gehalten. Es kam schließlich – wie oben erwähnt – zu den entsprechenden Änderungen beziehungsweise Ergänzungen der Verfassung.

Ähnlich die Notstandsgesetzgebung: 1949 wurden in das Grundgesetz keine eingehende Sonderregelungen für den Notstandsfall aufgenommen, weil man nach den Erfahrungen in Weimar den Mißbrauch von Notstandsermächtigungen fürchtete und weil die Alliierten sich ohnehin alle Rechte für die Bewältigung eines Ausnahmezustandes vorbehalten hatten. Nach Aufhebung des Besatzungsstatuts, nach 15 Jahren relativer Stabilität in der Entwicklung der Bundesrepublik und nach der ersten schweren Wirtschaftskrise seit dem Krieg hatten die führenden im Bundestag vertretenen Parteien ihre Auffassung geändert und fügten 1968 unter der Regierung der großen Koalition die sogenannte «Notstandsverfassung» in das Grundgesetz ein.

Beide wichtigen Entscheidungen, die über die Wiederbewaffnung und die Notstandsgesetzgebung, sind aber nicht ohne heftige Diskussionen in der Öffentlichkeit zustande gekommen. Die entsprechenden Verfassungsänderungen stießen teilweise auf Widerstand innerhalb der Parteien, in den großen Organisationen (wie den Gewerkschaften) und in der Presse. Die Kräfteverhältnisse im Bundestag und im Bundesrat waren jedoch so verteilt, daß die Änderungen der Verfassung mit einer Zwei-Drittel-Mehrheit angenommen wurden.

Arbeitsvorschlag 7

Diskutieren Sie die Problematik des Art. 79 Abs. 3 GG anhand folgender Thesen:

1. Wenn der demokratisch gewählte Gesetzgeber gehindert ist, die Verfassung zu ändern, so ist das eine Einschränkung des Demokratieprinzips.
2. Auch einem demokratisch gewählten Gesetzgeber darf es nicht erlaubt sein, in elementare, naturgegebene Rechte des Menschen einzugreifen (siehe Art. 1 Grundgesetz). So darf das Recht des Menschen auf Leben, körperliche Unverletzbarkeit, Glaubens- und Gewissensfreiheit nicht in seinem Kern angetastet werden.
3. Wenn Grundstrukturen der Verfassung ein für allemal «ewig» festgeschrieben sind und nicht geändert werden können, besteht die Gefahr, daß auf die Dauer der Inhalt der Verfassung wirklichkeitsfremd wird.
4. Das Verbot der Änderung der wichtigsten im Grundgesetz niedergelegten staatlichen Organisationsstrukturen (Bundesstaat, Demokratie, Gewaltenteilung) kann dazu beitragen, notwendige Kontinuität zu sichern.
5. Eine allzu weite Diskrepanz zwischen den in einer Verfassung niedergelegten Strukturen der staatlichen Machtverteilung und der in Staat und Gesellschaft tatsächlich vorhandenen Machtverhältnisse könnte zu einer völligen Umwälzung der Machtstrukturen (Revolution) führen, bei der auch die Verfassung insgesamt untergeht.

Arbeitsvorschlag 8

Prüfen Sie, warum das Grundgesetz in seinem Artikel 146 das Ende seiner Geltung selbst festlegt; er lautet: «Dieses Grundgesetz verliert seine Gültigkeit an dem Tage, an dem die Verfassung in Kraft tritt, die von dem Deutschen Volk in freier Entscheidung beschlossen worden ist.»

In der Präambel des Grundgesetzes heißt es ferner, das deutsche Volk habe das Grundgesetz der Bundesrepublik Deutschland beschlossen, «um dem staatlichen Leben für eine Übergangszeit eine neue Ordnung zu geben». «Das gesamte Deutsche Volk bleibt aufgefordert, in freier Selbstbestimmung die Einheit und Freiheit Deutschlands zu vollenden.»

Arbeitsvorschlag 9

Untersuchen Sie, wann und warum frühere Verfassungen in der deutschen Geschichte ihre Gültigkeit verloren haben oder faktisch obsolet geworden sind. Denken Sie an
die Preußische Verfassungsurkunde von 1850
die Reichsverfassung von 1871
die Weimarer Verfassung von 1919
die erste Verfassung der DDR von 1949

Vergleichen Sie die deutsche Entwicklung mit der Situation in anderen Ländern, zum Beispiel die Verfassungen der Dritten und Vierten Republik in Frankreich. Warum ist die Verfassung der Vereinigten Staaten von Amerika seit mehr als 200 Jahren in Kraft und nicht durch eine neue ersetzt worden?

II. Änderungen des Grundgesetzes seit 1949

Die Richtung, in die die Änderungen der Verfassung seit 1949 gegangen sind, wird deutlich, wenn man sich die wichtigsten Verfassungsänderungen näher anschaut. Es sind:

1. Zulassung der allgemeinen Wehrpflicht (1954),
2. Aufnahme der sogenannten «Wehrverfassung» (1956),
3. Stabilitätsgesetzgebung (1967),
4. Notstandsgesetzgebung (1968),
5. Finanzreform (1969),
6. Änderung des Wahlalters (1970),
7. Gesetze zur inneren Sicherheit (1972).

Als Beispiele werden im folgenden einige Artikel des Grundgesetzes in ihrem ursprünglichen Wortlaut und in ihrer geänderten Fassung nebeneinandergestellt.

1. Zulassung der allgemeinen Wehrpflicht

ursprünglicher Text	geänderte Fassung
Art. 73 (Ausschließliche Gesetzgebung, Katalog) Der Bund hat die ausschließliche Gesetzgebung über: 1. die auswärtigen Angelegenheiten;	Artikel 73 Nr. I erhält durch Gesetz vom 26. 3. 1954 (BGBl. I S. 45) folgende Fassung: die auswärtigen Angelegenheiten sowie die Verteidigung einschließlich der Wehrpflicht für Männer

vom vollendeten achtzehnten Lebensjahr an und des Schutzes der Zivilbevölkerung;

2. Wehrverfassung

ursprünglicher Text	geänderte Fassung
Art. 12 (Berufsfreiheit) (1) Alle Deutschen haben das Recht, Beruf, Arbeitsplatz und Ausbildungsstätte frei zu wählen. Die Berufsausübung kann durch Gesetz geregelt werden. (2) Niemand darf zu einer bestimmten Arbeit gezwungen werden, außer im Rahmen einer herkömmlichen allgemeinen, für alle gleichen öffentlichen Dienstleistungspflicht. (3) Zwangsarbeit ist nur bei einer gerichtlich angeordneten Freiheitsentziehung zulässig.	Artikel 12 erhält durch Gesetz vom 19. 3. 1956 (BGBl. I S. 111) folgende Fassung: (1) Alle Deutschen haben das Recht, Beruf, Arbeitsplatz und Ausbildungsstätte frei zu wählen. Die Berufsausbildung kann durch Gesetz geregelt werden. (2) Niemand darf zu einer bestimmten Arbeit gezwungen werden, außer im Rahmen einer herkömmlichen allgemeinen, für alle gleichen öffentlichen Dienstleistungspflicht. Wer aus Gewissensgründen den Kriegsdienst mit der Waffe verweigert, kann zu einem Ersatzdienst verpflichtet werden. Die Dauer des Ersatzdienstes darf die Dauer des Wehrdienstes nicht übersteigen. Das Nähere regelt ein Gesetz, das die Freiheit der Gewissensentscheidung nicht beeinträchtigen darf und auch eine Möglichkeit des Ersatzdienstes vorsehen muß, die in keinem Zusammenhang mit den Verbänden der Streitkräfte steht. (3) Frauen dürfen nicht zu einer Dienstleistung im Verband der Streitkräfte durch Gesetz verpflichtet werden. Zu einem Dienst mit der Waffe dürfen sie in keinem Falle verwendet werden. (4) Zwangsarbeit ist nur bei einer gerichtlich angeordneten Freiheitsentziehung zulässig. Nach Artikel 87 wird durch Gesetz vom 19. 3. 1956 (BGBl. I S. 111)

folgender Artikel 87a eingefügt:
Art. 87a (Einsatz der Streitkräfte)
Die zahlenmäßige Stärke der vom Bunde zur Verteidigung aufgestellten Streitkräfte und die Grundzüge ihrer Organisation müssen sich aus dem Haushaltsplan ergeben.

3. Stabilitätsgesetz

ursprünglicher Text	geänderte Fassung
Art. 109 (Haushaltsgrundsätze von Bund und Ländern) Bund und Länder sind in ihrer Haushaltswirtschaft selbständig und voneinander unabhängig.	Artikel 109 erhält durch Gesetz vom 8. 6. 1967 (BGBl. I S. 581) folgende Fassung: (1) Bund und Länder sind in ihrer Haushaltswirtschaft selbständig und voneinander unabhängig. (2) Bund und Länder haben bei ihrer Haushaltswirtschaft den Erfordernissen des gesamtwirtschaftlichen Gleichgewichts Rechnung zu tragen. (3) Durch Bundesgesetz, das der Zustimmung des Bundesrates bedarf, können Grundsätze für eine konjunkturgerechte Haushaltswirtschaft und für eine mehrjährige Finanzplanung aufgestellt werden. (4) Zur Abwehr einer Störung des gesamtwirtschaftlichen Gleichgewichts können durch Bundesgesetz, das der Zustimmung des Bundesrates bedarf, Vorschriften über 1. Höchstbeträge, Bedingungen, und Zeitfolge der Aufnahme von Krediten durch Gebietskörperschaften und Zweckverbände und 2. eine Verpflichtung von Bund und Ländern, unverzinsliche Guthaben bei der Deutschen Bundesbank zu unterhalten (Konjunkturausgleichsrücklagen), erlassen werden. Ermächtigungen

zum Erlaß von Rechtsverordnungen können nur der Bundesregierung erteilt werden. Die Rechtsverordnungen bedürfen der Zustimmung des Bundesrates. Sie sind aufzuheben, soweit der Bundestag es verlangt; das Nähere bestimmt das Bundesgesetz.

Artikel 109 Abs. 3 erhält durch Gesetz vom 12. 5. 1969 (BGBl. I S. 357) folgende Fassung:

(3) Durch Bundesgesetz, das der Zustimmung des Bundesrates bedarf, können für Bund und Länder gemeinsam geltende Grundsätze für das Haushaltsrecht, für eine konjunkturgerechte Haushaltswirtschaft und für eine mehrjährige Finanzplanung aufgestellt werden.

4. Notstandsverfassung

ursprünglicher Text	geänderte Fassung
Art. 10 (Brief-, Post- und Fernmeldegeheimnis) Das Briefgeheimnis sowie das Post- und Fernmeldegeheimnis sind unverletzlich. Beschränkungen dürfen nur auf Grund eines Gesetzes angeordnet werden.	Art. 10 erhält durch Gesetz vom 24. 6. 1968 (BGBl. I S. 709) folgende Fassung: (1) Das Briefgeheimnis sowie das Post- und Fernmeldegeheimnis sind unverletzlich. (2) Beschränkungen dürfen nur auf Grund eines Gesetzes angeordnet werden. Dient die Beschränkung dem Schutze der freiheitlichen demokratischen Grundordnung oder des Bestandes oder der Sicherung des Bundes oder eines Landes, so kann das Gesetz bestimmen, daß sie dem Betroffenen nicht mitgeteilt wird und daß an die Stelle des Rechtsweges die Nachprüfung durch von der Volksvertretung bestellte Organe und Hilfsorgane tritt.
alte Fassung siehe Seite 37	Artikel 12 erhält durch Gesetz vom

24. 6. 1968 (BGB. I S. 709) folgende Fassung:

(1) Alle Deutschen haben das Recht, Beruf, Arbeitsplatz und Ausbildungsstätte frei zu wählen. Die Berufsausübung kann durch Gesetz oder auf Grund eines Gesetzes geregelt werden.

(2) Niemand darf zu einer bestimmten Arbeit gezwungen werden, außer im Rahmen einer herkömmlichen allgemeinen, für alle gleichen öffentlichen Dienstleistungspflicht.

(3) Zwangsarbeit ist nur bei einer gerichtlich angeordneten Freiheitsentziehung zulässig.

Nach Artikel 12 wird durch Gesetz vom 24. 6. 1968 (BGBl. I S. 709) folgender neuer Artikel 12a eingefügt:

Art. 12a (Verteidigungsdienst)

(1) Männer können vom vollendeten achtzehnten Lebensjahr an zum Dienst in den Streitkräften, im Bundesgrenzschutz oder in einem Zivilschutzverband verpflichtet werden.

(2) Wer aus Gewissensgründen den Kriegsdienst mit der Waffe verweigert, kann zu einem Ersatzdienst verpflichtet werden. Die Dauer des Ersatzdienstes darf die Dauer des Wehrdienstes nicht übersteigen. Das Nähere regelt ein Gesetz, das die Freiheit der Gewissensentscheidung nicht beeinträchtigen darf und auch eine Möglichkeit des Ersatzdienstes vorsehen muß, die in keinem Zusammenhang mit den Verbänden der Streitkräfte und des Bundesgrenzschutzes steht.

(3) Wehrpflichtige, die nicht zu einem Dienst nach Absatz 1 oder 2 herangezogen sind, können im Verteidigungsfalle durch Gesetz oder

auf Grund eines Gesetzes zu zivilen Dienstleistungen für Zwecke der Verteidigung einschließlich des Schutzes der Zivilbevölkerung in Arbeitsverhältnisse verpflichtet werden; Verpflichtungen in öffentlich-rechtliche Dienstverhältnisse sind nur zur Wahrnehmung polizeilicher Aufgaben oder solcher hoheitlichen Aufgaben der öffentlichen Verwaltung, die nur in einem öffentlich-rechtlichen Dienstverhältnis erfüllt werden können, zulässig. Arbeitsverhältnisse nach Satz 1 können bei den Streitkräften, im Bereich ihrer Versorgung sowie bei der öffentlichen Verwaltung begründet werden; Verpflichtungen in Arbeitsverhältnisse im Bereiche der Versorgung der Zivilbevölkerung sind nur zulässig, um ihren lebensnotwendigen Bedarf zu dekken oder ihren Schutz sicherzustellen.

(4) Kann im Verteidigungsfalle der Bedarf an zivilen Dienstleistungen im zivilen Sanitäts- und Heilwesen sowie in der ortsfesten militärischen Lazarettorganisation nicht auf freiwilliger Grundlage gedeckt werden, so können Frauen vom vollendeten achtzehnten bis zum vollendeten fünfundzwanzigsten Lebensjahr durch Gesetz oder auf Grund eines Gesetzes zu derartigen Dienstleistungen herangezogen werden. Sie dürfen auf keinen Fall Dienst mit der Waffe leisten.

(5) Für die Zeit vor dem Verteidigungsfalle können Verpflichtungen nach Absatz 3 nur nach Maßgabe des Artikels 80a Abs. 1 begründet werden. Zur Vorbereitung auf Dienstleistungen nach Absatz 3, für die besondere Kenntnisse oder Fer-

tigkeiten erforderlich sind, kann durch Gesetz oder auf Grund eines Gesetzes die Teilnahme an Ausbildungsveranstaltungen zur Pflicht gemacht werden. Satz 1 findet insoweit keine Anwendung.

(6) Kann im Verteidigungsfalle der Bedarf an Arbeitskräften für die in Absatz 3 Satz 2 genannten Bereiche auf freiwilliger Grundlage nicht gedeckt werden, so kann zur Sicherung dieses Bedarfs die Freiheit der Deutschen, die Ausübung eines Berufs oder den Arbeitsplatz aufzugeben, durch Gesetz oder auf Grund eines Gesetzes eingeschränkt werden. Vor Eintritt des Verteidigungsfalles gilt Absatz 5 Satz 1 entsprechend.

Art. 35 (Rechts- und Amtshilfe, Naturkatastrophe)

Alle Behörden des Bundes und der Länder leisten sich gegenseitig Rechts- und Amtshilfe.

Der bisherige Wortlaut des Art. 35 wird durch Gesetz vom 24. 6. 1968 (BGBl. I S. 709) zu Absatz 1; folgende Absätze 2 und 3 werden angefügt:

(2) Zur Hilfe bei einer Naturkatastrophe oder bei einem besonders schweren Unglücksfall kann ein Land Polizeikräfte anderer Länder, Kräfte und Einrichtungen anderer Verwaltungen sowie des Bundesgrenzschutzes und der Streitkräfte anfordern.

(3) Gefährdet die Naturkatastrophe oder der Unglücksfall das Gebiet mehr als eines Landes, so kann die Bundesregierung, soweit es zur wirksamen Bekämpfung erforderlich ist, den Landesregierungen die Weisung erteilen, Polizeikräfte anderen Ländern zur Verfügung zu stellen, sowie Einheiten des Bundesgrenzschutzes und der Streitkräfte zur Unterstützung der Polizeikräfte einsetzen. Maßnahmen der Bundesregierung nach Satz 1 sind jederzeit

auf Verlangen des Bundesrates, im übrigen unverzüglich nach Beseitigung der Gefahr aufzuheben.

Artikel 87a erhält durch Gesetz vom 24. 6. 1968 (BGBl. I S. 709) folgende Fassung:

(1) Der Bund stellt Streitkräfte zur Verteidigung auf. Ihre zahlenmäßige Stärke und die Grundzüge ihrer Organisation müssen sich aus dem Haushaltsplan ergeben.

(2) Außer zur Verteidigung dürfen die Streitkräfte nur eingesetzt werden, soweit dieses Grundgesetz es ausdrücklich zuläßt.

(3) Die Streitkräfte haben im Verteidigungsfalle und im Spannungsfalle die Befugnis, zivile Objekte zu schützen und Aufgaben der Verkehrsregelung wahrzunehmen, soweit dies zur Erfüllung ihres Verteidigungsauftrages erforderlich ist. Außerdem kann den Streitkräften im Verteidigungsfalle und im Spannungsfalle der Schutz ziviler Objekte auch zur Unterstützung polizeilicher Maßnahmen übertragen werden; die Streitkräfte wirken dabei mit den zuständigen Behörden zusammen.

(4) Zur Abwehr einer drohenden Gefahr für den Bestand oder die freiheitliche demokratische Grundordnung des Bundes oder eines Landes kann die Bundesregierung, wenn die Voraussetzungen des Artikels 91 Abs. 2 vorliegen und die Polizeikräfte sowie der Bundesgrenzschutz nicht ausreichen, Streitkräfte zur Unterstützung der Polizei und des Bundesgrenzschutzes beim Schutze von zivilen Objekten und bei der Bekämpfung organisierter und militärisch bewaffneter Aufständischer einsetzen. Der Einsatz von Streit-

	kräften ist einzustellen, wenn der Bundestag oder der Bundesrat es verlangen.

Durch die Notstandsverfassung wurden weiterhin die Abschnitte IVa und Xa mit 14 neuen Bestimmungen eingefügt, die in den GG-Ausgaben nachgeschlagen werden sollten.

5. Finanzverfassung

ursprünglicher Text	geänderte Fassung
	Nach Artikel 91 wird durch Gesetz vom 12. 5. 1969 (BGBl. I S. 359) folgender neuer Abschnitt VIIIa eingefügt: VIIIa. Gemeinschaftsaufgaben Art. 91a (Mitwirkung des Bundes bei Länderaufgaben) (1) Der Bund wirkt auf folgenden Gebieten bei der Erfüllung von Aufgaben der Länder mit, wenn diese Aufgaben für die Gesamtheit des Bundes zur Verbesserung der Lebensverhältnisse erforderlich sind (Gemeinschaftsaufgaben): 1. Ausbau und Neubau von wissenschaftlichen Hochschulen einschließlich der Hochschulkliniken, 2. Verbesserung der regionalen Wirtschaftsstruktur, 3. Verbesserung der Agrarstruktur und des Küstenschutzes. (2) Durch Bundesgesetz mit Zustimmung des Bundesrates werden die Gemeinschaftsaufgaben näher bestimmt. Das Gesetz soll allgemeine Grundsätze für ihre Erfüllung enthalten. (3) Das Gesetz trifft Bestimmungen über das Verfahren und über Einrichtungen für eine gemeinsame Rahmenplanung. Die Aufnahme ei-

nes Vorhabens in die Rahmenplanung bedarf der Zustimmung des Landes, in dessen Gebiet es durchgeführt wird.

(4) Der Bund trägt in den Fällen des Absatzes 1 Nr. 1 und 2 die Hälfte der Ausgaben in jedem Land. In den Fällen des Absatzes 1 Nr. 3 trägt der Bund mindestens die Hälfte; die Beteiligung ist für alle Länder einheitlich festzusetzen. Das Nähere regelt das Gesetz. Die Bereitstellung der Mittel bleibt der Feststellung in den Haushaltsplänen des Bundes und der Länder vorbehalten.

(5) Bundesregierung und Bundesrat sind auf Verlangen über die Durchführung der Gemeinschaftsaufgaben zu unterrichten.

X. Das Finanzwesen

Als einleitender Artikel zu Abschnitt X wird durch Gesetz vom 12. 5. 1969 (BGBl. 1 S. 359) folgender Artikel 104a eingefügt:

Art. 104a (Kostentragung von Bund und Ländern)

(1) Der Bund und die Länder tragen gesondert die Ausgaben, die sich aus der Wahrnehmung ihrer Aufgaben ergeben, soweit dieses Grundgesetz nichts anderes bestimmt.

(2) Handeln die Länder im Auftrage des Bundes, trägt der Bund die sich daraus ergebenden Ausgaben.

(3) Bundesgesetze, die Geldleistungen gewähren und von den Ländern ausgeführt werden, können bestimmen, daß die Geldleistungen ganz oder zum Teil vom Bund getragen werden. Bestimmt das Gesetz, daß der Bund die Hälfte der Ausgaben oder mehr trägt, wird es im Auftrage des Bundes durchgeführt. Bestimmt das Gesetz, daß die Länder ein Viertel der Ausgaben oder mehr

tragen, so bedarf es der Zustimmung des Bundesrates.

(4) Der Bund kann den Ländern Finanzhilfen für besonders bedeutsame Investitionen der Länder und Gemeinden (Gemeindeverbände) gewähren, die zur Abwehr einer Störung des gesamtwirtschaftlichen Gleichgewichts oder zum Ausgleich unterschiedlicher Wirtschaftskraft im Bundesgebiet oder zur Förderung des wirtschaftlichen Wachstums im Bundesgebiet oder zur Förderung des wirtschaftlichen Wachstums erforderlich sind. Das Nähere, insbesondere die Arten der zu fördernden Investitionen, wird durch Bundesgesetz, das der Zustimmung des Bundesrates bedarf, oder auf Grund des Bundeshaushaltsgesetzes durch Verwaltungsvereinbarung geregelt.

(5) Der Bund und die Länder tragen die bei ihren Behörden entstehenden Verwaltungsausgaben und haften im Verhältnis zueinander für eine ordnungsgemäße Verwaltung. Das Nähere bestimmt ein Bundesgesetz, das der Zustimmung des Bundesrates bedarf.

Art. 107 (Verteilung der Landessteuern, Länderfinanzausgleich)
Die endgültige Verteilung der der konkurrierenden Gesetzgebung unterliegenden Steuern auf Bund und Länder soll spätestens bis zum 31. Dezember 1952 erfolgen, und zwar durch Bundesgesetz, das der Zustimmung des Bundesrates bedarf. Dies gilt nicht für die Realsteuern und die Steuern mit örtlich bedingtem Wirkungskreis. Hierbei ist jedem Teil ein gesetzlicher Anspruch auf bestimmte Steuern oder Steueranteile entsprechend seinen Aufga-

Artikel 107 erhält durch Gesetz vom 12. 5. 1969 (BGBl. 1 S. 539) folgende Fassung:

(1) Das Aufkommen der Landessteuern und der Länderanteil am Aufkommen der Einkommensteuer und der Körperschaftssteuer stehen den einzelnen Ländern insoweit zu, als die Steuern von den Finanzbehörden in ihrem Gebiet vereinnahmt werden (örtliches Aufkommen). Durch Bundesgesetz, das der Zustimmung des Bundesrates bedarf, sind für die Körperschaftssteuer und die Lohnsteuer nähere Be-

ben einzuräumen.

stimmungen über die Abgrenzung sowie über Art und Umfang der Zerlegung des örtlichen Aufkommens zu treffen. Das Gesetz kann auch Bestimmungen über die Abgrenzung und Zerlegung des örtlichen Aufkommens anderer Steuern treffen. Der Länderanteil am Aufkommen der Umsatzsteuer steht den einzelnen Ländern nach Maßgabe der Einwohnerzahl zu; für einen Teil, höchstens jedoch für ein Viertel dieses Länderanteils, können durch Bundesgesetz, das der Zustimmung des Bundesrates bedarf, Ergänzungsanteile für die Länder vorgesehen werden, deren Einnahmen aus den Landessteuern und aus der Einkommensteuer und der Körperschaftssteuer je nach Einwohner unter dem Durchschnitt der Länder liegen.

(2) Durch das Gesetz ist sicherzustellen, daß die unterschiedliche Finanzkraft der Länder angemessen ausgeglichen wird; hierbei sind die Finanzkraft und der Finanzbedarf der Gemeinden (Gemeindeverbände) zu berücksichtigen. Die Voraussetzungen für die Ausgleichsansprüche der ausgleichsberechtigten Länder und für die Ausgleichsverbindlichkeiten der ausgleichspflichtigen Länder sowie die Maßstäbe für die Höhe der Ausgleichsleistungen sind in dem Gesetz zu bestimmen. Es kann auch bestimmen, daß der Bund aus seinen Mitteln leistungsschwachen Ländern Zuweisungen zur ergänzenden Deckung ihres allgemeinen Finanzbedarfs (Ergänzungszuweisungen) gewährt.

6. Wahlalter

ursprünglicher Text	geänderte Fassung
Artikel 38 (Wahlrechtsprinzipien, freies Mandat) (1) Die Abgeordneten des Deutschen Bundestages werden in allgemeiner, unmittelbarer, freier, gleicher und geheimer Wahl gewählt. Sie sind Vertreter des ganzen Volkes, an Aufträge und Weisungen nicht gebunden und nur ihrem Gewissen unterworfen. (2) Wahlberechtigt ist, wer das einundzwanzigste, wählbar, wer das fünfundzwanzigste Lebensjahr vollendet hat. (3) Das Nähere bestimmt ein Bundesgesetz.	Artikel 38 Abs. 2 erhält durch Gesetz vom 31. 7. 1970 (BGBl. 1 S. 1161) folgende Fassung: (2) Wahlberechtigt ist, wer das achtzehnte Lebensjahr vollendet hat; wählbar ist, wer das Alter erreicht hat, mit dem die Volljährigkeit eintritt.

7. Innere Sicherheit

ursprünglicher Text	geänderte Fassung
Art. 35 (Rechts- und Amtshilfe, Naturkatastrophe) Alle Behörden des Bundes und der Länder leisten sich gegenseitig Rechts- und Amtshilfe.	Artikel 35 Abs. 2 erhält durch Gesetz vom 28. 7. 1972 (BGBl. 1 S. 1305) folgende Fassung: (2) Zur Aufrechterhaltung oder Wiederherstellung der öffentlichen Sicherheit oder Ordnung kann ein Land in Fällen von besonderer Bedeutung Kräfte und Einrichtungen des Bundesgrenzschutzes zur Unterstützung seiner Polizei anfordern, wenn die Polizei ohne diese Unterstützung eine Aufgabe nicht oder nur unter erheblichen Schwierigkeiten erfüllen könnte. Zur Hilfe bei einer Naturkatastrophe oder bei einem besonders schweren Unglücksfall kann ein Land Polizeikräfte anderer Länder, Kräfte und Einrichtungen anderer Verwaltungen

	sowie des Bundesgrenzschutzes und der Streitkräfte anfordern.
Art. 73 (Ausschließliche Gesetzgebung, Katalog) Der Bund hat die ausschließliche Gesetzgebung über: 10. die Zusammenarbeit des Bundes und der Länder in der Kriminalpolizei und in Angelegenheiten des Verfassungsschutzes, die Einrichtung eines Bundeskriminalpolizeiamtes sowie die internationale Verbrechensbekämpfung;	Art. 73 Nr. 10 erhält durch Gesetz vom 28. 7. 1972 (BGBl. 1 S. 1305) folgende Fassung: 10. die Zusammenarbeit des Bundes und der Länder a) in der Kriminalpolizei, b) zum Schutze der freiheitlichen demokratischen Grundordnung, des Bestandes und der Sicherheit des Bundes oder eines Landes (Verfassungsschutz) und c) zum Schutze gegen Bestrebungen im Bundesgebiet, die durch Anwendung von Gewalt oder darauf gerichtete Vorbereitungshandlungen auswärtige Belange der Bundesrepublik Deutschland gefährden, sowie die Einrichtungen eines Bundeskriminalpolizeiamtes und die internationale Verbrechensbekämpfung;
Art. 87 (Gebiete bundeseigener Verwaltung) (1) In bundeseigener Verwaltung mit eigenem Verwaltungsunterbau werden geführt der Auswärtige Dienst, die Bundesfinanzverwaltung, die Bundeseisenbahnen, die Bundespost und nach Maßgabe des Artikels 89 die Verwaltung der Bundeswasserstraßen und der Schiffahrt. Durch Bundesgesetz können Bundesgrenzschutzbehörden, Zentralstellen für das polizeiliche Auskunfts- und Nachrichtenwesen, zur Sammlung von Unterlagen für Zwecke des Verfassungsschutzes und für die Kriminalpolizei eingerichtet werden.	Artikel 87 Abs. 1 Satz 2 erhält durch Gesetz vom 28. 7. 1972 (BGBl. 1 S. 1305) folgende Fassung: Durch Bundesgesetz können Bundesgrenzschutzbehörden, Zentralstellen für das polizeiliche Auskunfts- und Nachrichtenwesen, für die Kriminalpolizei und zur Sammlung von Unterlagen für Zwecke des Verfassungsschutzes und des Schutzes gegen Bestrebungen im Bundesgebiet, die durch Anwendung von Gewalt oder darauf gerichtete Vorbereitungshandlungen auswärtige Belange der Bundesrepublik Deutschland gefährden, eingerichtet werden.

Arbeitsvorschlag 10

Vergleichen Sie die ursprünglichen Texte mit den geänderten Texten unter folgenden Gesichtspunkten:

1. In welcher Entwicklungsphase der Bundesrepublik wurde der Text geändert?
2. Was könnten die gesellschaftlichen Ursachen für die Änderung gewesen sein?
3. Was könnte das Ziel der Änderung gewesen sein?
4. Hatte die Änderung eine Machtverschiebung innerhalb der Organisation des Staates zur Folge? Wenn ja, in welche Richtung?
5. Welche gesellschaftlichen Konsequenzen könnten sich aus der Änderung ergeben?

III. Verfassungsinterpretation

Eine Verfassung kann sich in ihrer Anwendung und in ihrer inhaltlichen Bedeutung auch ändern, ohne daß ihr Wortlaut ausdrücklich geändert oder ergänzt wird. Denn notwendigerweise ist der Wortlaut einer Verfassung an vielen Stellen inhaltlich so weit und unbestimmt, daß es zu ihrer Konkretisierung einer Interpretation bedarf. Wird eine Verfassungsbestimmung im Laufe der Jahre unterschiedlich interpretiert, so führt das zu einem Bedeutungswandel der Verfassung. Man spricht hier von «Verfassungswandel durch Neuinterpretation».

Die Interpretation einer Verfassung kann von erheblicher Bedeutung für die rechtliche Beurteilung und eventuell die Lösung politischer Probleme sein.

So ist es in der jüngeren Geschichte der Bundesrepublik häufig vorgekommen, daß unterschiedliche politische Positionen sich auf gegensätzliche Interpretationen des Grundgesetzes beriefen. Es gibt Verfassungsrechtler, die behaupten, die paritätische Mitbestimmung verstoße gegen das Grundgesetz, und andere, die behaupten, das Grundgesetz verlange gerade eine paritätische Mitbestimmung.

Ebenso bei der Novellierung des § 218 StGB: Die Befürworter der Strafbarkeit der Abtreibung in den ersten Monaten der Schwangerschaft beriefen sich hierfür auf den Schutz des Lebens in Art. 2 Abs. 2 GG. Die Gegenmeinung verwies darauf, daß ein Schutz des Lebens von Mutter und Kind nach dieser Bestimmung am besten gewährleistet werden könne, wenn die Abtreibung in den ersten drei Monaten nicht bestraft werde.

Die Bedeutung verschiedener Verfassungsinterpretationen für die juristische Praxis zeigt sich ähnlich bei vielen anderen wichtigen Einzelproblemen des Grundgesetzes. Dies wird im einzelnen im zweiten bis vierten Teil dieses

Buchs verdeutlicht.

Es gibt aber Probleme allgemeiner Art bei der Auslegung einer Verfassung, die hier kurz skizziert werden sollen. Aufgabe der Interpretation ist es, das verfassungsmäßige «richtige» Ergebnis in einem rationalen und kontrollierbaren Verfahren zu finden und dieses Ergebnis entsprechend zu begründen. Es fragt sich jedoch, ob es eine eindeutige und verläßliche Methode der Interpretation gibt, die diesem Anspruch genügt.

Am Ende des vergangenen Jahrhunderts glaubte man teilweise, eine solche Methode gefunden zu haben, die zu eindeutigen Ergebnissen führen müßte. Mit der sogenannten «klassischen Interpretationslehre» meinte man, den «richtigen» Inhalt einer rechtlichen Norm, also auch einer Verfassung ermitteln zu können, indem man den Wortlaut, die Entstehungsgeschichte, den systematischen Zusammenhang des Gesetzes und seinen Sinn und Zweck untersuchte. Es ist jedoch offensichtlich, daß etwa eine Feststellung über den Sinn und Zweck einer Verfassungsbestimmung nicht objektiv und unzweifelhaft möglich ist, da eine solche Feststellung immer abhängig ist von der politischen Auffassung und dem sozialen Vorverständnis des Interpreten. Und auch über das Verständnis von Wortlaut, Entstehungsgeschichte und Systematik einer Norm können – wie die Erfahrung zeigt – sehr unterschiedliche Auffassungen bestehen.

Deshalb ist eine abstrakte Verfassungsinterpretation nicht möglich. Sie muß immer von dem jeweils zu lösenden konkreten Problem ausgehen und muß das Vorverständnis und das Ziel des Interpreten offenlegen. Insofern ist die Verfassungsinterpretation immer eine Konkretisierung der Verfassung durch den Interpreten. Dieser versucht, nach seinem Verständnis der Verfassung und nach seinem Urteil über die Gesellschaftswirklichkeit beides in Einklang zu bringen.

Hierbei ist die Interpretation an die Norm gebunden, sonst ist sie nicht mehr nur Interpretation; sie muß bestrebt sein, den Anspruch, die Forderung, die in dem Verfassungstext zum Ausdruck kommt, zu verwirklichen. Dies zeigt sich vor allem bei solchen Bestimmungen, die konkrete Maßnahmen verlangen, wie «Männer und Frauen sind gleichberechtigt» (Art. 3 Abs. 2 GG) oder «Den unehelichen Kindern sind . . . die gleichen Bedingungen für ihre leibliche und seelische Entwicklung und ihre Stellung in der Gesellschaft zu schaffen wie den ehelichen Kindern» (Art. 6 Abs. 5 GG) oder «Alle Deutschen haben das Recht, Beruf, Arbeitsplatz und Ausbildungsstätte frei zu wählen» (Art. 12 Abs. 1 GG), aber auch bei einem abstrakteren Postulat, wie der Forderung nach Verwirklichung des «sozialen Rechtsstaates» (Art. 28 Abs. 1 GG).

Aus dem Gesagten folgt, daß es für das Ergebnis der Verfassungsinterpretation in hohem Maße darauf ankommt:

1. Wer interpretiert die Verfassung?
2. Welches Vorverständnis hat der Interpret?
3. Welche politischen Ziele verfolgt er?

Das Grundgesetz hat eine Institution geschaffen, die bei Meinungsverschiedenheiten über die Auslegung des Grundgesetzes mit höchster Autorität entscheidet: das Bundesverfassungsgericht. Die Entscheidungen des Bundesverfassungsgerichts sind nicht allein Entscheidungen über die «richtige» Interpretation des Grundgesetzes, sondern sie sind damit gleichzeitig häufig Entscheidungen wichtiger politischer Streitfragen. Dies ist in den vergangenen Jahren mehrfach deutlich geworden: so bei dem Abhörurteil, das die Zulässigkeit heimlicher Telefon- und Postkontrolle betraf (siehe Seite 122 ff), bei dem Urteil über den Numerus clausus, bei dem Urteil über die Verfassungsmäßigkeit des Grundvertrages zwischen der Bundesrepublik Deutschland und der Deutschen Demokratischen Republik, bei dem Urteil zu § 218 StGB – Schwangerschaftsunterbrechung – (siehe Seite 125 ff) und bei dem Beschluß über die politische Treuepflicht von Beamten (siehe Seite 89 ff).

Arbeitsvorschlag 11

Nach Art. 100 GG kann ein Gericht, das ein Gesetz, auf dessen Gültigkeit es bei einer Entscheidung ankommt, für verfassungswidrig hält, nicht selbständig entscheiden, sondern es muß das Verfahren aussetzen und die Entscheidung des Bundesverfassungsgerichts einholen.

Überlegen Sie, warum nicht jedes Gericht, sondern allein das Bundesverfassungsgericht das Recht hat, die Verfassungswidrigkeit eines Gesetzes festzustellen.

Diskutieren Sie folgende Begründungen für diese Regelung:

1. Die Richter des Bundesverfassungsgerichtes sind höher qualifiziert.
2. Entscheidungen über die Verfassungswidrigkeit eines Gesetzes sind Interpretationen des Grundgesetzes politischen Charakters. Solche Entscheidungen können nur von Politikern und nicht von Fachleuten getroffen werden. Die Richter des Bundesverfassungsgerichtes sind Politiker.
3. Wenn jedes Gericht ein Gesetz für verfassungswidrig erklären könnte, käme es zu einer Rechtsunsicherheit, da die Gerichte sich widersprechende Entscheidungen treffen könnten. Deshalb bedarf es einer zentralen Instanz, die für das gesamte Gebiet der Bundesrepublik einheitlich die «richtige» Interpretation der Verfassung festlegt. Diese Instanz ist das Bundesverfassungsgericht.
4. Gesetze werden vom Parlament beschlossen. Wenn jeder Richter ein Gesetz für verfassungswidrig und damit nichtig erklären könnte, könnte sich jeder einzelne Richter an Stelle des gewählten Parlaments setzen. Das wäre undemokratisch.

Das Gesetz . . .

. . . sei der Freund der Schwachen, meinte Friedrich Schiller.

Vielleicht läßt sich das nicht von allen Gesetzen sagen, aber doch von vielen. Eines davon ist ohne Zweifel das Gesetz zur Förderung der Vermögensbildung der Arbeitnehmer. Ein umständlicher Titel, aber eine anständige Sache. Ein Gesetz, das aus der einstigen Not des Sparens eine lohnende Tugend machte.

Pfandbrief und Kommunalobligation

Meistgekaufte deutsche Wertpapiere - hoher Zinsertrag - bei allen Banken und Sparkassen

Verbriefte Sicherheit

Zweiter Teil
Das Demokratieprinzip

A. Parlamentarische Demokratie als Staatsform

I. Die zentrale Stellung des Parlaments

Nach Art. 20 Abs. 1 GG ist die Bundesrepublik Deutschland ein *demokratischer* und sozialer Bundesstaat. Das hier niedergelegte Demokratieprinzip wird konkretisiert in Art. 20 Abs. 2:

●●

Alle Staatsgewalt geht vom Volke aus. Sie wird vom Volke in Wahlen und Abstimmungen und durch besondere Organe der Gesetzgebung, der vollziehenden Gewalt und der Rechtsprechung ausgeübt.

●●

Das zentrale Organ, durch welches das Volk im politischen System des Grundgesetzes repräsentiert sein soll, ist das Parlament, der Bundestag. Deshalb wird das Regierungssystem der Bunderepublik als «parlamentarische Demokratie» bezeichnet. Alle anderen Staatsorgane lassen sich letztlich auf den Bundestag (oder die Landtage) zurückführen:

- Der Bundeskanzler und damit die Bundesregierung werden vom Bundestag gewählt und können von ihm abgewählt werden (Art. 63, 67, 68 GG).
- Der Bundespräsident wird von der Bundesversammlung, die sich zur Hälfte aus den Abgeordneten des Bundestages und zur Hälfte aus Mitgliedern der Landesparlamente zusammensetzt, gewählt (Art. 54 GG).
- Die Richter des Bundesverfassungsgerichtes werden zur Hälfte vom Bundestag und zur Hälfte vom Bundesrat, der sich wiederum auf die Landtage zurückführen läßt, gewählt (Art. 94 GG).

Diese zentrale Stellung des Parlaments im Regierungssystem der Bundesrepublik wird in dem folgendem Schaubild auf Seite 54 deutlich.

Die Erfahrung des Untergangs der Weimarer Republik, deren Verfassung teilweise als die demokratischste Verfassung der Welt bezeichnet worden war, hat sich in Einzelbestimmungen des Grundgesetzes niedergeschlagen, die verhindern sollten, daß aus Bonn ein «zweites Weimar» würde. Dabei sind besonders zu nennen:

1. Der Präsident wird durch das Grundgesetz weitgehend entmachtet.
2. Der Präsident wird indirekt (von der Bundesversammlung) gewählt.

Die Staatsorgane der Bundesrepublik Deutschland

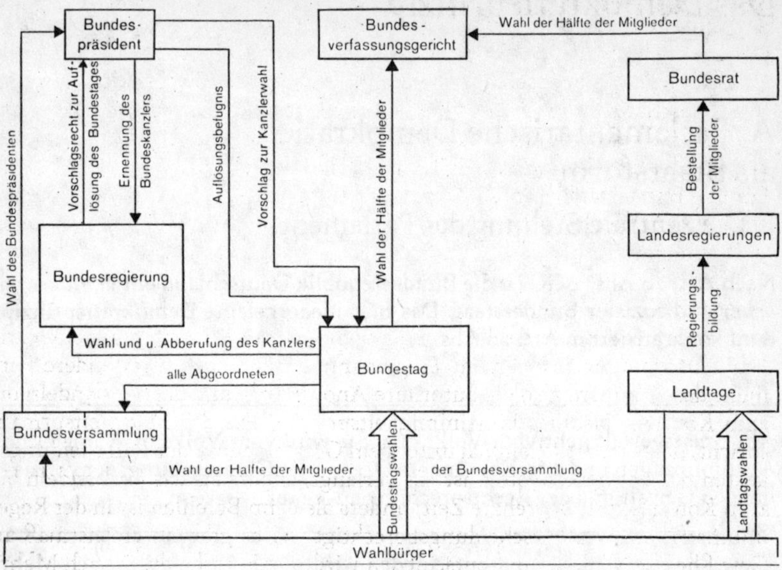

Quelle: Hartwich/Horn/Grosser/Scheffler: Politik im 20. Jahrhundert. Braunschweig 1964, S. 130

3. Ein Mißtrauensvotum ist nur als konstruktives vorgesehen, das heißt, eine Regierung (der Kanzler) kann nur gestürzt werden, wenn sich aus der Opposition bereits eine Mehrheit gebildet hat, die die neue Regierung unterstützt.
4. Die Parlamentsauflösung ist erschwert.
5. Plebiszite sind in der neuen Verfassung nicht mehr vorgesehen (Ausnahme: Art. 29 GG).
6. Wegen der Wirkung des Artikels 48 der Weimarer Verfassung, der in den letzten Jahren der Weimarer Republik die kalte Einführung diktatorischer Regierungsformen erlaubt hatte, wurde von den Vätern des Grundgesetzes auf eine Notstandsregelung verzichtet.

II. Das Mehrheitsprinzip und seine Grenzen

Die Entscheidungen in der repräsentativen Demokratie des Grundgesetzes werden in der Regel nach dem *Mehrheitsprinzip* gefällt. Dies gilt für alle kollegial zusammengesetzten obersten Staatsorgane: die Bundesregierung (§ 24 Geschäftsordnung Bundesregierung), das Bundesverfassungsgericht (§ 17 Bundesverfassungsgerichtsgesetz, § 196 Gerichtsverfassungsgesetz), den Bundesrat (Art 52 Abs. 3 GG) und den Bundestag.
Für den Bundestag heißt es in Art. 42 Abs. 3 GG:

> Zu einem Beschlusse des Bundestages ist die Mehrheit der abgegebenen Stimmen erforderlich, soweit dieses Grundgesetz nichts anderes bestimmt.

Dieses im Grundgesetz festgelegte Prinzip der Entscheidung durch Mehrheit ist keineswegs eine selbstverständliche Form der Lösung von kollektiven Entscheidungsproblemen. Es gibt mindestens noch zwei andere Formen: das Befehlen, also die autoritäre Anordnung, und das Verhandeln bis zum Konsens, also das Einstimmigkeitsprinzip. Für das Mehrheitsprinzip spricht, daß es wahrscheinlich unter dem Gesichtspunkt der Entscheidungskosten das optimale System ist: Es verlangt, anders als das Verhandeln bis zum Konsens, nur begrenzte Zeit; anders als beim Befehlen ist in der Regel unumstritten, wer entscheidungsberechtigt ist; es gibt ein Höchstmaß an Gewißheit, daß überhaupt entschieden wird; die Entscheidung nach Mehrheit ist meist auch die einsichtigste Regel.

Zum Prinzip der Entscheidung durch die Mehrheit in der repräsentativen Demokratie gehört grundsätzlich der *Schutz der überstimmten Minderheit*. Denn die Mehrheit muß immer damit rechnen, daß sie (nach Neuwahlen) zur Minderheit wird, und die Minderheit strebt grundsätzlich an, Mehrheit zu werden und verbindliche Entscheidungen treffen zu können. Dieser Minderheitenschutz ist im Grundgesetz an vielen Stellen festgelegt. So kann der Bundestag besonders wichtige Entscheidungen nicht mit einfacher Mehrheit der anwesenden Abgeordneten, sondern nur mit der Mehrheit seiner Mitglieder treffen (z. B. Wahl des Bundeskanzlers, Art. 63 GG). In anderen Fällen ist eine Mehrheit von zwei Dritteln der Abstimmenden (z. B. Ausschluß der Öffentlichkeit, Art. 42 Abs. 1 GG; Feststellung des Verteidigungsfalles, Art. 115 a Abs. 1 GG) oder sogar die Mehrheit von zwei Dritteln der Mitglieder des Bundestages (z. B. Grundgesetzänderung, Art. 79 Abs. 2 GG) erforderlich. In Ausnahmefällen gibt das Grundgesetz einer Minderheit unmittelbare Rechte im parlamentarischen Verfahren: so kann bereits ein Zehntel der Abgeordneten des Bundestages den Ausschluß der Öffentlichkeit beantragen (Art. 42 Abs. 1 GG), und ein Viertel der Abgeordneten kann die Einsetzung eines Untersuchungsausschusses verlangen (Art. 44 Abs. 1 GG). Die deutlichste Grenze des Mehrheitsprinzips, den weitgehendsten Schutz des einzelnen Bürgers und damit auch einer überstimmten Minderheit gegen Entscheidungen der Mehrheit enthält Art. 79 Abs. 3 GG:

Eine Änderung des Grundgesetzes, durch welche die Gliederung des Bundes in Länder, die grundsätzliche Mitwirkung der Länder bei der Gesetzgebung oder die in den Artikeln 1 und 20 niedergelegten Grundsätze berührt werden, ist unzulässig.

Keine noch so große Mehrheit ist also berechtigt, die Grundentscheidungen der Verfassungsordnung des Bundes, das Bundesstaatsprinzip, das Sozialstaatsprinzip, das Rechtsstaatsprinzip, das Demokratieprinzip oder die Grund- und Menschenrechte in ihrem Wesensgehalt anzutasten. Dieser absolute Schutz für einen Kernbestand der Verfassung ist Ausdruck der historischen Erfahrung aus dem Ende der Weimarer Republik, daß auch Mehrheiten sich mit fatalen Folgen irren und eine Verfassung beseitigen können.

Trotz dieser schon im Grundgesetz angelegten Einschränkungen werden die Grenzen des Mehrheitsprinzips seit einigen Jahren neu und umfassender diskutiert. Die Diskussion knüpft an öffentliche Auseinandersetzungen um weit in die Zukunft reichende politische und ethische Grundentscheidungen an und geht von der These aus, daß im wissenschaftlich-technischen Zeitalter Entscheidungen «neuen Typs» verlangt sind, die angesichts des Ausmaßes ihrer denkbaren Folgen erheblich erweiterte Risiken für das Überleben der Menschen mit sich bringen. Beispiele hierfür sind Beschlüsse über die militärische Aufstellung von Massenvernichtungsmitteln, den Ausbau der Kernenergie oder über andere Großobjekte mit heute nicht übersehbaren Folgen für das ökologische Gleichgewicht. Die Kritik richtet sich dabei nur zum Teil an das Mehrheitsprinzip als solches, sondern mehr noch an seine Handhabung in der heutigen parlamentarischen Praxis: die Vorbestimmung von Entscheidungen in der Ministerialbürokratie, die fehlende Offenheit des politischen Prozesses, das kritische Verhältnis der repräsentativen Organe zur Öffentlichkeit und die bisweilen fehlende politische Wahrnehmungsfähigkeit von Politikern, die erhebliche Ohnmachtsgefühle bei betroffenen Bürgern hervorruft. Hinzu kommt, daß eine Reihe wichtiger politischer Entscheidungen in letzter Zeit nicht endgültig vom Parlament nach der Mehrheitsregel, sondern vom Bundesverfassungsgericht entschieden worden sind. Dies gilt z. B. für die Strafbarkeit der Schwangerschaftsunterbrechung, die Zulässigkeit einer Volkszählung oder das Ausmaß des tragbaren Restrisikos bei Kernkraftwerken. Vielfach hatten sich gerade die bei der Abstimmung im Bundestag unterlegenen Parteien an das Bundesverfassungsgericht gewandt und damit selbst dazu beigetragen, daß die Legitimation von Mehrheitsentscheidungen des Parlaments in Zweifel gezogen wurde.

Für die Zustimmung der politischen Öffentlichkeit zur Mehrheitsregel und für ihren Geltungsbereich kommt es im übrigen nicht nur auf ihre juristisch eindeutige Normierung, sondern ebenso darauf an, wieweit ihre politisch-soziologischen Geltungsbedingungen und Prämissen heute noch vorliegen. Hierzu gehört

1. daß Klarheit darüber besteht, welche Fragen der Mehrheitsregel unterliegen und welche nicht;

2. daß die Entscheidenden Einsicht in die Folgen ihrer Entscheidungen haben;
3. daß Entscheidungen reversibel sind, also von der Minderheit, wenn sie Mehrheit geworden ist, noch rückgängig gemacht werden können;
4. daß Entscheidungen nur für solche Bereiche und Personen Wirkungen haben, die – wenigstens indirekt als Wähler – an ihnen beteiligt sein können; und
5. daß nur solche Entscheidungen getroffen werden, für deren Folgen die Entscheidenden auch die Verantwortung übernehmen können.

Diese Voraussetzungen sind heute teilweise zweifelhaft geworden: Zwar ist es eindeutig, daß die Entscheidung über die Einsetzung einer Regierung der Mehrheitsregel unterliegt; ob dies aber für etwas so Privates wie die Sammlung persönlicher Daten oder die Zulässigkeit der Abtreibung gilt, ist umstritten. Viele heute zu entscheidende wissenschaftlich-technische Probleme sind derart komplex, daß nur wenige Politiker, teilweise nicht einmal die Experten, die Folgen voraussehen können. Es werden Beschlüsse gefaßt, deren – z. B. ökologische – Folgen irreversibel sind. Klimaveränderungen, Waldsterben, die Verunreinigung der Flüsse, Giftmüll und gefährliche Strahlungen haben nicht nur für die Generation der Entscheidungsträger und für das eigene Land, sondern auch für nachfolgende Generationen und international Wirkungen. Dann und dort können die heute entscheidenden Politiker nicht mehr zur Verantwortung gezogen werden.

Diese Situation hat zu Überlegungen geführt, ob die heutige Form der Entscheidungsfindung in der repräsentativen Demokratie des Grundgesetzes verändert werden müßte. Vorschläge reichen von einem grundsätzlichen Moratorium bei Entscheidungen mit besonderem Risiko über eine verstärkte Beteiligung und Information der Öffentlichkeit bis zu einer Verstärkung der plebiszitären Elemente in der Verfassung, etwa durch Einführung von konsultativen Volksbefragungen oder Volksentscheiden. Dabei besteht aber weithin Übereinstimmung, daß im demokratischen, repräsentativen Verfassungsstaat die Spielräume und Möglichkeiten einer grundsätzlichen Veränderung der Entscheidungsstrukturen im Wege einer rechtlichen Normierung gering sind. Entscheidungen, mit denen Politiker das Risiko eingehen, daß das Gemeinwesen, das Volk, die Nation insgesamt in seinem Bestand bedroht ist, führen zu Grenzsituationen im Verfassungsstaat, in denen das Verfassungsrecht keine Antwort mehr hat, sondern der einzelne gegebenenfalls auf eigenes Risiko handeln muß. Er muß dann auch bereit sein, die Folgen einer eventuellen Gehorsamsverweigerung selbst zu tragen.

Arbeitsvorschlag 12

1. Von Verfassungsrechtlern und Politikern verschiedener Richtungen ist vorgeschlagen worden, bei wichtigen politischen Entscheidungen die Möglichkeit einer Volksbefragung oder eines Volksentscheids einzuführen. Diskutieren Sie die Vor- und Nachteile. Bedenken Sie auch

historische Erfahrungen und Erfahrungen aus anderen Ländern (z. B. aus der Schweiz oder den USA).

2. In der Diskussion über die Grenzen des Mehrheitsprinzips spielt das Stichwort von der «Irreversibilität» von Entscheidungen eine wichtige Rolle. Nennen Sie Beispiele für politische Entscheidungen, die «irreversibel» sein könnten. Ist nach Ihrer Auffassung das Parlament befugt, hierüber zu entscheiden? Bedenken Sie den Grundgedanken des Art. 79 Abs. 3 GG.

B. Der Prozeß der Meinungs- und Willensbildung

I. Die Modellvorstellung

Nach Auffassung des Bundesverfassungsgerichts setzt das parlamentarische Regierungssystem der Bundesrepublik, in dem sich die Herrschaft des Volkes (Demokratie) vergleichsweise indirekt durchsetzt, einen freien und offenen Prozeß der politischen Meinungsbildung in der Gesellschaft voraus. Das wird besonders deutlich im *Parteienfinanzierungsurteil des Bundesverfassungsgerichts vom 19. Juni 1966*:

●●

II.1 Der Grundgesetzgeber hat sich, indem er die freiheitliche demokratische Grundordnung geschaffen hat, für einen freien und offenen Prozeß der Meinungs- und Willensbildung des Volkes entschieden . . .

a) Das durch Art. 5 GG gewährleistete Recht der freien Meinungsäußerung, Presse-, Rundfunk-, Fernseh- und Filmfreiheit sind für eine freiheitliche demokratische Staatsordnung schlechthin konstituierend, Art. 5 GG garantiert auch die freie Bildung der öffentlichen Meinung. Aus dem Grundrecht der freien Meinungsäußerung ergibt sich ein grundsätzliches Recht der freien politischen Betätigung. Meinungsfreiheit, Vereinigungs- und Koalitionsfreiheit, Versammlungsfreiheit und Petitionsrecht sichern die Freiheit der Meinungs- und Willensbildung des Volkes. Art. 21, 38, und 28 GG schützen zusätzlich die freie Willensbildung des Volkes. Die in der öffentlichen Meinung zum Ausdruck kommenden Zielvorstellungen, politischen Auffassungen und Stellungnahmen sind als «Vorformung der politischen Willensbildung des Volkes» gekennzeichnet worden. In einem demokratischen Staatswesen muß sich insbesondere die Willensbildung des Volkes frei, offen und unreglementiert vollziehen. Der permanente Prozeß der Meinungs- und Willensbildung des Volkes mündet ein in den für die Willensbildung im Staat entscheidenden Akt der Parlamentswahl. Willensbildung des Volkes und Bildung des staatlichen Willens durch seine verfaßten Organe müssen unterschieden werden. Von dieser Unterscheidung geht das GG aus. Es handelt in Art. 21 Abs. 1 GG von der Willensbildung des Volkes, in Art. 20 Abs. 2 GG von der Bildung des Staatswillens. Nur dann, wenn das Volk als Verfassungs- oder Kreationsorgan durch Wahlen und Abstimmungen selbst die Staatsgewalt (Art. 20 Abs. 2 Satz 2 GG) ausübt, fällt die Äußerung des Volkswillens mit der Bildung des Staatswillens zusammen.

Das Volk bringt jedoch seinen politischen Willen nicht nur durch Wahlen und Abstimmungen zum Ausdruck. Das Recht des Bürgers auf Teilhabe an der politischen Willensbildung äußert sich nicht nur in der Stimmabgabe bei Wahlen, sondern auch in der Einflußnahme auf den ständigen Prozeß der politischen Meinungsbildung, der Bildung der «öffentlichen Meinung». Die öffentliche Meinung, deren Entstehung hier nicht näher zu charakterisieren ist, beeinflußt die Entschlüsse der Staatsorgane. Weiterhin versuchen Gruppen, Verbände und gesellschaftliche Gebilde verschiedener Art auf die Maßnahmen der Regierung und die Beschlüsse der gesetzgebenden Körperschaften im Interesse ihrer Mitglieder einzuwirken. Vor allem aber sind es die politischen Parteien, die zwischen den Wahlen im Sinn der von ihnen mitgeformten Meinung des Volkes die Entscheidung der Verfassungsorgane, insbesondere die Beschlüsse der Parlamente, beeinflussen; sie wirken auch auf die Bildung des Staatswillens ein. Über die Parteien, deren innere Ordnung demokratischen Grundsätzen entsprechen muß, nimmt das Volk auch zwischen den Wahlen Einfluß auf die Entscheidungen der Verfassungsorgane. Zwischen den Faktoren und Medien des komplexen Prozesses der Meinungs- und Willensbildung wirken mannigfache Beziehungen, Abhängigkeiten und Einflußnahmen.

Willensbildung des Volkes und staatliche Willensbildung sind auf vielfältige Weise miteinander verschränkt. In einer Demokratie muß sich diese Willensbildung aber vom Volk zu den Staatsorganen, nicht umgekehrt von den Staatsorganen zum Volk hin, vollziehen. Die Staatsorgane werden durch den Prozeß der politischen Willensbildung des Volkes, der in den Wahlen einmündet, erst hervorgebracht (Art. 20 Abs. 2 GG). Das bedeutet, *daß es den Staatsorganen grundsätzlich verwehrt ist, sich in bezug auf den Prozeß der Meinungs- und Willensbildung des Volkes zu betätigen, daß dieser Prozeß also grundsätzlich «staatsfrei» bleiben muß*. Einwirkungen der gesetzgebenden Körperschaften und von Regierung und Verwaltung auf diesen Prozeß sind nur dann mit dem demokratischen Grundsatz der freien und offenen Meinungs- und Willensbildung vom Volk zu den Staatsorganen vereinbar, wenn sie durch einen besonderen, sie verfassungsrechtlich legitimierenden Grund gerechtfertigt werden können.

Zulässig sind danach z. B. die Einwirkungen, die sich aus der verfassungsmäßigen Gestaltung des Wahlrechts auf die Willensbildung des Volkes ergeben können. Weiterhin ist unbedenklich die sogenannte Öffentlichkeitsarbeit von Regierung und gesetzgebenden Körperschaften, soweit sie –

bezogen auf ihre Organtätigkeit – der Öffentlichkeit ihre Politik, ihre Maßnahmen und Vorhaben sowie die künftig zu lösenden Fragen darlegen und erläutern.

●●

Arbeitsvorschlag 13

1. Das Bundesverfassungsgericht betont, daß eine Einwirkung der Regierung auf den Prozeß der Meinungs- und Willensbildung des Volkes nur dann zulässig ist, wenn dafür ein besonderer verfassungsrechtlich legitimierender Grund besteht. Andererseits hält das Gericht die Öffentlichkeitsarbeit der Regierung für unbedenklich, soweit sie ihre Politik, ihre Maßnahmen und Vorhaben sowie die künftig zu lösenden Fragen darlegt und erläutert. Sehen Sie einen Widerspruch in diesen Aussagen? Nennen Sie Gründe, die eine Öffentlichkeitsarbeit der Regierung rechtfertigen könnten.
2. Halten Sie es für zulässig, wenn – wie allgemein üblich – die Bundesregierung vor einer Bundestagswahl unter der Bezeichnung «Öffentlichkeitsarbeit» mit öffentlichen Mitteln massiv den Wahlkampf zu Gunsten der Regierungspartei beeinflußt?

Arbeitsvorschlag 14

1. Das Bundesverfassungsgericht sagt: «Zwischen den Faktoren und Medien des komplexen Prozesses der Meinungs- und Willensbildung wirken mannigfache Beziehungen, Abhängigkeiten und Einflußnahmen.» Nennen Sie solche Beziehungen, Abhängigkeiten und Einflußnahmen und versuchen Sie, diese in ihrem Gewicht zu bewerten.
2. Halten Sie unter diesen Umständen das Postulat, daß sich die Willensbildung des Volkes in einer Demokratie «frei, offen und unreglementiert» vollziehen soll, für realisierbar?

II. Der politische Meinungskampf

Wenn das Bundesverfassungsgericht im Parteienfinanzierungsurteil die Bedeutung des in Art. 5 GG gewährleisteten Rechts der freien Meinungsäußerung, der Presse-, Rundfunk- und Filmfreiheit für den politischen Meinungskampf in der freiheitlichen Demokratie hervorhebt, so übersieht es nicht, daß die Wahrnehmung dieser Rechte in der politischen Praxis auf verschiedenartige Grenzen stoßen kann. Sie kann nicht nur in Konflikt geraten mit den bereits in Art. 5 Abs. 2 GG genannten Bestimmungen zum Schutz der Jugend und dem Recht auf persönliche Ehre, sondern auch und vor allem mit wirtschaftlichen Interessen. Insbesondere dann, wenn in einer politisch motivierten Meinungsäußerung zum Boykott einer Ware oder einer Veranstaltung aufgerufen wird. Das Bundesverfassungsgericht hat in zwei weithin bekannt gewordenen Entscheidungen, im «Lüth-Fall» und im «Blinkfüer-Fall», versucht, einen Konflikt zwischen politischer Meinungsäußerung und wirtschaftlichen Interessen auf der Basis eines Modells politischer Willensbildung zu lösen. Beide Entscheidungen werden im folgenden gegenübergestellt.

Lüth-Urteil des Bundesverfassungsgerichts vom 15. Januar 1958

●●

Der Beschwerdeführer (Lüth) – damals Senatsdirektor und Leiter der Staatlichen Pressestelle der Freien und Hansestadt Hamburg – hat am 20. 9. 1950 anläßlich der Eröffnung der «Woche des deutschen Films» als Vorsitzender des Hamburger Presseklubs in einer Ansprache vor Filmverleihern und Filmproduzenten u. a. folgendes erklärt:

«Nachdem der deutsche Film im Dritten Reich seinen moralischen Ruf verwirkt hatte, ist allerdings ein Mann am wenigsten von allen geeignet, diesen Ruf wiederherzustellen: das ist der Drehbuchverfasser und Regisseur des Films ‹Jud Süß›! Möge uns weiterer unabsehbarer Schaden vor der ganzen Welt erspart bleiben, der eintreten würde, indem man ausgerechnet ihn als Repräsentanten des deutschen Films herauszustellen sucht ... Hier fordern wir von den Verleihern und Theaterbesitzern eine Haltung, die nicht ganz billig ist, die man sich aber etwas kosten lassen sollte: Charakter. Und diesen Charakter wünsche ich dem deutschen Film. Beweist er ihn und führt er den Nachweis durch Phantasie, optische Kühnheit und durch Sicherheit im Handwerk, denn verdient er jede Hilfe und dann wird er eines erreichen, was er zum Leben braucht: Erfolg beim deutschen wie beim internationalen Publikum.»

Die Firma Domnick-Film-Produktion GmbH, die zu dieser Zeit den Film «Unsterbliche Geliebte» nach dem Drehbuch und unter der Regie des Filmregisseurs Veit Harlan herstellte, forderte daraufhin den Beschwerdeführer zu einer Äußerung darüber auf, mit welcher Berechtigung er die vorerwähnten Erklärungen gegen Harlan abgegeben habe. Der Beschwerdeführer erwiderte mit Schreiben vom 27. 10. 1950, das er als «Offener Brief» der Presse übergab, u. a. folgendes:

«Das Schwurgericht hat ebensowenig widerlegt, daß Veit Harlan für einen großen Zeitabschnitt des Hitler-Reiches der ‹Nazifilm-Regisseur Nr. 1› und durch seinen ‹Jud Süß›-Film einen der wichtigsten Exponenten der mörderischen Judenhetze der Nazis war ... Es mag im In- und Ausland

Geschäftsleute geben, die sich an einer Wiederkehr Harlans nicht stoßen. Das moralische Ansehen Deutschlands in der Welt darf aber nicht von robusten Geldverdienern erneut ruiniert werden. Denn Harlans Widerauftreten muß kaum vernarbte Wunden wiederaufreißen und abklingendes Mißtrauen zum Schaden des deutschen Wiederaufbaus furchtbar erneuern. Es ist aus allen diesen Gründen nicht nur das Recht anständiger Deutscher, sondern sogar ihre Pflicht, sich im Kampf gegen diesen unwürdigen Repräsentanten des deutschen Films über den Protest hinaus auch zum Boykott bereitzuhalten.»

●●

Auf Klage der Domnick-Film-Produktion GmbH und der Herzog-Film GmbH (diese als Verleiherin des Films «Unsterbliche Geliebte» für das Bundesgebiet) hatte das Landgericht Hamburg den Senatsrat Lüth verurteilt, es bei Vermeidung einer gerichtsseitig festzusetzenden Geld- oder Haftstrafe zu unterlassen,

1. die deutschen Theaterbesitzer und Filmverleiher aufzufordern, den bei der Klägerin zu 1) produzierten und von der Klägerin zu 2) zum Verleih im Bundesgebiet übernommenen Film «Unsterbliche Geliebte» nicht in ihr Programm aufzunehmen,
2. das deutsche Publikum aufzufordern, diesen Film nicht zu besuchen.

Auf die Verfassungsbeschwerde von Lüth hat das Bundesverfassungsgericht das Urteil des Landgerichts aufgehoben, weil dieses die Bedeutung des Grundrechts der freien Meinungsäußerung verkannt hätte. Das Bundesverfassungsgericht hat unter anderem ausgeführt:

●●

Das Grundrecht auf freie Meinungsäußerung ist als unmittelbarster Ausdruck der menschlichen Persönlichkeit in der Gesellschaft eines der vornehmsten Menschenrechte überhaupt (un des droits des plus précieux de l'homme nach Artikel 11 der Erklärung der Menschen- und Bürgerrechte von 1789). Für eine freiheitlich-demokratische Staatsordnung ist es schlechthin konstituierend, denn es ermöglicht erst die ständige geistige Auseinandersetzung, den Kampf der Meinungen, der ihr Lebenselement ist. Es ist in gewissem Sinn die Grundlage jeder Freiheit überhaupt . . .

Die Auffassung, daß nur das Äußern einer Meinung grundrechtlich geschützt sei, ist abzulehnen. Der Sinn einer Meinungsäußerung ist es gerade, «geistige Wirkung auf die Umwelt» ausgehen zu lassen, «meinungsbildend und überzeugend auf die Gesamtheit zu wirken». Deshalb sind Werturteile, die immer eine geistige Wirkung erzielen, nämlich andere überzeugen wollen, vom Grundrecht des Art. 5 Abs. 1 Satz 1 GG geschützt; ja der Schutz des Grundrechts bezieht sich in erster Linie auf die im Werturteil zum Ausdruck kommende eigene Stellungnahme des Redenden, durch die er auf andere wirken will. Eine Trennung zwischen (geschützter) Äußerung und (nicht geschützter) Wirkung der Äußerung wäre sinnwidrig.

Die – so verstandene – Meinungsäußerung ist also solche, d. h. in ihrer rein geistigen Wirkung frei; wenn aber durch sie ein gesetzlich geschütztes Rechtsgut eines anderen beeinträchtigt wird, dessen Schutz gegenüber der Meinungsfreiheit den Vorrang verdient, so wird dieser Eingriff nicht dadurch erlaubt, daß er mittels einer Meinungsäußerung begangen wird. Es wird deshalb eine «Güterabwägung» erforderlich: Das Recht zur Meinungsäußerung muß zurücktreten, wenn schutzwürdige Interessen eines anderen von höherem Rang durch die Betätigung der Meinungsfreiheit verletzt würden . . .

Der Beschwerdeführer hat keine eigenen Interessen wirtschaftlicher Art verfolgt: er stand namentlich weder mit den klagenden Filmgesellschaften noch mit Harlan in Konkurrenzbeziehungen. Das Landgericht hat selbst bereits in seinem Urteil im Verfahren der einstweiligen Verfügung festgestellt, die mündliche Verhandlung habe nicht die geringsten Anhaltspunkte dafür ergeben, daß der Beschwerdeführer etwa aus «eigennützigen bzw. nicht achtenswerten Motiven» gehandelt habe. Dem ist von keiner Seite widersprochen worden.

Das Ziel der Äußerungen des Beschwerdeführers war, wie er selbst angibt, Harlan als repräsentativen Vertreter des deutschen Films auszuschalten; er wollte verhindern, daß Harlan wieder als Schöpfer repräsentativer deutscher Filme herausgestellt werde und damit der Anschein entstehe, als sei ein neuer Aufstieg des deutschen Films notwendig mit der Person Harlans verbunden. Die Gerichte haben nicht zu beurteilen, ob diese Zielsetzung sachlich zu billigen ist, sondern nur, ob ihre Bekundung in der vom Beschwerdeführer gewählten Form rechtlich zulässig war.

Die Äußerungen des Beschwerdeführers müssen im Rahmen seiner allgemeinen politischen und kulturpolitischen Bestrebungen gesehen werden. Er war von der Sorge bewegt, das Wiederauftreten Harlans könne – vor allem im Ausland – so gedeutet werden, als habe sich im deutschen Kulturleben gegenüber der nationalsozialistischen Zeit nichts geändert; wie damals, so sei Harlan auch jetzt wieder der repräsentative deutsche Filmregisseur. Diese Befürchtungen betrafen eine für das deutsche Volk sehr wesentliche Frage, im Grunde die seiner sittlichen Haltung und seiner darauf beruhenden Geltung in der Welt. Dem deutschen Ansehen hat nichts so geschadet wie die grausame Verfolgung der Juden durch den Nationalsozialismus. Es besteht also ein entscheidendes Interesse daran, daß die Welt gewiß sein kann, das deutsche Volk habe sich von dieser Geisteshaltung abgewandt und verurteile sie nicht aus politischen Opportunitätsgründen, sondern aus der durch eigene innere Umkehr gewonnenen Einsicht in ihrer Verwerflichkeit. Die Befürchtungen des Beschwerdeführers sind von ihm nicht nachträglich konstruiert, sie entsprechen der Sachlage, wie sie sich damals für ihn darstellte. Das ist später unter anderem dadurch bestätigt worden, daß z. B. in der Schweiz der Versuch, den Film «Unsterbliche Geliebte» zu zeigen, zu lebhaften Protesten, ja sogar zu einer Interpellation im Nationalrat und zu einer amtlichen Stellungnahme des Bundesrates geführt hat (vgl. Neue Zeitung Nr. 70 vom 22./23. 3. 1952 und Neue Zürcher Zeitung, Fernausgabe Nr. 327 vom 28. 11. 1951); der Film wurde einhellig nicht wegen seines Inhalts, sondern wegen der Mitwirkung Harlans abgelehnt und infolge dieser zahlreichen nachdrücklichen Interventionen auch nicht aufgeführt. Auch in mehreren deutschen Städten wurde aus den gleichen Gründen gegen die Aufführung des Films demonstriert. Der Beschwerdeführer konnte also in dem Wiederauftreten Harlans einen im Interesse der deutschen Entwicklung und des deutschen Ansehens in der Welt zu beklagenden Vorgang sehen. Die sich hiermit – nach seiner Auffassung – anbahnende Entwicklung wollte er verhindern.

Das Landgericht hält es für zulässig, daß der Beschwerdeführer über das Wiederauftreten Harlans eine Meinung geäußert hat, macht ihm aber zum Vorwurf, daß er die Öffentlichkeit aufgefordert habe, durch ein bestimmtes Verhalten das Wiederauftreten Harlans unmöglich zu machen. Bei dieser Unterscheidung wird übersehen, daß der Beschwerdeführer, wenn man ihm schon gestatten will, über das Wiederauftreten Harlans eine (ablehnende) Meinung zu äußern, kaum über das hinausging, was in diesem Werturteil bereits enthalten war. Denn die Aufforderung, Harlan-Filme nicht abzunehmen und nicht zu besuchen, ergab sich als Wirkung des negativen Werturteils über das Wiederauftreten Harlans geradezu von selbst. Das sachliche Anliegen des Beschwerdeführers war es, die Gefahr nationalsozialistischer Einflüsse auf das deutsche Filmwesen von vornherein abzuwehren; von da her hat er folgerichtig das Wiederauftreten Harlans bekämpft. Harlan erscheint hier als persönlicher Exponent einer bestimmten, vom Beschwerdeführer abgelehnten kulturpolitischen Entwicklung. Der zulässige Angriff gegen diese führte mit einer gewissen Notwendigkeit zu einem Eingriff in die persönliche Rechtsphäre Harlans.

Das Verlangen, der Beschwerdeführer hätte bei dieser Sachlage von der Kundgabe seiner Auffassung, daß Harlan von der Mitwirkung an repräsentativen Filmen ausgeschaltet werden solle, mit Rücksicht auf die beruflichen Interessen Harlans und die wirtschaftlichen Interessen der ihn beschäftigenden Filmgesellschaften trotzdem absehen müssen, ist unberechtigt. Die Filmgesellschaften mögen bei ihrem Entschluß, Harlan wieder zu beschäftigen, formal korrekt verfahren sein. Wenn sie dabei aber die darüber hinaus verbleibende moralische Problematik des Falles nicht berücksichtigt haben, dann kann das nicht dazu führen, das Vorgehen des Beschwerdeführers, der gerade diese Problematik aufgriff, als «unsittlich» zu bezeichnen und ihm so die Freiheit der Meinungsäußerung zu beschneiden. Damit würde der Wert, den das Grundrecht der freien Meinungsäußerung für die freiheitliche Demokratie über Gegenstände von allgemeiner Bedeutung und ernstem Gehalt gewährleistet, empfindlich geschmälert. Wenn es darum geht, daß sich in einer für das Gemeinwohl wichtigen Frage eine öffentliche Meinung bildet, müssen private und namentlich wirtschaftliche Interessen einzelner grundsätzlich zurücktreten. Diese Interessen sind darum nicht schutzlos; denn der Wert des Grundrechts zeigt sich gerade auch darin, daß jeder von ihm Gebrauch machen kann. Wer sich durch die öffentliche Äußerung eines andern verletzt fühlt, kann ebenfalls vor der Öffentlichkeit erwidern. Erst im Widerstreit der in gleicher Freiheit vorgetragenen Auffassungen kommt die öffentliche Meinung zustande, bilden sich die einzelnen angesprochenen Mitglieder der Gesellschaft ihre persönliche Ansicht. Der Beschwerdeführer hat zu Recht darauf hingewiesen, daß es z. B. grundsätzlich zulässig ist, aus ernsthaften Motiven in der Öffentlichkeit den Absatz bestimmter Waren oder bestimmter Organisationsformen des Verkaufs zu bekämpfen, auch wenn bei Erfolg solcher Meinungsäußerungen wirtschaftliche Unternehmen zum Erliegen kämen, Arbeitsplätze verlorengingen u. dgl. Solche Äußerungen können nicht schon wegen dieser möglichen Folgen gerichtlich untersagt werden – den Angegriffenen steht es aber frei, sich durch Darlegung ihrer Auffassung zur Wehr zu setzen.

●●

Blinkfüer-Urteil des Bundesverfassungsgerichts vom 26. September 1969:

●●

Der Beschwerdeführer war Herausgeber und Chefredakteur der hauptsächlich im Raume Hamburg verbreiteten Wochenzeitung «Blinkfüer». In einer Beilage des Blattes wurden die Rundfunk- und Fernsehprogramme der westdeutschen und mitteldeutschen Sender sowie der Sender im Ostsektor Berlins abgedruckt.

Die Verlagshäuser Axel Springer & Sohn KG, Hammerich & Lesser KG und Die Welt Verlags-GmbH – im folgenden: die Beklagten – waren in dem hier maßgeblichen Zeitraum Herausgeber der Zeitungen «Bild», «Bild am Sonntag», «Hamburger Abendblatt», «Die Welt», «Welt am Sonntag», der Zeitschrift «Das Neue Blatt», der Rundfunkzeitschrift «Hör Zu» und der illustrierten Zeitschrift «Kristall». Ende August 1961 versandten die Beklagten an sämtliche Zeitungs- und Zeitschriftenhändler in Hamburg ein Rundschreiben folgenden Inhalts:

> Lieber Geschäftsfreund,
> die rücksichtslosen Gewaltakte, unter denen die Bevölkerung in Ost-Berlin und in der Zone seit Wochen schwer zu leiden hat, haben überall in der freien Welt Empörung ausgelöst. Die Kette der Rechtsbrüche und der Zwangsmaßnahmen gegen unsere Brüder und Schwestern im Osten reißt nicht ab. Wir im freien Teil Deutschlands dürfen es nicht dabei bewenden lassen, in stummer Erbitterung täglich davon zu lesen und im übrigen tatenlos zu bleiben. Jeder Einzelne hat die Pflicht, in seinem Bereich die Freiheit zu schützen. Auch vom deutschen Zeitungs- und Zeitschriftenhandel verlangen besondere Ereignisse der letzten Zeit klare Entscheidun-

gen. Es zeigt sich immer mehr, daß die Machthaber der Zone Rundfunk und Fernsehen als reines Propaganda-Instrument gebrauchen. Filme und Unterhaltungssendungen, die sich in der Programmankündigung unpolitisch ausnehmen, werden willkürlich unterbrochen, damit die SED-Propagandisten ihre Hetzreden auf uns loslassen können. Dabei werden wir alle in niederträchtiger Weise verleumdet und die Berliner Ereignisse in der übelsten Art verfälscht.

Ganz unbegreiflich erscheint es deshalb, daß es immer noch Spekulanten gibt, die sich zu dem Abdruck der Ostzonenprogramme für die Verbreitung der Lügen aus Pankow hergeben. In dieser Bewährungsprobe unseres Volkes muß man von verantwortungsvollen Zeitungs- und Zeitschriftenhändlern erwarten, daß sie sich vom Vertrieb derjenigen Blätter distanzieren, die auch jetzt nicht bereit sind, auf den Abdruck der ostzonalen Rundfunk- und Fernsehprogramme zu verzichten, wie z. B. «Bildfunk», «Fernsehprogramme» und «Lotto-Toto-Expreß». Die Verlagshäuser AXEL SPRINGER und DIE WELT sind überzeugt davon, daß die überwältigende Mehrheit ihrer Geschäftsfreunde diese Ansicht teilt und danach handelt. Dabei kann es selbstverständlich nicht in unserem Sinne sein, daß die Einsichtigen durch ihre Haltung Nachteile haben. Sollte es deshalb einzelne Händler geben, die aus der Situation Profit schlagen möchten und trotzdem weiterhin Objekte führen, die der Ulbricht-Propaganda Vorschub leisten, so werden die genannten Verlagshäuser prüfen, ob sie es verantworten können, zu solchen Händlern die Geschäftsbeziehungen fortzusetzen.

Sie werden in der augenblicklichen Situation die Notwendigkeit dieses Appells verstehen. Damit Sie Ihre Kundschaft in der geeigneten Form unterrichten können, wird Sie Ihr Großhändler mit Handzetteln versorgen (siehe beiliegendes Muster). Zeigen Sie durch Ihre Haltung, daß Sie sich als Zeitungs- und Zeitschriftenhändler Ihrer Verantwortung den deutschen Lesern gegenüber bewußt sind.

Mit den besten Empfehlungen
VERLAGSHAUS AXEL SPRINGER
VERLAGSHAUS DIE WELT

Diesem Rundschreiben war ein Muster des angekündigten Handzettels angefügt, der folgenden Wortlaut hatte:

Keine Ostprogramme mehr!

Die politisch bewegte Zeit verlangt von uns allen eine klare Entscheidung. Der deutsche Zeitschriftenhandel hat diese Entscheidung jetzt getroffen. Er ist der Meinung, daß es zu einer selbstverständlichen nationalen Pflicht gehört, vorläufig keine Zeitschriften mehr anzubieten, die das ostzonale Rundfunk- und Fernsehprogramm abdrucken. Rundfunk und Fernsehen aus dem Osten sind zu einem reinen Propaganda-Instrument geworden. Wir alle werden in niederträchtiger Weise verleumdet und besudelt, die Berliner Ereignisse in übelster Weise verfälscht. Gute Unterhaltungssen-

dungen und wertvolle alte Filme werden unterbrochen, um Hetzreden von SED-Propagandisten auf uns loszulassen. Der deutsche Zeitschriftenhandel weiß, was er zu tun hat: er ist nicht bereit, sich auf diese Weise von Ulbricht mißbrauchen zu lassen.
Es gibt viele gute Programmzeitschriften, die Sie über Fernsehen und Rundfunk eingehend informieren. Ich will Sie jederzeit dabei gern beraten. Aber für Zeitschriften mit Ostprogramm ist bei mir ab heute kein Platz mehr. Das müssen Sie verstehen.

IHR
ZEITUNGS- UND ZEITSCHRIFTENHÄNDLER

●●

Das Bundesverfassungsgericht hat dieses Vorgehen als Verstoß gegen das Grundrecht der freien Meinungsäußerung bezeichnet, insbesondere mit folgender Begründung:

●●

Ein Boykottaufruf, dem eine bestimmte Meinungskundgabe zugrunde liegt, ist durch Art. 5 Abs. 1 Satz 1 GG insbesondere dann geschützt, wenn er als Mittel des geistigen Meinungskampfes in einer die Öffentlichkeit wesentlich berührenden Frage eingesetzt wird, wenn ihm also keine private Auseinandersetzung, sondern die Sorge um politische, wirtschaftliche, soziale oder kulturelle Belange der Allgemeinheit zugrunde liegt. Die Aufforderung zu einem Boykott kann selbst dann im Schutzbereich des Art. 5 Abs. 1 GG liegen, wenn der Verrufer zu dem Boykottierten in einem beruflichen, gewerblichen oder sonstigen geschäftlichen Konkurrenzverhältnis steht, weil diese Situation eine geistige Auseinandersetzung an sich noch nicht ausschließt. Besitzt der Verrufer eine gewisse wirtschaftliche Machtstellung, so kann seiner Meinungsäußerung und dem ihr dienenden Boykottaufruf schon aus diesem Grunde zwar ein bedeutendes Gewicht zukommen. Diese wirtschaftliche Ungleichheit der Positionen allein macht aber die Aufforderung zum Boykott noch nicht unzulässig, weil es nach der Verfassung auch dem wirtschaftlich Stärkeren nicht verwehrt ist, einen geistigen Meinungskampf zu führen.

Jedoch müssen die Mittel, deren sich der Verrufer zur Durchsetzung der Boykottforderung bedient, verfassungsrechtlich zu billigen sein. Ein Boykottaufruf wird durch das Grundrecht der freien Meinungsäußerung dann nicht geschützt, wenn er nicht nur auf geistige Argumente gestützt wird, sich also auf die Überzeugungskraft beschränkt, sondern darüber hinaus sich solcher Mittel bedient, die den Angesprochenen die Möglichkeit nehmen, ihre Entscheidung in voller innerer Freiheit und ohne wirtschaftlichen Druck zu treffen. Dazu gehören insbesondere Androhung oder Ankündigung schwerer Nachteile und Ausnutzung sozialer oder wirtschaftlicher Abhängigkeit, wenn dies dem Boykottaufruf besonderen Nachdruck verleihen soll. Die Freiheit der geistigen Auseinandersetzung ist eine unabdingbare Voraussetzung für das Funktionieren der freiheitlichen Demokratie, weil nur sie die öffentliche Diskussion über Gegenstände von allgemeinem Interesse und staatspolitischer Bedeutung gewährleistet. Die Ausübung wirtschaftlichen Druckes, der für den Betroffenen schwere Nachteile bewirkt und das Ziel verfolgt, die verfassungsrechtlich gewährleistete Verbreitung von Meinungen und Nachrichten zu verhindern, verletzt die Gleichheit der Chancen beim Prozeß der Meinungsbildung. Sie widerspricht auch dem Sinn und dem Wesen des Grundrechts der freien Meinungsäußerung, das den *geistigen* Kampf der Meinungen gewährleisten soll.

●●

Arbeitsvorschlag 15

1. Vergleichen Sie das «Lüth-Urteil» des Bundesverfassungsgerichts mit der «Blinkfüer»-Entscheidung. Was unterscheidet die beiden Fälle? Warum hat das Bundesverfassungsgericht den Boykottaufruf des Senatsrats Lüth gegen Filme von Veit Harlan für zulässig und den vom Axel Springer Verlag angedrohten Boykott von Zeitungshändlern, die Zeitschriften mit Ostprogrammen vertreiben, für unzulässig erklärt?
2. Würden Sie den Boykottaufruf in folgenden Fällen für zulässig oder für unzulässig halten?
   - Eine Verbraucherorganisation ruft zum Boykott von Rindfleisch auf, weil die Rindfleischpreise in letzter Zeit ohne sachlichen Grund erheblich heraufgesetzt worden sind.
   - Studentenorganisationen rufen zum Boykott von Zeitungen des Axel Springer Verlages auf, weil diese nach ihrer Auffassung Volksverhetzung betreiben.
   - Studentenorganisationen rufen die Bevölkerung auf, die Auslieferungen der Zeitungen des Axel Springer Verlags zu verhindern, weil diese nach ihrer Auffassung Volksverhetzung betreiben.
   - Eine Organisation zur Unterstützung der Befreiungsbewegungen im südlichen Afrika ruft zum Boykott südafrikanischer Waren auf, aus Protest gegen die Apartheid-Politik der dortigen Regierung.
   - Die Automobilfirma A ruft zum Boykott der Autos der mit ihr in Konkurrenz stehenden Automobilfirma B auf, weil diese LKWs nach Südafrika und in die Sowjetunion liefert, die dort zu militärischen Zwecken genutzt werden.

III. Die Pressefreiheit

Nach Auffassung des Bundesverfassungsgerichts ist die Freiheit der geistigen Auseinandersetzung eine unabdingbare Voraussetzung für das Funktionieren der parlamentarischen Demokratie des Grundgesetzes. Wichtiges Element einer freien geistigen und politischen Diskussion ist eine freie Presse, in der eine Vielfalt verschiedener Auffassungen zum Ausdruck kommen kann.

Dabei hat die Presse unterschiedliche, für die politische Willensbildung in der Gesellschaft wichtige Funktionen zu erfüllen.

Zunächst soll sie möglichst umfassend informieren über alles, was in der Welt geschieht. Auch wenn Zeitungen nicht immer so aktuell sein können wie Rundfunk und Fernsehen, so haben sie doch eine eigene wichtige *Informationsaufgabe.* Sie können meist ausführlicher berichten, und das geschriebene Wort verfliegt nicht so schnell wie teilweise das gehörte Wort oder das gesehene Bild.

Eine weitere Aufgabe der Presse ist die Mitwirkung bei der pluralistischen Gruppenbildung in der Gesellschaft *(Integrationsaufgabe).* Viele Personen lesen nur solche Zeitungen, die ihrer politischen Einstellung, ihrem Bildungsstand, ihrem Beruf entsprechen. Die Leser erwarten von ihren Zeitungen nicht nur objektive Information, sondern Bestätigung ihrer Überzeugungen und Berücksichtigung ihrer Interessen. Viele Gruppierungen in der Gesellschaft haben ihre Zeitung, und jede Zeitung hat ihren Adressatenkreis. So wirkt sie mit bei der gesellschaftlichen Gruppenbildung.

Schließlich soll die Presse *Kontrollaufgaben* gegenüber Machtmißbrauch in Staat und Gesellschaft wahrnehmen. Durch Informationen über Mißstände und die Benennung von Verantwortlichen soll sie Voraussetzungen für die demokratische Kontrolle von Machtausübung schaffen.

Kann die Presse in der Bundesrepublik diese Aufgaben umfassend wahrnehmen? Ist diese Voraussetzung einer Demokratie voll erfüllt? Um auf diese Fragen Antworten finden zu können, sollen einige Aspekte des Pressewesens näher betrachtet werden.

Wie entsteht eine Zeitungsmeldung?

Zeitungen haben verschiedene Informationsquellen. Die wichtigsten davon sind – mit abnehmender Bedeutung –:

- Presseagenturen
- Schriften, die den Zeitungen zugesandt werden
- Berichte von Korrespondenten, Reportern, freien Mitarbeitern
- Hinweise aus der Bevölkerung

Der überwiegende Teil der aktuellen Informationen über das politische Geschehen in der Bundesrepublik, die in den Zeitungen zu lesen sind, stammt von der Deutschen Presse-Agentur (dpa). Die dpa sammelt und filtert die über Korrespondentenberichte, Pressekonferenzen oder öffentliche Verlautbarungen in anderer Form, wie Pressemitteilungen etc. anfallenden Nachrichten, selektiert sie und gibt sie an die angeschlossenen Zeitungen weiter. Die dpa recherchiert und komprimiert eingehende Informationen von durchschnittlich täglich 500000 Worten auf knapp 40000 Worte. Hieraus wird deutlich, welche Bedeutung die Nachrichtenauswahl in der Presseagentur für den Inhalt der Zeitungen hat und welches Gewicht den Auswahlkriterien zukommt.

Die dpa gehört etwa 200 deutschen Zeitungsverlegern, sowie den öffentlichen Rundfunk- und Fernsehanstalten. Keiner der Eigentümer darf mehr als ein Prozent der Anteile der Gesellschaft besitzen. Sie hat bestimmte Grundsätze, nach denen ihre Nachrichtenauswahl zu erfolgen hat, in ihrem Statut festgelegt.

●●

---

§ 5 (Gegenstand des Unternehmens)

1. Gegenstand des Unternehmens ist die Sammlung, Verarbeitung und Verbreitung von Nachrichten-, Archiv- und Bildmaterial jeder Art.
2. Das Unternehmen erfüllt seine Aufgabe unparteiisch und unabhängig von Einwirkungen und Einflüssen durch Parteien, Weltanschauungsgruppen, Wirtschafts- oder Finanzgruppen und Regierungen.

●●

Allerdings übernimmt dpa die Wirtschaftsnachrichten zum Beispiel fast völlig von den «Vereinigten Wirtschaftsdiensten» (VWD), einer Gründung der Dachverbände der deutschen Wirtschaft.

Außer dpa gibt es in der Bundesrepublik noch andere Presseagenturen, etwa den Deutschen Depeschendienst (ddp) und die deutsche Ausgabe der Agence France Presse (AFP). Internationale Nachrichten sind zusätzlich erhältlich über: AP, UPI, AFP oder Reuters. Ausgenommen die überregionalen Zeitungen und die führenden Großstadtzeitungen, haben die meisten Tageszeitungen in der Bundesrepublik außer dpa allenfalls noch eine Nachrichtenagentur abonniert. So erklärt es sich, daß ein Großteil der politischen Nachrichten in den Tageszeitungen der Bundesrepublik in ihrer Auswahl, in ihrem Inhalt und teilweise sogar in der von der Presseagentur vorgegebenen Formulierung übereinstimmt. Die Konsequenz dieser «Informationsbildung» durch die Agentur ist ein eklatanter Verlust an Vielfalt.

Eine weitere Vorformung des Inhalts von Zeitungen geschieht über die Zusendung von Schriften, Broschüren oder Presseinformationen an die Redaktionen. Alle großen Industrieunternehmen, Verbände, Organisationen und staatlichen Institutionen senden den Zeitungen ständig Broschüren oder Flugblätter zu, wenn sie wünschen, daß ein bestimmter Bericht in der Zeitung aufgenommen wird. Häufig enthalten die zugesandten Broschüren bereits fertiggestellte Artikel, die schon aus Zeitersparnisgründen oft ohne Änderung abgedruckt werden.

Die Bedeutung der eigenen Korrespondenten und Reporter der Zeitungen ist dagegen meist weit geringer, als es für den Leser den Anschein hat. Nur die wenigen großen Tageszeitungen können sich ein umfangreiches eigenes Korrespondentennetz leisten. Ein Großteil der in den übrigen Zeitungen erscheinenden «Korrespondentenberichte» ist oft gleichzeitig in einer Anzahl verschiedener Zeitungen zu finden und wird von der Zeitung über eine Agentur eingekauft. Lediglich Kultur- und Regionalteil werden noch überwiegend von eigenen Redakteuren, Reportern und freien Mitarbeitern gestaltet.

Die Bedingungen der Informationsauswahl

Die Zeitungsverlage in der Bundesrepublik sind privatwirtschaftliche Unternehmen. Sie arbeiten nach wirtschaftlichen Gesichtspunkten, müssen also Gewinn machen. Wenn eine Zeitung über längere Zeit mit Verlust arbeitet, läßt der Verleger sie eingehen; oder er kommt über kurz oder lang selbst in wirtschaftliche Schwierigkeiten, jedenfalls dann, wenn er nicht andere Finanzquellen hat. Deshalb ist es für eine Zeitung von existenzieller Bedeutung, ständig ihren wirtschaftlichen Erfolg im Auge zu haben.

Wichtige Daten zur wirtschaftlichen Situation von Tageszeitungen gibt die Tabelle auf der nächsten Seite.

Wie die Tabelle zeigt, haben die Zeitungsverlage zwei unterschiedliche Haupteinnahmequellen: die Vertriebseinnahmen aus Abonnement und Straßenverkauf und die Einnahmen aus dem Anzeigengeschäft. Das Verhältnis, in dem die beiden Einnahmequellen in ihrem jeweiligen Anteil am Gesamterlös zueinander stehen, hat sich in der Vergangenheit erheblich zugunsten der Anzeigenerlöse verschoben. Noch 1938 erhielten die Zeitungsverleger etwa zwei Drittel ihrer Erlöse aus dem Vertrieb der Zeitungen; 1970 stammten mehr als zwei Drittel der Einnahmen bei Tageszeitungen aus dem Anzeigengeschäft. Dies spiegelt sich auch in den Zeitungen selbst wider: 1970 waren bei den großen Tageszeitungen bereits mehr als die Hälfte der bedruckten Seiten Anzeigenseiten. Der Anteil des redaktionellen Teils der Zeitungen geht immer mehr zurück.

Tageszeitungen ohne Anzeigenteil lassen sich in der Bundesrepublik nicht mehr mit Gewinn verkaufen. Der Zeitungsverleger ist in hohem Maße von den Anzeigenkunden und den Anzeigen-Aufträgen wirtschaftlich abhängig. Dies bleibt nicht ohne Auswirkungen auf den redaktionellen Teil. Denn der Anzeigenkunde kauft nicht nur den Raum für seine Anzeige; er kauft auch das «redaktionelle Umfeld», das für seine Anzeige günstig sein muß. Eine Zeitung, die nicht einen der werbenden Wirtschaft zusagenden redaktionellen Teil bietet, muß damit rechnen, auch nicht die für ihre Existenz notwendigen Anzeigenaufträge zu erhalten.

Dies betrifft zunächst einmal die allgemeine politische Richtung einer Zeitung, dann aber vor allem den Inhalt von einzelnen Sparten, die für den Anzeigenkunden besonders interessant sind. So bestehen redaktionelle Teile wie «Auto und Motor», «Haus und Garten», «Reise» oder «Für die Frau» oft großenteils aus versteckter Produktwerbung, die meist von den Public-Relations-Abteilungen der werbenden Unternehmen vorformuliert ist und von der Zeitung wörtlich als «redaktioneller» Beitrag übernommen wird.

Eine Zeitung muß bestimmte Bedingungen erfüllen, damit die Werbung für Markenartikel (Schallplatten, Zigaretten, Kosmetika, Margarine) maximalen Erfolg hat. Solche Bedingungen sind zum Beispiel:

- eine hohe Auflage (Massenpublikation),
- ein homogenes Leserpublikum, das der Zielgruppe für den Verkauf des Produkts entspricht (etwa der Zigarettenraucher und Whiskytrinker im «Spiegel»; die Kosmetik- und Margarinekäuferin in «Brigitte»; der Schallplattenkäufer in «Bravo»),
- ein kaufkräftiges und konsumfreudiges Leserpublikum,
- ein redaktionelles Umfeld, in dem die Ware schon besprochen wird, ohne daß dies als Werbung deklariert ist.

Für die redaktionelle Gestaltung einer Zeitung folgt daraus, daß sie weniger bemüht sein muß, ein objektives Informationsbedürfnis zu befriedigen, als die Erwartungen und Gewohnheiten der Käufer nicht zu enttäuschen, da sonst

- die Auflage fällt,
- der Leserkreis sich ändert,
- der Werbende bei ungenügender Berücksichtigung seiner Wünsche den Auftrag zurückzieht.

So besteht ein beständiger Konflikt zwischen dem Interesse der Allgemeinheit an der publizistischen Leistung der Zeitung als Informations-, Kommunikations- und Kontrollmedium und den ökonomischen Notwendigkeiten des Privatunternehmens Zeitungsverlag.

Arbeitsvorschlag 16

Nehmen Sie Stellung zu folgenden Aussagen:

1. Im Interesse des demokratischen Staates liegt es, ein möglichst großes, gut informiertes Leserpublikum durch niedrige Bezugspreise zu gewährleisten. Dieses Interesse korrespondiert mit dem Interesse des Verlegers, möglichst viele Leser zu gewinnen, um möglichst viele Anzeigen zu erhalten.
2. Informationen, die die Werbewirksamkeit der Inserate einschränken könnten, haben unter den Bedingungen der Abhängigkeit von Einnahmen aus der Werbung keine Verbreitungschance.
3. Der tägliche Kauf am Kiosk ist «Abstimmung», demokratische Kontrolle der Leser über die Presse.

4. Um die Leserschaft zu erhalten oder zu erweitern, wird der Leser hauptsächlich in seinen Vorurteilen bestätigt. Wichtiger als die «Abstimmung am Kiosk» ist die Abstimmung in der Direktionsetage durch manipulierende Marketing-Strategen.

Die Pressekonzentration

Die publizistische Vielfalt in der Bundesrepublik wird in zunehmendem Maße aus wirtschaftlichen Gründen eingeschränkt. Ähnlich wie in anderen Bereichen der Wirtschaft ist auch im Pressewesen eine ständige Konzentrationsbewegung zu beobachten.

Wie die Tabelle auf Seite 69 zeigt, begünstigt die Gewinn- und Kostenstruktur im Pressewesen Zeitungen mit großer Auflage. Die großen Zeitungen haben relativ geringere Satz- und Druckkosten und sind daher in der Lage, mehr für das Anzeigengeschäft auszugeben. Wegen ihrer großen Verbreitung sind sie für die Anzeigenkunden attraktiver, so daß die höheren Einnahmen aus dem Anzeigengeschäft einen aufwendigeren Redaktionsteil ermöglichen, was wieder den Leserinteressen entgegenkommt. Die Tabelle zeigt genau, daß die größeren Zeitungen gegenüber kleineren wesentlich höhere Gewinne machen (Spalte Erfolg): Während die kleinsten Zeitungen nur eine Umsatzrentabilität (Erfolg) von 1,2 % im Durchschnitt erwirtschaften, erzielen die Zeitungen mit einer Auflage von mehr als 250000 mit 14 % mehr als das Zehnfache. Wegen ihrer geringen Gewinne kann eine kleine Zeitung weniger investieren und muß vorhandene Mittel in besonders hohem Maße in die Satz- und Druckkosten stecken, was zu erneuten Wettbewerbsnachteilen auf dem Vertriebs- und Anzeigensektor führt und zusätzlich die Gewinnmöglichkeiten verringert.

Die Konsequenz daraus ist nicht erstaunlich: Während es im Jahre 1962 in der Bundesrepublik noch 213 politische Vollredaktionen gab, schrumpfte diese Zahl innerhalb von 15 Jahren bis 1977 auf 121 Vollredaktionen (siehe Tabelle S. 75 oben).

Nur die wenigsten Zeitungen in der Bundesrepublik haben noch eine eigene Vollredaktion. In den meisten Fällen wird ihnen ein sogenannter «Mantel» von einer Hauptredaktion geliefert, der alle überregionalen Nachrichten enthält und für eine Reihe von Zeitungen ganz gleich ausfällt. Die Arbeit der Restredaktion besteht in der Herstellung des Lokalteils und des Titelblattes.

Hinzu kommt, daß Vollredaktionen innerhalb von Konzern- und Verlagsgruppen regelmäßig ein einheitliches Korrespondentennetz haben und eine ähnliche Redaktionspolitik betreiben.

Die Konsequenzen der Konzentrationsbewegung sind vor allem in der

Kosten und Erlöse der Abonnement-Tageszeitungen in der BRD 1970 nach Auflagengrößen (in %)

	über 250 000	200 000	150 000	100 000	75 000	50 000	25 000	15 000	10 000	5 000
Redaktionskosten	13,6	14,5	15,0	15,4	16,4	16,9	15,7	14,6	14,3	14,2
Vertriebskosten	22,7	22,6	22,4	21,8	20,3	19,6	18,3	17,5	16,5	14,4
Anzeigenkosten	14,7	14,0	13,7	13,5	13,3	13,2	12,8	12,5	12,4	12,3
Verwaltungskosten	6,7	6,7	6,7	6,7	6,5	6,4	6,5	6,5	6,4	6,1
Satz- und Druckkosten	28,2	28,8	29,5	30,5	32,0	33,1	36,9	39,3	41,3	44,6
Papierkosten	14,1	13,4	12,7	12,1	11,5	10,8	9,8	9,6	9,1	8,4
Gesamtkosten	100,0	100,0	100,0	100,0	100,0	100,0	100,0	100,0	100,0	100,0
Vertriebserlöse	28,0	28,8	29,5	29,9	29,9	30,0	31,3	31,1	31,5	31,4
Anzeigenerlöse	72,0	71,2	70,5	70,1	70,1	70,0	68,7	68,9	68,5	68,6
Gesamterlöse	100,0	100,0	100,0	100,0	100,0	100,0	100,0	100,0	100,0	100,0
Erfolg	+ 14,0	+ 11,7	+ 10,0	+ 8,7	+ 7,4	+ 5,9	+ 4,4	+ 3,0	+ 2,5	+ 1,2
Textseiten	48,1	50,2	52,3	54,7	56,9	59,1	65,4	66,6	69,5	72,1
Anzeigenseiten	51,9	49,8	47,7	45,3	43,1	40,9	34,6	33,4	30,5	27,9
Gesamtseiten	100,0	100,0	100,0	100,0	100,0	100,0	100,0	100,0	100,0	100,0

Ouelle: Berliner Autorenkollektiv Presse: Wie links können Journalisten sein? Reinbek bei Hamburg 1972, S. 66

Jahr	A	B	Verkaufsauflage in Millionen
1962	213	1245	18,44
1965	191	1244	20,06
1966	181	1239	20,92
1967	158	1216	20,74
1972	137		
1977[1]	121		20,06

A = Publizistische Einheiten (Politische Hauptredaktionen)
B = Ausgaben

Quelle: Bericht der Kommission zur Untersuchung der Gefährdung der wirtschaftlichen Existenz von Presseunternehmen und Folgen der Konzentration für die Meinungsfreiheit in der Bundesrepublik («Güntherkommission») vom 14. Juni 1968; Bundestagsdrucksache V, 3122, S. 148; [1] Koch, Handbuch des Pressekapitals, Kassel 1979.

Lokalpresse gravierend, da es hier in der Berichterstattung keine Konkurrenz von Rundfunk und Fernsehen gibt. Bereits im Jahre 1970 stand für etwa ein Fünftel aller Haushalte in der Bundesrepublik nur eine Tageszeitung zur Verfügung, die Lokalnachrichten enthielt. Diese Entwicklung hat sich inzwischen weiter fortgesetzt.

Einen Überblick über den Stand der Pressekonzentration im Bundesgebiet insgesamt gibt folgende Tabelle:

Die fünf größten Zeitungsgruppen der Bundesrepublik (Tageszeitungen)

Tageszeitungen über 50 000 Exemplare ohne Sonntagszeitungen.
Gesamtzahl der verkauften Exemplare 2. Vierteljahr 1972 = 15 962 520.

1. Axel Springer Verlag	4 311 612	26,9 %	(20,6 %)
2. Gruppe Süddeutsche Zeitung	1 421 296	8,9 %	(6,1 %)
3. Gruppe Stuttgarter Zeitung	1 271321	7,9 %	(6,8 %)
4. Gruppe Frankfurter Allgemeine	739 004	4,6 %	(3,5 %)
5. Westdeutsche Allgemeine Zeitung	578 310	3,6 %	(2,8 %)

Der Anteil der Auflagengruppe über 50 000 an der Gesamtauflage aller Tageszeitungen beträgt 76,6 %. Die in Klammern gesetzten Prozentwerte zeigen die Anteile der Gruppen an der deutschen Tageszeitungs-Gesamtauflage.

Quelle: Industriegewerkschaft Druck und Papier Hauptvorstand:
Die Konzentration im Presse- und Verlagswesen der Bundesrepublik Deutschland. Ohne Ort und Jahr (1975?), S. 9

Hiernach beherrschten im 2. Vierteljahr 1972 die fünf größten Zeitungsgruppen in der Bundesrepublik 51,9 % des Marktes an Tageszeitungen mit einer Auflage über 50000. Davon hatte allein der Springer-Konzern einen Anteil von 26,9 %. Auch diese Entwicklung hat sich inzwischen, vor allem in den Gruppen Stuttgarter Zeitung und Westdeutsche Allgemeine, weiter fortgesetzt.

Als Konsequenz dieser Entwicklung ist von verschiedenen Seiten eine

Abschaffung des privaten Pressewesens und eine Einbringung der Presse in staatliche oder gemeinnützige Stiftungen oder Anstalten gefordert worden.

Arbeitsvorschlag 17

Sehen Sie sich eine Ausgabe Ihrer örtlichen Tageszeitung unter folgenden Gesichtspunkten an:

1. Wie hoch ist die Auflage?
2. Gehört die Zeitung zu einer größeren Zeitungsgruppe (Konzern)?
3. Wie ist das Verhältnis von Anzeigenseiten zum redaktionellen Teil?
4. Enthält der redaktionelle Teil auch verschleierte Werbung? Achten Sie hier besonders auf Sparten wie: Auto und Motor, Haus und Garten, Reise, Für die Frau ...
5. Bei wieviel Prozent der Meldungen im politischen Nachrichtenteil ist die Nachrichtenagentur als Quelle angegeben. Welche? Welche Quelle ist bei den übrigen Meldungen angegeben?
6. Vergleichen Sie die untersuchte Zeitung mit einer anderen Zeitung in Ihrem lokalen Bereich (soweit vorhanden) und mit einer großen überregionalen Zeitung.

Arbeitsvorschlag 18

1. Entspricht die Erwägung des Bundesverfassungsgerichts, daß demjenigen, der durch eine Meinungsäußerung (z. B. eine Boykottaufforderung) in der Wahrnehmung seiner Rechte beeinträchtigt ist, seinerseits die Möglichkeit bleibt, öffentlich zu erwidern und so dem Publikum eine eigene Meinungsbildung auf der Grundlage einer umfassenden Information und Argumentation zu ermöglichen, der heutigen Realität?
   Oder ist diese Vorstellung nur ein Relikt des frühliberalen Modells herrschaftsfreier Öffentlichkeit, das den Realitäten einer vermachteten Kommunikationsphäre nicht mehr gerecht wird?
   Prüfen Sie hierzu den Satz von Jürgen Habermas: «Seitdem die publizistischen Institutionen selbst zu einer gesellschaftlichen Macht geworden sind, die sich zur Privilegierung und Boykottierung der in der Öffentlichkeit einströmenden Privatinteressen und zur Mediatisierung aller bloß individuellen Meinungen eignet, ist die Ausbildung einer im strengen Sinne öffentlichen Meinung nicht schon dadurch wirksam sichergestellt, daß jedermann seine Meinung frei äußern und eine Zeitung gründen kann. Das Publikum ist nicht mehr eins von formell und materiell gleichberechtigten Personen.»
2. Worauf kommt es nach Ihrer Auffassung an, damit eine Person, eine Gruppe oder eine Institution ihre Meinung öffentlich wirksam äußern und bekanntmachen kann?

IV. Die Freiheit von Rundfunk und Fernsehen

Auf die Bildung der öffentlichen Meinung hat nicht nur die Presse, sondern in zunehmendem Maß auch Rundfunk und Fernsehen Einfluß. Im Gegensatz zur privatwirtschaftlich organisierten Presse sind Fernsehen und Rundfunk in der Bundesrepublik durch Gesetze oder Staatsverträge als öffentlich-rechtliche Anstalten organisiert.

Nach dem Zweiten Weltkrieg wurde der Betrieb des Rundfunks und des Fernsehens durch Landesgesetze oder Erlasse der Militärbehörden den einzelnen Rundfunkanstalten übertragen, die sich 1953 in der «Arbeitsgemeinschaft der öffentlich-rechtlichen Rundfunkanstalten der Bundesrepublik (ARD)» zusammenschlossen. Im Bereich des Fernsehens wurde ein «Fernsehvertrag» geschlossen, nach dem die beteiligten Anstalten ein gemeinsames Fernsehprogramm erstellen sollten, zu dem sie im Verhältnis ihrer Finanzkraft Programmbeiträge leisten sollten. Dieses Gemeinschaftsprogramm wird heute von den Landesrundfunkanstalten BR, HR, NDR, RB, SDR, SFB, SR, SWF und WDR veranstaltet und ausgestrahlt.

Es wird finanziert aus Fernsehgebühren der Zuschauer sowie aus Werbeeinnahmen. Die Werbung muß dabei laut Vertrag deutlich vom Programm abgesetzt sein und darf keinerlei Einfluß auf die Programmauswahl haben. Sie soll täglich zwanzig Minuten nicht überschreiten. Eine von der Bundesregierung eingesetzte «Kommission zur Untersuchung der Wettbewerbsgleichheit von Presse, Funk/Fernsehen und Film» (Michel-Kommission) war 1967 der Ansicht, daß dadurch keine Wettbewerbsverzerrungen zwischen Presse und Fernsehen entstünden.

Die Rundfunkanstalten erörterten bereits 1956 die Bedingungen eines zweiten Fernsehprogramms, um das sich auch freie Interessenten, etwa eine «Studiengesellschaft für Funk- und Fernsehwerbung», bemühten. Bemühungen des Bundes, eine eigene Organisation des zweiten Fernsehprogramms zu errichten, kulminierten, obwohl sie von den Ländern abgelehnt wurden, 1960 in der Gründung der «Deutschland-Fernsehen GmbH», die nur aus Werbeeinnahmen finanziert werden sollte. Ihre Gesellschafter waren Bundeskanzler Adenauer als Vertreter der Bundesrepublik Deutschland und der damalige Bundesminister Schäffer, der zunächst die Interessen der Länder treuhänderisch wahren sollte, dann aber, als diese das Unternehmen gänzlich ablehnten, seine Anteile der Bundesrepublik Deutschland übertrug.

Organe der Gesellschaft waren Gesellschafterversammlung, Aufsichtsrat und der Geschäftsführer. Von höchstens 15 Mitgliedern des Aufsichtsrates sollte die Bundesregierung 10, je ein weiteres Mitglied die evangelische Kirche, die katholische Kirche, der Zentralrat der Juden in Deutschland, die Arbeitgeberverbände und die Gewerkschaften benennen. Der Aufsichtsrat hatte die Aufgabe, den Geschäftsführer zu bestellen und seine Geschäftsführung zu überwachen, ihn in Fragen der Programmgestaltung zu beraten, ihm hierfür Richtlinien zu geben und deren Einhaltung zu überwachen.

Nach der Gründung dieser Gesellschaft erhoben einige Länder dagegen Klage beim Bundesverfassungsgericht, das in einem *Urteil vom 28. Februar 1961* die Gründung der «Deutschland-Fernsehen GmbH» für nicht verfassungsgemäß erklärte. In dem Urteil heißt es unter anderem:

●●

Art. 5 GG enthält mehr als nur das individuelle Grundrecht des Bürgers gegen den Staat auf Respektierung einer Freiheitsphäre, innerhalb welcher er seine Meinung ungehindert äußern kann. Durch Art. 5 Abs. 1 Satz 2 GG ist insbesondere auch die institutionelle Eigenständigkeit der Presse von der Beschaffung der Information bis zur Verbreitung der Nachricht und der Meinung gewährleistet (BVerfGE 10, 118 [121]). Dieser Verfassungsgarantie widerspräche es, die Presse oder einen Teil von ihr unmittelbar oder mittelbar von Staats wegen zu reglementieren oder zu steuern. Eine Einflußnahme des Staates wäre mit dieser verfassungsmäßigen Garantie der Pressefreiheit nur vereinbar, wenn sie wegen der Konkurrenz mit der Fülle der vom Staat unabhängigen Zeitungen und Zeitschriften an dem Bild der freien Presse substantiell nichts ändern würde.

Die Bedeutung des Art. 5 GG für den Rundfunk kann nicht ohne Rücksicht auf den eben dargelegten Inhalt des Art. 5 gewürdigt werden. Unbeschadet einer noch zu erörternden Besonderheit des Rundfunkwesens gehört der Rundfunk ebenso wie die Presse zu den unentbehrlichen modernen Massenkommunikationsmitteln, durch die Einfluß auf die öffentliche Meinung genommen und diese öffentliche Meinung mitgebildet wird. Der Rundfunk ist mehr als nur «Medium» der öffentlichen Meinungsbildung; er ist ein eminenter «Faktor» der öffentlichen Meinungsbildung. Diese Mitwirkung an der öffentlichen Meinungsbildung beschränkt sich keineswegs auf die Nachrichtensendungen, politischen Kommentare, Sendereihen über politische Probleme der Gegenwart, Vergangenheit oder Zukunft; Meinungsbildung geschieht ebenso in Hörspielen, musikalischen Darbietungen, Übertragungen kabarettistischer Programme bis hinein in die szenische Gestaltung einer Darbietung. Jedes Rundfunkprogramm wird durch die Auswahl und Gestaltung der Sendungen eine gewisse Tendenz haben, insbesondere soweit es um die Entscheidung darüber geht, was nicht gesendet werden soll, was die Hörer nicht zu interessieren braucht, was ohne Schaden für die öffentliche Meinungsbildung vernachlässigt werden kann und wie das Gesendete geformt und gesagt werden soll. Bei solcher Betrachtung wird deutlich, daß für den Rundfunk als einem neben der Presse stehenden, mindestens gleich bedeutsamen, unentbehrlichen modernen Massenkommunikationsmittel und Faktor der öffentlichen Meinungsbildung die institutionelle Freiheit nicht weniger wichtig ist als für die Presse. In Art. 5 GG kommt das eindeutig zum Ausdruck, wenn Abs. 1 Satz 2 neben der Pressefreiheit «die Freiheit der Berichterstattung durch Rundfunk und Film» gewährleistet.

Damit ist noch nichts über den Weg gesagt, auf dem diese Freiheit des Rundfunks im allgemeinen und die der Berichterstattung durch Rundfunk im besonderen gesichert werden muß, damit dem Art. 5 GG Genüge getan ist. Hier wird die Besonderheit bedeutsam, durch die sich der Rundfunk von der Presse unterscheidet. Zwar ist es unrichtig, daß Zeitungsverlage, Zeitungsdruckereien und Zeitungen in beliebiger Anzahl neu gegründet und unterhalten werden können. Der Unterschied zwischen Presse und Rundfunk besteht aber darin, daß innerhalb des deutschen Pressewesens eine relativ große Zahl von selbständigen und nach ihrer Tendenz, politischen Färbung oder weltanschaulichen Grundhaltung miteinander konkurrierenden Presseerzeugnissen existiert, während im Bereich des Rundfunks sowohl aus technischen Gründen als auch mit Rücksicht auf den außergewöhnlich großen finanziellen Aufwand für die Veranstaltung von Rundfunkdarbietungen die Zahl der Träger solcher Veranstaltungen verhältnismäßig klein bleiben muß. Diese Sondersituation im Bereich des Rundfunkwesens erfordert besondere Vorkehrungen zur Verwirklichung und Aufrechterhaltung der in Art. 5 GG gewährleisteten Freiheit des Rundfunks. Eines der diesem Zweck dienlichen Mittel ist das Prinzip, nach dem die bestehenden Rundfunkanstalten aufgebaut sind: Für die Veranstaltung von Rundfunksendungen wird durch Gesetz eine juristische Person des öffentlichen Rechts geschaffen, die dem staatlichen Einfluß entzogen oder höchstens einer beschränkten staatlichen Rechtsaufsicht unterworfen ist; ihre kollegialen Organe sind faktisch in angemessenem Verhältnis aus Repräsentanten aller bedeutsamen politischen, weltanschaulichen und gesellschaftlichen Gruppen zusammengesetzt; sie haben die Macht, die für die Programmgestaltung maßgeblichen oder mitentscheidenden Kräfte darauf zu kontrollieren und dahin zu korrigieren, daß den im Gesetz genannten Grundsätzen für eine angemessen anteilige Heranziehung aller am Rundfunk Interessierten Genüge getan wird ...

Art. 5 GG verlangt jedenfalls, daß dieses moderne Instrument der Meinungsbildung weder dem Staat noch *einer* gesellschaftlichen Gruppe ausgeliefert wird. Die Veranstalter von Rundfunkdarbietungen müssen also so organisiert werden, daß alle in Betracht kommenden Kräfte in ihren Organen Einfluß haben und im Gesamtprogramm zu Wort kommen können, und daß für den Inhalt des Gesamtprogramms Leitgrundsätze verbindlich sind, die ein Mindestmaß von inhaltlicher Ausgewogenheit, Sachlichkeit und gegenseitiger Achtung gewährleisten. Das läßt sich nur sicherstellen, wenn diese organisatorischen und sachlichen Grundsätze durch Gesetz allgemein verbindlich gemacht werden.

Die Länder verhandelten nach Erlaß dieses Urteils erneut über die Einrichtung eines zweiten Fernsehprogrammes und gründeten 1961 durch einen Staatsvertrag das Zweite Deutsche Fernsehen (ZDF) als öffentlich-rechtliche Anstalt. Die Landesrundfunkanstalten haben 30% ihrer Einnahmen aus Fernsehgebühren an das ZDF abzuführen. Aus diesen Geldern sowie aus Werbeeinnahmen wird das ZDF finanziert.

Seit 1964 werden auch «Dritte Programme» von den Rundfunkanstalten gesendet.

Die einzelnen Rundfunk- und Fernsehanstalten sind organisatorisch ähnlich aufgebaut: Die Leitung der Anstalten liegt in der Hand besonderer Organe, dem Rundfunkrat (Fernsehrat beim ZDF), dem Verwaltungsrat und dem Intendanten.

1. Der Rundfunkrat, das zahlenmäßig größte Aufsichtsgremium, hat die Allgemeinheit auf dem Gebiet des Rundfunks und Fernsehens zu vertreten. Seine Aufgaben sind bei den meisten Anstalten insbesondere die Wahl der meisten oder aller Mitglieder des Verwaltungsrates, Wahl des Intendanten sowie Beratung des Intendanten bei der Programmgestaltung bzw. die Erstellung von Richtlinien für die Programmauswahl.
   Die Mitglieder der Rundfunkräte werden ganz oder teilweise von den Parlamenten der Länder (des Bundes) oder von Vertretern von Verbänden und Institutionen des öffentlichen Lebens gewählt oder ernannt. Der Fernsehrat des ZDF setzt sich beispielsweise wie folgt zusammen: 11 Vertreter werden von den Regierungen der vertragsschließenden Länder, 3 von der Bundesregierung, 12 von den im Bundestag vertretenen Parteien, 5 von den Kirchen entsandt und 35 von den Ministerpräsidenten aus Vorschlägen aus verschiedenen Bereichen und Institutionen des öffentlichen Lebens ausgewählt und berufen.
2. Der Verwaltungsrat, ein Gremium von sieben bis neun Personen, wird ganz oder teilweise vom Rundfunkrat gewählt, kann aber auch Mitglieder ex officio haben. Er überwacht und unterstützt die Arbeit des Intendanten, besonders hinsichtlich der Geschäftsführung, in manchen Anstalten auch in Programmfragen.
3. Der Intendant wird vom Rundfunk- oder Verwaltungsrat oder beiden auf Zeit gewählt und leitet die Anstalt im Rahmen der Beschlüsse dieser Gremien.

1978 wurde der zwischen den Ländern Schleswig-Holstein, Hamburg und Niedersachsen geschlossene Staatsvertrag über den Norddeutschen Rundfunk von der Landesregierung Schleswig-Holstein gekündigt. Auch die Regierung von Niedersachsen wünschte eine Revision des Staatsvertrages. Ein wichtiger Grund hierfür war die Unzufriedenheit der Regierungen in Kiel und Hannover über die politische («linkslastige») Ausrichtung des Senders. Der Abbau politischer Einseitigkeit sollte nach den Vorstellungen der Ministerpräsidenten Stoltenberg und Albrecht auch durch eine stärkere Regionalisierung des NDR-Programms unterstützt werden. Funkhäuser in Kiel,

Hamburg und Hannover sollten in eigener Verantwortung Regionalprogramme herstellen und senden können. Darüber hinaus wurde die Zulassung privater Sender gefordert.

Ein neuer Staatsvertrag sah 1980 vor, daß voneinander unabhängige Regionalprogramme hergestellt werden könnten. Die gültigen Programmgrundsätze wurden erweitert und präzisiert. § 6 und 9 des Staatsvertrages lauten:

●●

---

§ 6 Programmgrundsätze

(1) Der NDR ist in seinen Sendungen an die verfassungsmäßige Ordnung gebunden. Er trägt zur Verwirklichung der freiheitlichen demokratischen Grundordnung bei.

(2) Der NDR hat in seinen Programmen die Würde des Menschen zu achten. Er soll dazu beitragen, die Achtung vor Leben, Freiheit und körperlicher Unversehrtheit sowie vor Glauben und Meinung anderer zu stärken. Die Programme des NDR sollen die internationale Verständigung fördern, für den Frieden und die Einheit Deutschlands in Frieden und Freiheit eintreten sowie zur sozialen Gerechtigkeit mahnen. Die sittlichen und religiösen Überzeugungen der Bevölkerung sind zu achten.

(3) Die Vorschriften der allgemeinen Gesetze und die gesetzlichen Bestimmungen zum Schutze der Jugend und des Rechts der persönlichen Ehre sind einzuhalten.

§ 7 Programmgestaltung

(1) Der NDR ist in seinen Sendungen zur Wahrheit verpflichtet. Er hat sicherzustellen, daß

1. die bedeutsamen politischen, weltanschaulichen und gesellschaftlichen Kräfte und Gruppen im Sendegebiet im Gesamtprogramm des NDR angemessen zu Wort kommen können,
2. das Programm nicht einseitig einer Partei oder Gruppe einer Interessengemeinschaft, einem Bekenntnis oder einer Weltanschauung dient und
3. in seiner Berichterstattung die Auffassungen der wesentlich betroffenen Personen, Gruppen oder Stellen angemessen und fair berücksichtigt werden.

(1) Wertende und analysierende Einzelbeiträge haben dem Gebot journalistischer Fairness und in ihrer Gesamtheit der Vielfalt der Meinungen zu entsprechen. Ziel aller Informationssendungen ist es, sachlich und umfassend zu unterrichten und damit zur selbständigen Urteilsbildung der Bürger beizutragen.

(2) Alle Sendungen mit Bedeutung für die Information und Meinungsbildung sind gründlich und gewissenhaft zu recherchieren. Tatsachen und Behauptungen sind zu überprüfen. Die Nachrichtengebung muß allgemein,

unabhängig und objektiv sein. Kommentare sind deutlich von Nachrichten zu trennen und unter Nennung des Verfassers als solche zu kennzeichnen.

●●

Die Monopolstellung, die der NDR in seinem Sendegebiet als Rundfunkveranstalter hatte, wurde mit dem 1. 1. 1983 beendet. Von nun an sind die Landesgesetzgeber in der Lage, andere – auch private – Rundfunkveranstalter zuzulassen. Dies allerdings mit der Maßgabe, daß die vom NDR zugewiesenen Frequenzen dem Sender erhalten bleiben.

Daß die Einführung von Privatsendern grundsätzlich möglich ist, und unter welchen Voraussetzungen diese arbeiten können, hat das Bundesverfassungsgericht in einem Urteil über das Saarländische Rundfunkgesetz 1981 erklärt:

●●

Das Grundgesetz schreibt (dem Gesetzgeber) keine bestimmte Form der Rundfunkorganisation vor; es kommt allein darauf an, daß freie, umfassende und wahrheitsgemäße Meinungsbildung im dargelegten Sinn gewährleistet ist, daß Beeinträchtigungen oder Fehlentwicklungen vermieden werden. Der Gesetzgeber hat insbesondere Vorkehrungen zu treffen, die sicherstellen, daß der Rundfunk nicht einer oder einzelnen gesellschaftlichen Gruppen ausgeliefert wird, daß die in Betracht kommenden gesellschaftlichen Kräfte im Gesamtprogramm zu Wort kommen und daß die Freiheit der Berichterstattung unangetastet bleibt.

Diese Notwendigkeit ausgestalteter gesetzlicher Regelung besteht auch dann, wenn die durch Knappheit der Sendefrequenzen und den hohen finanziellen Aufwand für die Veranstaltung von Rundfunkdarbietungen bedingte Sondersituation des Rundfunks im Zuge der modernen Entwicklung entfällt. (...) Auch bei einem Fortfall der bisherigen Beschränkungen könnte nicht mit hinreichender Sicherheit erwartet werden, daß das Programmangebot in seiner Gesamtheit kraft der Eigengesetzlichkeit des Wettbewerbs den Anforderungen der Rundfunkfreiheit entsprechen werde. (...) (Es) ist ungewiß, ob bei einer Behebung des bisherigen Mangels in dem «Gesamtprogramm» als Inbegriff aller gesendeten inländischen Programme alle oder wenigstens ein nennenswerter Teil der gesellschaftlichen Gruppen und geistigen Richtungen auch tatsächlich zu Wort kommen, ob mithin ein «Meinungsmarkt» entsteht, auf dem die Vielfalt der Meinungsrichtungen unverkürzt zum Ausdruck gelangt. Zudem müssen gerade bei einem Medium von der Bedeutung des Rundfunks die Möglichkeiten einer Konzentration von Meinungsmacht und die Gefahr des Mißbrauchs zum Zwecke von einseitiger Einflußnahme auf die öffentliche Meinung in Rechnung gestellt werden. Bei dieser Sachlage würde es dem verfassungsrechtlichen Gebot, die Freiheit des Rundfunks zu gewährleisten, nicht gerecht werden, wenn nur staatliche Eingriffe ausgeschlossen würden und der Rundfunk dem freien Spiel der

Kräfte überlassen würde; dies um so weniger, als einmal eingetretene Fehlentwicklungen – wenn überhaupt – nur bedingt und nur unter erheblichen Schwierigkeiten rückgängig gemacht werden könnten. (...)

An dieser Notwendigkeit (durch Gesetz eine gleichgewichtige Vielfalt der Meinungen zu garantieren) ändert es auch nichts, wenn die Anforderungen der Rundfunkfreiheit als wenigstens durch die bestehende öffentlich-rechtlichen Anstalt erfüllt anzusehen sind, so daß – jedenfalls dem Anspruch nach – alle maßgeblichen gesellschaftlichen Gruppen und Richtungen im Rahmen der öffentlich-rechtlichen Programme zu Wort kommen und die Teilnehmer sich umfassend informieren können. Denn eine zusätzliche einseitige Berücksichtigung nur einzelner Meinungsrichtungen im privaten Rundfunk würde das für die Gesamtheit der dem einzelnen Teilnehmer zugänglichen inländischen Programme wesentliche Gleichgewicht des «ZU-WORT-KOMMENS» der gesellschaftlichen Gruppen stören, wenn nicht aufheben. (...)

Sofern sich der Gesetzgeber für eine – nach dem Fernsehurteil verfassungsrechtlich nicht zu beanstandende – «binnenpluralistische» Struktur der Veranstalter, also eine Organisation entscheidet, bei welcher der Einfluß der in Betracht kommenden Kräfte intern, durch Organe der jeweiligen Veranstalter vermittelt wird, bedarf es namentlich einer sachgerechten, der bestehenden Vielfalt prinzipiell Rechnung tragenden Bestimmung und Gewichtung der maßgeblichen gesellschaftlichen Kräfte und der Sicherstellung des effektiven Einflusses desjenigen Organs, in dem diese vertreten sind.

Der Gesetzgeber kann aber auch andere Gestaltungsformen wählen, sofern er durch geeignete Vorkehrungen gewährleistet, daß das Gesamtangebot der inländischen Programme der bestehenden Meinungsvielfalt auch tatsächlich im wesentlichen entspricht. Wenn er dabei Rundfunkfreiheit durch externe («außenpluralistische») Vielfalt herstellen und erhalten will, so darf er auch bei dieser Lösung auf Regelungen nicht verzichten; die Gewährleistung der Freiheit bleibt in seiner Verantwortung. Solange eine hinreichende Zahl von Frequenzen nicht zur Verfügung steht, dürfte eine Möglichkeit, dieser Verantwortung gerecht zu werden, in einer Gestaltung liegen, bei welcher mehrere Meinungsträger jeweils zeitlich begrenzt dieselbe Frequenz benutzen können.

Darüber hinaus hat der Gesetzgeber für den Inhalt des Gesamtprogramms Leitgrundsätze verbindlich zu machen, die ein Mindestmaß von inhaltlicher Ausgewogenheit, Sachlichkeit und gegenseitiger Achtung gewährleisten. (...) Namentlich für den Jugendschutz wird in den Rundfunkgesetzen Sorge zu tragen sein.

Arbeitsvorschlag 19

1. Entwerfen Sie die Geschäftsordnung eines Rundfunkrates. Legen Sie dabei insbesondere fest, wer Mitglied des Rates sein soll, nach welchen Verfahren entschieden wird und welche Kompetenzen der Rundfunk wahrnehmen soll.
2. Neuerdings wurde die Meinung vertreten, daß die Diskussion über die Zulässigkeit privater Sender durch die technische Entwicklung bereits überholt sei. Ein «privates» Programm bestehe bereits durch die Möglichkeiten der Videotechnik, mittels derer sich jeder Zuschauer «sein eigenes Programm» zusammenstellen könne. Hierbei sei festzustellen, daß ein großer Anteil der Filme auf Videokassetten pornographischen und/oder Gewalt darstellenden Inhalt habe.
   Diskutieren Sie die Frage, ob und wenn ja in welcher Form eine staatliche Zensur in diesem Bereich angebracht ist.
3. Diskutieren Sie den Begriff «Außenpluralität» unter der Fragestellung, welche Gruppen sich mindestens an einem privaten Rundfunkprogramm beteiligen müssen, um die geforderte Meinungsvielfalt entstehen zu lassen.

C. Die «streitbare Demokratie»

I. Das Problem des Schutzes der «freiheitlichen demokratischen Grundordnung»

Eine der Grundlagen für die Demokratie im Sinne des Grundgesetzes ist – so das Bundesverfassungsgericht – «ein freier und offener Prozeß der politischen Willensbildung in der Gesellschaft». Dies setzt voraus Toleranz gegenüber den politisch Andersdenkenden, Schutz der politischen Minderheit, Garantie der demokratischen Grundrechte (Meinungsfreiheit, Pressefreiheit, Versammlungsfreiheit, Vereinigungsfreiheit etc.) für jedermann, auch für den bei der Wahl Überstimmten.

Doch diese Forderung nach grundsätzlicher Toleranz der freiheitlichen Demokratie ist in der politischen Praxis ständigen Angriffen ausgesetzt. Dies zeigt sich deutlich in der Auseinandersetzung um die politische Treuepflicht von Beamtenbewerbern in letzter Zeit. Auf der einen Seite heißt es:

«Keine Verfassungsfeinde in den öffentlichen Dienst!»
«Keine Freiheit für die Feinde der Freiheit!»
«Radikale Lehrer gefährden unsere Schüler.»
«Staatsdiener müssen loyal zum Staat sein.»

Die Gegenseite antwortet:

«Politische Überprüfung schafft eine Atmosphäre von Bespitzelung, Angst, Verdächtigungen, Mißtrauen.»

«Die Überprüfungspraxis zieht Duckmäuser und Mitläufer statt engagierte Demokraten heran.»

«Die Berufsverbote verletzen die Grundrechte der Betroffenen.»

«Eine Aufteilung der Bevölkerung in Verfassungsfeinde und Verfassungsfreunde zerstört die Demokratie.»

Das grundsätzliche Problem, das in dieser Auseinandersetzung zum Ausdruck kommt, ist die Frage, ob die parlamentarische Demokratie von politisch Andersdenkenden im Innern bedroht sein kann, ob und wie sie sich gegen solche Bedrohungen schützen muß und wie – andererseits – die Gefahr der Unterdrückung politisch Andersdenkender durch die Regierenden verhindert werden kann. Das Grundgesetz hat – schon in seiner ursprünglichen Fassung – versucht, dieses Problem anzugehen. Art. 18 GG bestimmt, daß derjenige, der die Freiheit der Meinungsäußerung, insbesondere der Pressefreiheit, die Lehrfreiheit, die Versammlungsfreiheit, die Vereinigungsfreiheit, das Brief-, Post- und Fernmeldegeheimnis, das Eigentum oder das Asylrecht zum Kampfe gegen die freiheitliche demokratische Grundordnung mißbraucht, diese Grundrechte verwirkt. Nach Art. 21 Abs. 2 GG sind ferner Parteien, die nach ihren Zielen oder nach dem Verhalten ihrer Anhänger darauf ausgehen, die freiheitliche demokratische Grundordnung zu beeinträchtigen oder zu beseitigen oder den Bestand der Bundesrepublik Deutschland zu gefährden, verfassungswidrig. Sowohl über die Verwirkung von Grundrechten als auch über die Verfassungswidrigkeit von Parteien kann nur das Bundesverfassungsgericht entscheiden. Anderen Gerichten oder Behörden ist eine derartige Entscheidung verwehrt.

Das Bundesverfassungsgericht hat seit 1949 noch in keinem einzigen Falle die Verwirkung von Grundrechten festgestellt. In zwei Fällen hat es Parteien für verfassungswidrig erklärt: 1951 die «Sozialistische Reichspartei (SRP)», eine Nachfolgeorganisation der NSDAP; 1956 die «Kommunistische Partei Deutschlands (KPD)».

Im *KPD-Verbotsurteil vom 17. August 1956* hat das Gericht im einzelnen seine Auffassung über den Schutz der Demokratie gegen Bedrohungen durch politisch Andersdenkende (Parteien) im Inneren entwickelt: die Theorie von der «streitbaren Demokratie». In dem Urteil heißt es unter anderem:

●●

Ein Staat, der seine verfassungsrechtliche Ordnung als freiheitlich-demokratisch bezeichnet und sie damit in die große verfassungsgeschichtliche Entwicklungslinie der liberalen rechtsstaatlichen Demokratie einordnet, muß aus dem Grundrecht der Freiheit der Meinungsäußerung ein grundsätzliches Recht der freien politischen Betätigung und damit auch der freien Bildung politischer Parteien entwickeln, wie in Art. 21 Abs. 1 Satz 2 GG geschehen ist. Denn es ist eine der Grundanschauungen der freiheitlichen Demokratie, daß nur die ständige geistige Auseinandersetzung zwischen den einander begegnenden sozialen Kräften und Interessen, den politischen

Ideen und damit auch den sie vertretenden politischen Parteien der richtige Weg zur Bildung des Staatswillens ist – nicht in dem Sinne, daß er immer objektiv richtige Ergebnisse liefere, denn dieser Weg ist ‹a process of trial and error› (I. B. Talmon), aber doch so, daß er durch die ständige gegenseitige Kontrolle und Kritik die beste Gewähr für eine (relativ) richtige politische Linie als Resultante und Ausgleich zwischen den im Staat wirksamen politischen Kräften gibt. Bei konsequenter Durchführung dieses Gedankens müßte den Vertretern jeder politischen Konzeption die Möglichkeit eröffnet werden, sich in der Form einer politischen Partei zu organisieren und für die Durchsetzung ihrer politischen Auffassungen zu werben. Es ist nicht zu verkennen, daß die nicht durch den Wählerwillen im Prozeß der staatlichen Willensbildung, sondern durch staatlichen Eingriff sich vollziehende Ausschaltung einer politischen Partei aus dem politischen Leben zu dieser Konsequenz jedenfalls theoretisch in Widerspruch steht . . .

Die liberalen Verfassungen hatten bis in die Anfänge des 20. Jahrhunderts hinein mit politischen Parteien, die die Grundlagen einer freiheitlichen Staatsordnung bekämpfen, kaum zu rechnen; so war ihnen die Haltung unbedingter Toleranz und Neutralität gegenüber allen Parteien angemessen. Das ändert sich mit dem Aufkommen der «totalitären» Parteien nach dem ersten Weltkrieg, die das natürliche innere Bewegungsprinzip der freiheitlichen Demokratie, das freie Spiel der politischen Kräfte, ablehnen und an seine Stelle eine starre, von der Parteiführung festgelegte politische Doktrin setzen, an die die Mitglieder in strenger Disziplin gebunden sind. Das natürliche Streben jeder politischen Partei nach Einfluß auf den staatlichen Machtapparat wird bei diesen Parteien zum Anspruch auf eine «Machtergreifung», die, wenn sie erreicht wird, ihrem Wesen nach auf Ausschaltung aller anderen politischen Richtungen ausgehen muß und – jedenfalls dem Grundsatz nach – eine Freiheitssphäre des Einzelnen gegenüber dem Staat nicht mehr anerkennt. Gegenüber solchen Parteien ist der freiheitlichen Demokratie, die die Würde des Menschen zu verteidigen und zu sichern hat, eine neutrale Haltung nicht mehr möglich, und es wird ein verfassungspolitisches Problem, welche rechtlichen Mittel sie einsetzen will, um die sich nun für sie ergebende Forderung «keine unbedingte Freiheit für die Feinde der Freiheit» zu lösen. Die Weimarer Verfassung hat auf eine Lösung verzichtet, ihre politische Indifferenz beibehalten und ist deshalb der aggressivsten dieser «totalitären» Parteien erlegen.

Der verfassungsgeschichtliche Standort des Grundgesetzes ergibt sich daraus, daß es unmittelbar nach der – zudem nur durch Einwirkung äußerer Gewalten ermöglichten – Vernichtung eines totalitären Staatssystems eine freiheitliche Ordnung erst wieder einzurichten hatte. Die Haltung des Grundgesetzes zu den politischen Parteien – wie überhaupt die von ihm verwirklichte spezifische Ausformung der freiheitlichen Demokratie – ist nur verständlich auf dem Hintergrund der Erfahrungen des Kampfes mit diesem totalitären System. Der Einbau wirksamer rechtlicher Sicherungen dagegen, daß solche politischen Richtungen jemals wieder Einfluß auf den

Staat gewinnen könnten, beherrschte das Denken des Verfassungsgebers. Wenn das Grundgesetz so einerseits noch der traditionellen freiheitlich-demokratischen Linie folgt, die den politischen Parteien gegenüber grundsätzliche Toleranz fordert, so geht es doch nicht mehr so weit, aus bloßer Unparteilichkeit auf die Aufstellung und den Schutz eines eigenen Wertsystems überhaupt zu verzichten. Es nimmt aus dem Pluralismus von Zielen und Wertungen, die in den politischen Parteien Gestalt gewonnen haben, gewisse Grundprinzipien der Staatsgestaltung heraus, die, wenn sie einmal auf demokratische Weise gebilligt sind, als absolute Werte anerkannt und deshalb entschlossen gegen alle Angriffe verteidigt werden sollen; soweit zum Zwecke dieser Verteidigung Einschränkungen der politischen Betätigungsfreiheit der Gegner erforderlich sind, werden sie in Kauf genommen. Das Grundgesetz hat also bewußt den Versuch einer Synthese zwischen dem Prinzip der Toleranz gegenüber allen politischen Auffassungen und dem Bekenntnis zu gewissen unantastbaren Grundwerten der Staatsordnung unternommen. Art. 21 Abs. 2 GG . . . ist Ausdruck des bewußten verfassungspolitischen Willens zur Lösung eines Grenzproblems der freiheitlichen demokratischen Staatsordnung, Niederschlag der Erfahrungen eines Verfassungsgebers, der in einer bestimmten historischen Situation das Prinzip der Neutralität des Staates gegenüber den politischen Parteien nicht mehr rein verwirklichen zu dürfen glaubte, Bekenntnis zu einer – in diesem Sinne – «streitbaren Demokratie» . . .

●●

Diese Auffassung des Bundesverfassungsgerichtes ist in der Praxis der Behörden und unteren Gerichte konkretisiert und erweitert worden. Das ging bis zu Positionen, wie sie etwa in folgender Passage aus einem *Beschluß des Oberverwaltungsgerichts Lüneburg vom 27. September 1972* deutlich wird:

●●

Insbesondere sollen Verfassungsfeinde nicht unter Berufung auf Freiheiten, die das Grundgesetz gewährt, und unter ihrem Schutz die Verfassungsordnung oder den Bestand des Staates gefährden, beeinträchtigen oder zerstören dürfen. Das ergibt sich aus einer Zusammenschau der Art. 9 Abs. 2, 18, 20 Abs. 4, 21 Abs. 2 GG. Die Bundesrepublik Deutschland ist im Gegensatz zur Weimarer Republik eine Demokratie, die einen Mißbrauch der Grundrechte zum Kampf gegen die freiheitliche Ordnung des Grundgesetzes nicht hinnimmt, vielmehr von ihren Bürgern eine Verteidigung dieser Ordnung erwartet und Feinde dieser Grundordnung, auch wenn sie sich formal im Rahmen der Legalität bewegen, nicht toleriert. Damit hat sich die Bundesrepublik Deutschland von einer wertneutralen Demokratie, wie sie die Weimarer Republik war, zu einer wertgebundenen und ihren Gegnern gegenüber wachsamen und insoweit streitbaren Demokratie gewandelt. Im Einzelfall bedeutet das, daß keiner ihrer Bürger sich auf ein Grundrecht berufen kann, um mit dessen Hilfe die verfassungsmäßige Ordnung zu zerstören. Deshalb kann auch niemand vom Staate verlangen, in seinen Einrichtungen für einen Beruf ausgebildet zu werden, um sodann mit Hilfe der damit erworbenen Berechtigungen eben diesen Staat zerstören zu helfen. Die «Feinddefinition» ergibt sich damit aus der Verfassung selbst.

●●

Dieser Maßstab für eine Definition und Abgrenzung von «Verfassungsfeindlichkeit» ist allerdings sehr unpräzise und deshalb rechtsstaatlich problematisch. Auch das Grundgesetz selbst enthält keine exakten Kriterien, wonach zweifelsfrei festgestellt werden könnte, in welchen Fällen eine Bedrohung der freiheitlichen Demokratie eine Abwehrbereitschaft verlangt und in welchen Fällen demokratische Toleranz gegenüber politisch Andersdenkenden geboten ist. Art. 18 und 21 GG sprechen lediglich vom «Kampf gegen die freiheitliche demokratische Grundordnung» und vom Ziel, «die freiheitliche demokratische Grundordnung zu beeinträchtigen oder zu beseitigen», ohne näher festzulegen, was eigentlich der Begriff «Freiheitliche demokratische Grundordnung» im einzelnen schützen will. Das Bundesverfassungsgericht hat bei der ersten Anwendung des Art. 21 GG in der Praxis im *SRP-Verbotsurteil vom 23. Oktober 1952* versucht, diese Begriffe genauer zu definieren:

●●

Die besondere Bedeutung der Parteien im demokratischen Staat rechtfertigt ihre Ausschaltung aus dem politischen Leben nicht schon dann, wenn sie einzelne Vorschriften, ja selbst ganze Institutionen der Verfassung mit legalen Mitteln bekämpfen, sondern erst dann, wenn sie oberste Grundwerte des freiheitlichen demokratischen Verfassungsstaates erschüttern wollen. Diese Grundwerte bilden die freiheitliche demokratische Grundordnung, die das Grundgesetz innerhalb der staatlichen Gesamtordnung – der «verfassungsmäßigen Ordnung» – als fundamental ansieht. Dieser Grundordnung liegt letztlich nach der im Grundgesetz getroffenen verfassungspolitischen Entscheidung die Vorstellung zugrunde, daß der Mensch in der Schöpfungsordnung einen eigenen selbständigen Wert besitzt und Freiheit und Gleichheit dauernde Grundwerte der staatlichen Einheit sind. Daher ist die Grundordnung eine wertgebundene Ordnung. Sie ist das Gegenteil des totalen Staates, der als ausschließliche Herrschaftsmacht Menschenwürde, Freiheit und Gleichheit ablehnt.

... So läßt sich die freiheitliche demokratische Grundordnung als eine Ordnung bestimmen, die unter Ausschluß jeglicher Gewalt- und Willkürherrschaft eine rechtsstaatliche Herrschaftsordnung auf der Grundlage der

Selbstbestimmung des Volkes nach dem Willen der jeweiligen Mehrheit und der Freiheit und Gleichheit darstellt. Zu den grundlegenden Prinzipien dieser Ordnung sind mindestens zu rechnen: die Achtung vor den im Grundgesetz konkretisierten Menschenrechten, vor allem vor dem Recht der Persönlichkeit auf Leben und freie Entfaltung, die Volkssouveränität, die Gewaltenteilung, die Verantwortlichkeit der Regierung, die Gesetzmäßigkeit der Verwaltung, die Unabhängigkeit der Gerichte, das Mehrparteienprinzip und die Chancengleichheit für alle politischen Parteien mit dem Recht auf verfassungsmäßige Bildung und Ausübung einer Opposition.

●●

Der Begriff «Freiheitliche demokratische Grundordnung» spielt als Maßstab für die Abgrenzung von «Verfassungstreue» und «Verfassungsfeindlichkeit» in der Gesetzgebung und Verwaltungspraxis eine große Rolle. Als Beispiel seien folgende gesetzliche Bestimmungen aus dem Beamtenrecht genannt:

●●

---

§ 4 Beamtenrechtsrahmengesetz
In das Beamtenverhältnis darf nur berufen werden, wer
1. Deutscher im Sinne des Art. 116 des Grundgesetzes ist,
2. die Gewähr dafür bietet, daß er jederzeit für die freiheitliche demokratische Grundordnung im Sinne des Grundgesetzes eintritt,
3. die für seine Laufbahn vorgeschriebene oder ... übliche Vorbildung besitzt. ...

§ 35 Beamtenrechtsrahmengesetz
Der Beamte dient dem ganzen Volk, nicht einer Partei. Er hat seine Aufgabe unparteiisch und gerecht zu erfüllen und bei seiner Amtsführung auf das Wohl der Allgemeinheit Bedacht zu nehmen. Er muß sich durch sein gesamtes Verhalten zu der freiheitlichen demokratischen Grundordnung im Sinne des Grundgesetzes bekennen und für deren Erhaltung eintreten.

●●

Jede demokratische Verfassung und jede Staatsführung, die bei der Auseinandersetzung mit politischen Gegnern nicht weitestgehende Toleranz übt und die solche Gegner als «Staatsfeinde» oder «Verfassungsfeinde» mit minderen Rechten ausstattet, ihr berufliches Fortkommen behindert oder sie strafrechtlich verfolgt, setzt sich zwangsläufig dem Vorwurf aus, daß sie sich damit von ihren eigenen demokratischen Regeln entfernt und die politische Auseinandersetzung mit diesen Gegnern scheut.

II. Der «Radikalenerlaß» und seine historischen Vorläufer

Versuche, auf legislativem oder administrativem Wege das Problem der Bedrohung der Staatsführung und der Herrschaftsordnung durch «Staatsfeinde» zu bewältigen, gibt es in der deutschen Geschichte nicht erst in neuerer Zeit. Je nach der unterschiedlichen historischen Situation sahen diese Versuche verschieden aus. Dies zeigen die folgenden Dokumente, die überwiegend die «politische Treuepflicht» der Beamten betreffen.

Gesetz gegen die gemeingefährlichen Bestrebungen der Sozialdemokratie vom 21. Oktober 1878 (Auszüge):

●●

Wir, Wilhelm, von Gottes Gnaden Deutscher Kaiser, König von Preußen ... verordnen im Namen des Reichs, nach erfolgter Zustimmung des Bundesraths und des Reichstags, was folgt:

§ 1 Vereine, welche durch sozialdemokratische, sozialistische oder kommunistische Bestrebungen den Umsturz der bestehenden Staats- oder Gesellschaftsordnung bezwecken, sind zu verbieten.

Dasselbe gilt von Vereinen, in welchen sozialdemokratische, sozialistische oder kommunistische auf den Umsturz der bestehenden Staats- oder Gesellschaftsordnung gerichtete Bestrebungen in einer den öffentlichen Frieden, insbesondere die Eintracht der Bevölkerungsklassen gefährdenden Weise zu Tage treten.

Den Vereinen stehen gleich Verbindungen jeder Art.

...

§ 4 Die mit der Kontrolle betraute Behörde ist befugt:

1. allen Sitzungen und Versammlungen des Vereins beizuwohnen;
2. Generalversammlungen einzuberufen und zu leiten;
3. die Bücher, Schriften und Kassenbestände einzusehen, sowie die Auskunft über die Verhältnisse des Vereins zu erfordern;
4. die Ausführung von Beschlüssen, welche zur Förderung der im § 1 Abs. 2 bezeichneten Bestrebungen geeignet sind, zu untersagen;
5. mit der Wahrnehmung der Obliegenheiten des Vorstandes oder anderer leitender Organe des Vereins geeignete Personen zu betrauen;
6. die Kassen in Verwahrung und Verwaltung zu nehmen.

...

§ 9 Versammlungen, in denen sozialdemokratische, sozialistische oder kommunistische auf den Umsturz der bestehenden Staats- oder Gesellschaftsordnung gerichtete Bestrebungen zu Tage treten, sind aufzulösen.

Versammlungen, von denen durch Thatsachen die Annahme gerechtfertigt ist, daß sie zur Förderung der im ersten Absatze bezeichneten Bestrebungen bestimmt sind, sind zu verbieten.

Den Versammlungen werden öffentliche Festlichkeiten und Aufzüge gleichgestellt.

. . .

§ 11 Druckschriften, in welchen sozialdemokratische, sozialistische oder kommunistische auf den Umsturz der bestehenden Staats- oder Gesellschaftsordnung gerichtete Bestrebungen in einer den öffentlichen Frieden, insbesondere die Eintracht der Bevölkerungsklassen gefährdenden Weise zu Tage treten, sind zu verbieten.

Bei periodischen Druckschriften kann das Verbot sich auch auf das fernere Erscheinen erstrecken, sobald auf Grund dieses Gesetzes das Verbot einer einzelnen Nummer erfolgt.

Durch das *Gesetz über die Pflichten der Beamten zum Schutze der Republik vom 21. Juli 1922* wurde in das Reichsbeamtengesetz unter anderem folgende Bestimmung neu eingefügt:

---

§ 10a Der Reichsbeamte ist verpflichtet, in seiner amtlichen Tätigkeit für die verfassungsmäßige republikanische Staatsgewalt einzutreten.

Er hat alles zu unterlassen, was mit seiner Stellung als Beamter der Republik nicht zu vereinen ist. Insbesondere ist ihm untersagt:

1. sein Amt oder die ihm kraft seiner amtlichen Stellung zugänglichen Einrichtungen für Bestrebungen zur Änderung der verfassungsmäßigen republikanischen Staatsform zu mißbrauchen;
2. bei Ausübung der Amtstätigkeit oder unter Mißbrauch seiner amtlichen Stellung über die verfassungsmäßige republikanische Staatsform, die Reichsflagge oder über die verfassungsmäßigen Regierungen des Reichs oder eines Landes zur Bekundung der Mißachtung Äußerungen zu tun, die geeignet sind, sie in der öffentlichen Meinung herabzusetzen;
3. bei Ausübung der Amtstätigkeit oder unter Mißbrauch seiner amtlichen Stellung auf die ihm unterstellten oder zugewiesenen Beamten, Angestellten und Arbeiter, Zöglinge oder Schüler im Sinne mißachtender Herabsetzung der verfassungsmäßigen republikanischen Staatsform oder der verfassungsmäßigen Regierungen des Reichs oder eines Landes einzuwirken;
4. Handlungen nach Nr. 1 bis 3 bei dienstlich unterstellten Personen, sofern sie im Dienste begangen werden, zu dulden.

Dem Reichsbeamten ist weiterhin untersagt, in der Öffentlichkeit gehässig oder aufreizend die Bestrebungen zu fördern, die auf Wiederherstellung der Monarchie oder gegen den Bestand der Republik gerichtet sind, oder solche Bestrebungen durch Verleumdung, Beschimpfung oder Verächtlichmachung der Republik oder von Mitgliedern der im Amte befindlichen Regierung des Reichs oder eines Landes zu unterstützen.

Beschluß des Preußischen Staatsministeriums vom 25. Juni 1930:

Nach der Entwicklung, die die Nationalsozialistische Deutsche Arbeiterpartei und die Kommunistische Partei Deutschlands genommen haben, sind beide Parteien als Organisationen anzusehen, deren Ziel der gewaltsame Umsturz der bestehenden Staatsordnung ist. Ein Beamter, der an einer solchen Organisation teilnimmt, sich für sie betätigt oder sie sonst unterstützt, verletzt dadurch die aus seinem Beamtenverhältnis sich ergebende besondere Treuverpflichtung gegenüber dem Staate und macht sich eines Dienstvergehens schuldig. Allen Beamten ist demnach die Teilnahme an diesen Organisationen, die Betätigung für sie oder ihre sonstige Unterstützung verboten.

Das Staatsministerium bringt diese Auffassung der Beamtenschaft hiermit besonders zur Kenntnis und weist sie darauf hin, daß künftig gegen jeden unmittelbaren oder mittelbaren Staatsbeamten, der dem zuwiderhandelt, disziplinarisch eingeschritten wird.

Das Staatsministerium ordnet gleichzeitig an, daß die nachgeordneten Behörden über jeden Fall der Zuwiderhandlung dem zuständigen Fachminister zu berichten haben.

An die nachgeordneten Behörden aller Zweige der Preußischen Staatsverwaltung und die Gemeindebehörden.

Gesetz zur Wiederherstellung des Berufsbeamtentums vom 7. April 1933 – in der Fassung vom 20. Juli 1933 – (Auszüge):

§ 2a

(1) Beamte, die der kommunistischen Partei oder kommunistischen Hilfs- oder Ersatzorganisationen angehört oder sich sonst im kommunistischen Sinne betätigt haben, sind aus dem Dienst zu entlassen. Von der Entlassung kann bei solchen Beamten abgesehen werden, die sich schon vor dem 30. Januar 1933 einer Partei oder einem Verbande, die sich hinter die Regierung der nationalen Erhebung gestellt haben, angeschlossen und sich in der nationalen Bewegung hervorragend bewährt haben.

(2) Zu entlassen sind auch Beamte, die sich in Zukunft im marxistischen (kommunistischen oder sozialdemokratischen) Sinne betätigen.

§ 4

Beamte, die nach ihrer bisherigen politischen Betätigung nicht die Gewähr dafür bieten, daß sie jederzeit rückhaltlos für den nationalen Staat eintreten, können aus dem Dienst entlassen werden. Auf die Dauer von drei Monaten nach der Entlassung werden ihnen ihre bisherigen Bezüge belassen. ...

Beschluß der Bundesregierung vom 19. September 1950 zur politischen Betätigung von Angehörigen des öffentlichen Dienstes gegen die demokratische Grundordnung:

●●

Die Gegner der Bundesrepublik verstärken ihre Bemühungen, die freiheitliche demokratische Grundordnung zu untergraben. Jede Teilnahme an solchen Bestrebungen ist unvereinbar mit den Pflichten des öffentlichen Dienstes. Alle im unmittelbaren oder mittelbaren Bundesdienst stehenden Personen haben sich gemäß § 3 des vorläufigen Bundespersonalgesetzes durch ihr gesamtes Verhalten zur demokratischen Staatsordnung zu bekennen. Wer als Beamter, Angestellter oder Arbeiter im Bundesdienst an Organisationen oder Bestrebungen gegen die freiheitliche demokratische Staatsordnung teilnimmt, sich für sie betätigt oder sie sonst unterstützt, wer insbesondere im Auftrag oder im Sinne der auf Gewalthandlungen abzielender Beschlüsse des 3. Parteitages der kommunistischen SED und des sogenannten «National-Kongresses» wirkt, macht sich einer schweren Pflichtverletzung schuldig.

Zu den Organisationen, deren Unterstützung mit den Dienstpflichten unvereinbar sind, gehören insbesondere:

1. die Kommunistische Partei Deutschlands mit allen ihren Unterorganisationen.
2. die sozialdemokratische Aktion,
3. die Freie Deutsche Jugend (FDJ),
4. die Vereinigung der Sowjetfreunde,
5. die Gesellschaft zum Studium der Kultur der Sowjet-Union,
6. der Kulturbund zur demokratischen Erneuerung Deutschlands,
7. der gesamtdeutsche Arbeitskreis für Land- und Forstwirtschaft,
8. das Komitee der Kämpfer für den Frieden,
9. das Komitee der Jungen Friedenskämpfer,
10. die Vereinigung der Verfolgten des Naziregimes (VVN),
11. die Sozialistische Reichspartei,
12. die sogenannte «Schwarze Front» (Otto-Strasser-Bewegung),
13. die «Nationale Front» (Dachorganisation).

Die Bundesregierung ersucht die Dienstvorgesetzten, gegen Beamte, Angestellte und Arbeiter, die ihre Treuepflicht gegenüber der Bundesrepublik durch Teilnahme an solchen Organisationen oder Bestrebungen verletzen, die erforderlichen Maßnahmen zu ergreifen. Gegen Schuldige ist unnachsichtlich die sofortige Entfernung aus dem Bundesdienst, und zwar bei Beamten auf Lebenszeit durch Einleitung eines förmlichen Dienststrafverfahrens unter gleichzeitiger vorläufiger Dienstenthebung und Gehaltseinbehaltung, bei Beamten auf Widerruf durch Widerruf, bei Angestellten und Arbeitern durch fristlose Kündigung herbeizuführen.

Die Bundesregierung empfiehlt den Landesregierungen, sofort entsprechende Maßnahmen zu treffen.

Adenauer

●●

Beschluß der Ministerpräsidentenkonferenz vom 28. Januar 1972 («Radikalenerlaß»):

●●

Grundsätze zur Frage der verfassungsfeindlichen Kräfte im öffentlichen Dienst

Nach den Beamtengesetzen in Bund und Ländern

darf in das Beamtenverhältnis nur berufen werden, wer die Gewähr dafür bietet, daß er jederzeit für die freiheitlich-demokratische Grundordnung im Sinne des Grundgesetzes eintritt,

sind Beamte verpflichtet, sich aktiv innerhalb und außerhalb des Dienstes für die Erhaltung dieser Grundordnung einzusetzen. Es handelt sich hierbei um zwingende Vorschriften.

Jeder Einzelfall muß für sich geprüft und entschieden werden.

Von folgenden Grundsätzen ist dabei auszugehen:

Bewerber: Ein Bewerber, der verfassungsfeindliche Aktivitäten entwikkelt, wird nicht in den öffentlichen Dienst eingestellt. Gehört ein Bewerber einer Organisation an, die verfassungsfeindliche Ziele verfolgt, so begründet diese Mitgliedschaft Zweifel daran, ob er jederzeit für die freiheitliche demokratische Grundordnung eintreten wird. Diese Zweifel rechtfertigen in der Regel eine Ablehnung des Anstellungsvertrages.

Beamter: Erfüllt ein Beamter durch Handlungen oder wegen seiner Mitgliedschaft in einer Organisation verfassungsfeindlicher Zielsetzung die Anforderungen des Paragraphen 35 Beamtenrechtsrahmengesetz nicht, aufgrund derer er verpflichtet ist, sich durch sein gesamtes Verhalten zu der freiheitlichen demokratischen Grundordnung im Sinne des Grundgesetzes zu bekennen und für deren Erhaltung einzutreten, so hat der Dienstherr aufgrund des jeweils ermittelten Sachverhaltes die gebotenen Konsequenzen zu ziehen und insbesondere zu prüfen, ob die Entfernung des Beamten aus dem Dienst anzustreben ist.

Für Arbeiter und Angestellte im öffentlichen Dienst gelten entsprechend den jeweiligen tarifvertraglichen Bestimmungen dieselben Grundsätze.

●●

Arbeitsvorschlag 20

Vergleichen Sie die abgedruckten Dokumente unter folgenden Gesichtspunkten:

1. Welche politische Gruppierung stellte bei Erlaß der Maßnahmen die Mehrheit im Parlament beziehungsweise die Regierung?
2. Gegen wen wandten sich die Maßnahmen?
3. Was war in den verschiedenen Zeiten Maßstab für die Beurteilung von «Staatsfeindlichkeit»? Lassen sich Parallelen feststellen?
4. Inwiefern hat sich die Situation seit Schaffung des Grundgesetzes geändert?

III. Zur Praxis der politischen Überprüfung von Bewerbern für den öffentlichen Dienst

Arbeitsvorschlag 21

Versuchen Sie, folgenden Fall anhand des Grundgesetzes zu diskutieren:

Ein Lehramtskandidat, der die erforderlichen Examina erfolgreich abgeleistet hat, bewirbt sich um eine Anstellung als beamteter Lehrer. Seine Einstellung wird mit der Begründung abgelehnt, als Mitglied der DKP biete er nicht die Gewähr, daß er jederzeit für die freiheitliche demokratische Grundordnung im Sinne des Grundgesetzes eintritt.

Lesen Sie hierzu Art. 3, 5, 12, 21, 33 Grundgesetz und den auf Seite 82 abgedruckten § 4 des Beamtenrechtsrahmengesetzes.

Würden Sie den Fall in folgenden Varianten anders beurteilen? Warum?

1. Der Lehramtskandidat ist nicht Mitglied der DKP, sondern der NPD.
2. Er ist Mitglied der SPD, hat aber in einer Berufsorganisation mit Mitgliedern der DKP zusammengearbeitet.
3. Er ist Mitglied der CDU, hat aber in einer Berufsorganisation mit Mitgliedern der NPD zusammengearbeitet.
4. Der Bewerber ist nicht Parteimitglied, hat aber als Student bei der Wahl zum Studentenparlament auf einer Liste «Rote Zelle Pädagogik» kandidiert.
5. Nicht der Bewerber selbst ist Mitglied der DKP, aber seine Ehefrau.
6. Macht es einen Unterschied, ob der Bewerber Mathematiklehrer oder Gemeinschaftskundelehrer werden will?
7. Der Bewerber bewirbt sich um eine Anstellung als Lokomotivführer.
8. Der Bewerber bewirbt sich um eine Einstellung als Polizeibeamter.

Das Bundesverfassungsgericht hat in einem *Beschluß vom 22. Mai 1975 zu dem Problem der Einstellung «Radikaler» in den öffentlichen Dienst* Stellung genommen. Vier wichtige Leitsätze dieser Entscheidung lauten:

1. Es ist ein hergebrachter und zu beachtender Grundsatz des Berufsbeamtentums (Art. 33 Abs. 5 GG), daß den Beamten eine besondere politische Treuepflicht gegenüber dem Staat und seiner Verfassung obliegt. ...
3. Bei Beamten auf Probe und bei Beamten auf Widerruf rechtfertigt die Verletzung der Treuepflicht regelmäßig die Entlassung aus dem Amt. Bei Beamten auf Lebenszeit kann wegen dieser Dienstpflichtverletzung im förmlichen Disziplinarverfahren auf Entfernung aus dem Dienst erkannt werden.
4. Es ist eine von der Verfassung (Art. 33 Abs. 5 GG) geforderte und durch das einfache Gesetz konkretisierte rechtliche Voraussetzung für den Eintritt in das Beamtenverhältnis, daß der Bewerber die Gewähr bietet, jederzeit für die freiheitliche demokratische Grundordnung einzutreten.
5. Der Überzeugung, daß der Bewerber die geforderte Gewähr nicht bietet, liegt ein Urteil über die Persönlichkeit des Bewerbers zugrunde, das zugleich eine Prognose enthält und sich jeweils auf eine von Fall zu Fall wechselnde Vielzahl von Elementen und deren Bewertung gründet.

In der Begründung zu dem Beschluß sagt das Bundesverfassungsgericht, was es konkret unter «politischer Treuepflicht» des Beamten versteht.

Es genügt festzuhalten, daß jedenfalls zur Treuepflicht des Beamten als Kern die politische Treuepflicht gehört. Gemeint ist damit nicht eine Verpflichtung, sich mit den Zielen oder einer bestimmten Politik der jeweiligen Regierung zu identifizieren. Gemeint ist vielmehr die Pflicht zur Bereitschaft, sich mit der Idee des Staates, dem der Beamte dienen soll, mit der freiheitlichen demokratischen, rechts- und sozialstaatlichen Ordnung dieses Staates zu identifizieren. Dies schließt nicht aus, an Erscheinungen dieses Staates Kritik üben zu dürfen, für Änderungen der bestehenden Verhältnisse – innerhalb des Rahmens der Verfassung und mit den verfassungsrechtlich vorgesehenen Mitteln – eintreten zu können, solange in diesem Gewand nicht eben dieser Staat und seine verfassungsmäßige Grundlage in Frage gestellt werden. An einer «unkritischen» Beamtenschaft können Staat und Gesellschaft kein Interesse haben. Unverzichtbar ist aber, daß der Beamte den Staat – ungeachtet seiner Mängel – und die geltende verfassungsrechtliche Ordnung, so wie sie in Kraft steht, bejaht, sie als schützenswert anerkennt, in diesem Sinne sich zu ihnen bekennt und aktiv für sie eintritt. Der Beamte, der dies tut, genügt seiner Treuepflicht und kann von diesem Boden aus auch Kritik äußern und Bestrebungen nach Änderungen der bestehenden Verhältnisse – im Rahmen der verfassungsmäßigen Ordnung und auf verfassungsmäßigen Wegen! – unterstützen. Das Entscheidende ist, daß die Treuepflicht gebietet, den Staat und seine geltende Verfassungsordnung, auch soweit sie im Wege einer Verfassungsänderung veränderbar ist, zu bejahen und dies nicht bloß verbal, sondern insbesondere in der beruflichen Tätigkeit dadurch, daß der Beamte die bestehenden verfassungsrechtlichen und gesetzlichen Vorschriften beachtet und erfüllt und sein Amt aus dem Geist dieser Vorschriften heraus führt. Die politische Treuepflicht – Staats- und Verfassungstreue – fordert mehr als nur eine formal korrekte, im übrigen uninteressierte, kühle, innerlich distanzierte Haltung gegenüber Staat und Verfassung; sie fordert vom Beamten insbesondere, daß er sich eindeutig von Gruppen und Bestrebungen distanziert, die diesen Staat, seine verfassungsmäßigen Organe und die geltende Verfassungsordnung angreifen, bekämpfen und diffamieren. Vom Beamten wird erwartet, daß er diesen Staat und seine Verfassung als einen hohen positiven Wert erkennt und anerkennt, für den einzutreten sich lohnt. Politische Treuepflicht bewährt sich in Krisenzeiten und in ernsthaften Konfliktsituationen, in denen der Staat darauf angewiesen ist, daß der Beamte Partei für ihn ergreift. Der Staat – und das heißt hier konkreter, jede verfassungsmäßige Regierung und die Bürger – muß sich darauf verlassen können, daß der Beamte in seiner Amtsführung Verantwortung für diesen Staat, für «seinen» Staat zu tragen bereit ist, daß er sich in dem Staat, dem er dienen soll, zu Hause fühlt – jetzt und jederzeit und nicht erst, wenn die von ihm erstrebten Veränderungen durch entsprechende Verfassungsänderungen verwirklicht worden sind.

Die hergebrachte Treuepflicht des Beamten erhält unter der Geltung des Grundgesetzes ein besonderes Gesicht dadurch, daß diese Verfassung nicht wertneutral ist, sondern sich für zentrale Grundwerte entscheidet, sie in ihren Schutz nimmt und dem Staat aufgibt, sie zu sichern und sie zu gewährleisten (Art. 1 GG). Sie trifft Vorkehrungen gegen ihre Bedrohung, sie institutionalisiert besondere Verfahren zur Abwehr von Angriffen auf die verfassungsmäßige Ordnung, sie konstituiert eine wehrhafte Demokratie (Art. 2 Abs. 1, Art. 9 Abs. 2, Art. 18, Art. 20 Abs. 4, Art. 21 Abs. 2, Art. 79 Abs. 3, Art. 91, Art. 98 Abs. 2 GG). Diese Grundentscheidung der Verfassung schließt aus, daß der Staat, dessen verfassungsmäßiges Funktionieren von der freien inneren Bindung seiner Beamten an die geltende Verfassung abhängt, zum Staatsdienst Bewerber zuläßt und im Staatsdienst Bürger beläßt, die die freiheitliche demokratische, rechts- und sozialstaatliche Ordnung ablehnen und bekämpfen. Der Beamte kann nicht zugleich in der organisierten Staatlichkeit wirken und die damit verbundenen persönlichen Sicherungen und Vorteile in Anspruch nehmen und aus dieser Stellung heraus die Grundlage seines Handelns zerstören wollen. Der freiheitliche demokratische Rechtsstaat kann und darf sich nicht in die Hand seiner Zerstörer geben. . . .

●●

Auszug aus einer *Rede von Alfred Grosser anläßlich der Verleihung des Friedenspreises des Deutschen Buchhandels am 12. Oktober 1975* in der Frankfurter Paulskirche:

●●

Was mich etwas beunruhigt, ist, daß in der letzten Zeit in der Bundesrepublik so viel vom Rechtsstaat und von der freiheitlich-demokratischen Grundordnung gesprochen wird. Vielleicht höre ich schlecht. Aber mir scheint, die Betonung liegt etwas zu sehr und immer mehr auf «Staat» und auf «Ordnung» und nicht mehr genug auf der Idee der freien politischen Tätigkeit des einzelnen, den gerade die Begriffe Staat und Ordnung nicht zum politischen autonomen Denken und Handeln auffordern.

Anders ... formuliert: Huldigen nicht manche Bürger der Bundesrepublik dem Staat mehr als dem Recht und erleben die freiheitlich-demokratische Grundordnung als eine Abwandlung der staatlichen Ordnung, die ihren Vätern oder ihnen selbst, im Kaiserreich oder sogar im totalen Staat den täglichen Frieden sicherte?

Vielleicht bin ich zu sehr Franzose oder denke ich zu sehr an 1933, aber es scheint mir doch, als ob in der Bundesrepublik immer mehr von der Verteidigung der Grundordnung durch den Staat die Rede sei, und immer weniger von der Verteidigung der Grundfreiheiten gegen den Staat.

Verständlich ist es: wenn man endlich ein zugleich freiheitliches und geordnetes politisches System hat, so möchte man dessen Staatsstruktur erhalten. Aber muß deswegen der Begriff der Sicherheit einen solchen Platz einnehmen? Muß die Sorge um den Schutz des Bestehenden unbedingt den Vorrang haben über dem Willen, das Unvollständige, das Ungenügende an diesem Bestehenden festzustellen und zu vermindern?

Der innere Friede soll gesichert werden. Wer bestreitet das? Es gibt Raub, Entführung, Mord? Die Polizei soll die Räuber, die Entführer, die Mörder finden und festnehmen. Die Richter sollen dann angemessen Strafen verhängen. Aber deswegen braucht doch noch nicht die gesamte Staatsordnung bedroht zu sein! Deswegen braucht man noch nicht zum Schutz des Rechts Rechte antasten, zum Schutz der Freiheit Freiheiten beschränken!

...

Es ist noch Zeit zum Bedenken, denn so stark scheint die bundesdeutsche Friedensordnung noch nicht untergraben zu sein! Man lese nur den in diesem Frühjahr veröffentlichten Verfassungsschutzbericht 1974. Darin steht, daß die Terrorgruppen «selbst unter den übrigen Linksextremisten weitgehend isoliert» sind. Und der übrige Linksextremismus bedeutet gegenwärtig keine konkrete Gefahr für den Bestand unserer freiheitlich-demokratischen Grundordnung und die innere Sicherheit unseres Landes.

Nun heißt es, aus der Gemeinschaft wird ja niemand ausgestoßen, sondern nur aus dem öffentlichen Dienst. Da tauchen zwei Fragen auf: Wie groß ist hier die Bedrohung und was ist öffentlicher Dienst? Der Verfassungsschutzbericht gibt eine doppelte Antwort:

«Ende 1974 waren – soweit bekannt – insgesamt 1467 Linksextremisten im öffentlichen Dienst beschäftigt. Bei insgesamt 3,4 Millionen öffentlich Bediensteten entfällt auf je 2302 Angehörige des öffentlichen Dienstes ein linksextremistischer Bundesbediensteter. Von den 258 linksextremistischen Bundesbediensteten sind rund 78 Prozent (203) bei Bundespost und Bundesbahn in nachgeordneten Positionen tätig.»

Die Gefahr für den Staat scheint also noch nicht angsterregend. Aber eine andere Gefahr ist klar: Wenn nicht nur der Ministerialbeamte mit Autorität, sondern bereits der Briefträger und der Stationsvorsteher Elemente der staatlichen Friedensordnung sind, so befindet man sich auf dem Weg, der im anderen deutschen Staat voll zurückgelegt ist: Da ja die ganze Gesellschaft zur kollektiven Staatsordnung gehört, ist es unerträglich, daß irgendeiner, vom Lehrer bis zum Arzt, vom Bahnbeamten bis zum Metallarbeiter, mehr als unwesentliche Kritik ausübt.

Wenn jemand gegen das Gesetz verstoßen hat, soll er bestraft werden. Wenn ein Beamter seine Dienstpflicht verletzt hat, soll er gemaßregelt werden. Aber ich kann nur schwer verstehen, was eine zukunftsbezogene Beurteilung, eine zukunftsbezogene Verurteilung ist. Der Gedanke, es soll eine Gesinnungsprüfung mit abschließender Prognose über das zukünftige Benehmen des Geprüften geben, scheint mir, ich muß es sagen, in doppelter Hinsicht etwas absonderlich.

Zunächst wegen der Vergangenheit. Wenn ich recht verstehe, sollen junge Leute vorsorglich ausgeschlossen bleiben, weil sie ihre Weltanschauung nicht mehr ändern und voraussichtlich ihre Pflicht dem Rechtsstaat gegenüber verletzen werden, wohingegen es sich die Bundesrepublik leisten konnte, Männern wichtige staatliche Positionen anzuvertrauen, die als Verteidiger des Rechtsstaates völlig versagt hatten.

Wenn man die Nürnberger Judengesetze als normales Recht trocken ausgelegt hatte, durfte man Staatssekretär im neuen Rechtsstaat werden. Wenn man die Gestapo polizeirechtlich gerechtfertigt hatte, durfte man in der freiheitlichen Grundordnung Rektor und Kultusminister werden. Die Kriterien, die nun verbieten sollen, Zollbeamter oder Dorfschullehrer zu werden, scheinen mir wahrlich strenger zu sein.

Warum ist dem so? Weil die nach 1945 Hochgekommenen trotz ihrer Vergangenheit mit Sicherheit diese freiheitlich-demokratische Grundordnung im Notfall nun verteidigen würden? Niemand kann garantieren, daß der junge Mann, der heute an Systemveränderung glaubt, in einigen Jahren wirklich die Grundrechte und die pluralistische Freiheit gegen einen revolutionären Umsturz verteidigen wird.

Aber wer garantiert denn, daß Hunderte von Beamten des heutigen Staates die Grundfreiheiten des Bürgers gegen die Staatsmacht verteidigen würden, wenn sich, durch diese oder jene wirtschaftliche Entwicklung gefördert, ein neues autoritäres Regime anbahnen würde?

Die größte Gefahr, die eine Demokratie von innen bedrohen kann, das sind nicht so sehr die ihr feindlich gesonnenen kleinen Gruppen. Das ist das Mitläufertum.

Dies sieht man ja seit einigen Jahren an den deutschen Universitäten. Wenn ein paar Revolutionäre, deren sture und brutale Intoleranz weitgehend die entgegengesetzte Intoleranz gezeitigt hat, den Frieden eines Hörsaals gewaltsam stören und zerstören können, so, weil sich die Hunderte von anwesenden Studenten so passiv benehmen wie ihre Vorgänger 1933.

Aber wenn jeder Anwärter auf eine Stellung im öffentlichen Dienst auf Herz und Nieren geprüft werden soll, wenn er Fragebogen (ja, Fragebogen!) auszufüllen hat, wenn dem Gymnasiasten schon klar wird, was er zu unterlassen und was er brav zu sagen hat, um später keine Schwierigkeiten zu bekommen, so vermeidet man weniger Gefahren für die Grundordnung, als wenn man junge Generationen zum Konformismus und zu einem gefährlichen Mitläufertum verleitet.

Dabei ist doch die Gefahr von innen mit der Gefahr von außen gar nicht so sehr verknüpft. Bei einem Jugendlichen, der mit ketzerischen Ideen herumläuft, sind die Chancen, daß er ein Agent sei, geringer als bei einem biederen Ostflüchtling, der durch Verheimlichung seinen Weg bis hoch nach oben machen kann. Und daß dieser Jugendliche ein unbewußter Agent sei, das erinnert wirklich allzusehr an den im Osten für alle Abweichenden gebrauchten Begriff des «objektiven» Verrats.

Agenten: Wenige. Rebellen: Viel mehr. Aber Rebellen wogegen? Wenn es gegen die freiheitlich-demokratische Grundordnung ist, muß die Rebellion mit Entschiedenheit abgelehnt werden. Was ist nun aber diese Grundordnung?

Hier herrscht eine erstaunliche Konfusion. Man tut, als sei die politische Ordnung mit der Gesellschaftsordnung identisch. In der Urteilsbegründung des Bundesverfassungsgerichtes über die Zulassung zum öffentlichen Dienst wird von denen gesprochen, die – ich zitiere – «die rechts- und sozialstaatliche Ordnung ablehnen». Soll das etwa heißen, daß die gesellschaftliche Ordnung in der Bundesrepublik als ebenso vorbildlich und erhaltungswürdig dargestellt wird wie der politische Pluralismus und die Grundrechte?

Wenn ja, so birgt dies eine echte Gefahr: Daß immer mehr anspruchsvolle Jugendliche glauben, man könne das Ungerechte an dieser Gesellschaftsordnung nicht verändern, ohne zugleich die rechtsstaatliche Ordnung zu beseitigen!

...

Die soziale Gerechtigkeit ist ein Ziel, kein Zustand, keine durch die Grundgesetzformulierungen bereits geschaffene Wirklichkeit. Tun wir nicht so wie Bismarck, der in dem zitierten Sozialistengesetz Staats- und Gesellschaftsordnung auf einen Nenner bringt. Vor allem, da ja das Grundgesetz die Veränderung und sogar die Verwandlung zuläßt und vorsieht.

Ist man z. B. schon «auch so einer», wenn man, über die Spekulationen empört, das Eigentumsrecht nicht an die Spitze aller Werte stellt und wegen dem für Häuserbau geeigneten Boden an den Artikel 15 des Grundgesetzes denkt?

Grund und Boden. Naturschätze und Produktionsmittel können zum Zweck der Vergesellschaftung durch ein Gesetz, das Art und Ausmaß der Entschädigung regelt, in Gemeineigentum oder in andere Formen der Gemeinwirtschaft überführt werden.

Untergräbt man die Grundfreiheiten, wenn man nach Regulierungen sucht, die endlich den Respekt für die Würde der Person den Alten, den Kranken, den Wirtschaftsschwachen in der Tat zugestehen würde? Oder wenn man sich daran stößt, daß der Gewinn privat bleiben und der Verlust dank Zuschuß der öffentlichen Hand sozialisiert werden soll? Oder daran, daß der Finanzverbrecher mit Krawatte weniger bestraft werden mag als der Motorraddieb mit langen Haaren? Oder daß ein Vorstandsmitglied bei schlechter Arbeit für 30000 oder 50000 DM pro Monat höchstens riskiert, mit einer hohen Abfindung bequem weiterleben zu können, während der einwandfrei arbeitende Angestellte oder Arbeiter, der durch dieses Mißmanagement seine Stelle verliert, zwar besser daran ist als seine Vorfahren, aber doch um das tagtägliche Schicksal der Seinen bangen muß?

Ja, bangen! Was mich besorgt für den inneren Frieden der Bundesrepublik, das sind die Auswirkungen der neuen Angst. Ich meine hier nicht die Angst vor der umstürzlerischen Bedrohung. Auch nicht so sehr die bei manchen entstehende Angst, sie könnten die Forderungen der inquisitorischen Verteidiger der Grundordnung nicht genügend erfüllen. Sondern die einfache Angst vor der Zukunft, die durch Wirtschaftsunsicherheit und Arbeitslosigkeit entsteht.

●●

Unter dem Eindruck der öffentlichen Auseinandersetzung und in dem Bemühen, die Praxis der Überprüfung zu vereinheitlichen, sind von SPD und FDP Verfahrensrichtlinien ausgearbeitet worden, die die Bundesregierung «zustimmend zur Kenntnis» genommen hat. In der Praxis bedeutet dies, daß die Bundesregierung und die SPD/FDP-regierten Länder diese Richtlinien befolgen wollen, ohne daß sie rechtlich daran gebunden sind. Vorangegangen war dem der Versuch der Bundesregierung, ein entsprechendes Gesetz verabschieden zu lassen. Dies scheiterte aber am Einspruch der CDU/CSU-Mehrheit im Bundesrat. Die CDU/CSU-regierten Länder haben erklärt, daß sie sich an den alten Beschluß der Ministerpräsidenten von 1972 halten werden, und daß Mitglieder von ihrer Meinung nach verfassungswidrigen Parteien nicht in den öffentlichen Dienst aufgenommen werden.

Verfahrensrichtlinien zur Überprüfung der Verfassungstreue von Bewerbern für den öffentlichen Dienst (Beschluß der Bundesregierung vom 19. Mai 1976)

●●

Bei der Entscheidung, ob ein Bewerber die für die Einstellung in den öffentlichen Dienst erforderliche Gewähr der Verfassungstreue bietet, sollen einheitlich folgende Verfahrensgrundsätze angewendet werden:

1. Die Einstellungsbehörden sind verpflichtet, Bedenken, die gegen die Einstellung eines Bewerbers sprechen, und die dafür erheblichen Tatsachen schriftlich mitzuteilen.
2. Der Bewerber hat das Recht, sich hierzu mündlich oder schriftlich zu äußern.
3. Findet ein Anhörungsgespräch statt, ist ein Protokoll zu führen. Dem Bewerber ist auf Antrag Einsicht zu gewähren.
4. Die Mitwirkung eines Rechtsbeistands ist auf Antrag des Bewerbers zu gestatten. Sie ist auf die Beratung des Bewerbers und auf Verfahrensfragen zu beschränken
5. Die Entscheidungszuständigkeit in den Fällen, in denen die Eignung des Bewerbers nicht festgestellt werden kann, liegt bei der obersten Dienstbehörde, das heißt grundsätzlich bei dem politisch verantwortlichen Minister oder der Landesregierung.
6. Ablehnende Entscheidungen dürfen nur auf gerichtsverwertbare Tatsachen gestützt werden.
7. Dem Bewerber ist die Ablehnungsbegründung unter Angabe der hierfür maßgeblichen Tatsachen, jedenfalls auf seinen Antrag hin, schriftlich mitzuteilen. Der Bescheid enthält eine Rechtsmittelbelehrung.
8. Die für den Verfassungsschutz zuständigen Ressorts stellen sicher, daß den anfrageberechtigten Stellen nur solche (gerichtsverwertbaren oder vorhaltbaren) Tatsachen mitgeteilt werden, die Zweifel an der Verfassungstreue eines Bewerbers begründen können.

●●

Arbeitsvorschlag 22

Überlegen Sie, welche Auswirkungen die Praxis der politischen Überprüfung sämtlicher Bewerber im öffentlichen Dienst und der Sammlung und Auswertung von möglicherweise belastendem Material über die Bevölkerung der Bundesrepublik durch die Verfassungsschutzbehörden hat.

Denken Sie dabei an folgende Aspekte:

- Welche Informationen werden vom Verfassungsschutz gesammelt?
- Erfahren die Betroffenen davon? Können sie sich gegen falsche Infor-

mationen wehren? Besteht die Möglichkeit, Eintragungen löschen zu lassen?

- Wie bekommt der Verfassungsschutz seine Informationen? Wie hoch ist die Gefahr von Bespitzelungen und Denunziationen einzuschätzen? Unterliegt der Verfassungsschutz selbst einer demokratischen Kontrolle?
- Welche Konsequenzen könnte die Praxis für die Atmosphäre in Schulen und Hochschulen, für die Bereitschaft der Bürger zum kritischen Engagement, für das Vertrauen der Bevölkerung in Polizei und Verwaltung haben?

Dritter Teil: Das Rechtsstaatsprinzip

A. Die Elemente des Rechtsstaatsprinzips

In Art. 20 GG ist die Bundesrepublik Deutschland als «demokratischer und sozialer Bundesstaat» bezeichnet. Art. 20 enthält dagegen nicht das Wort «Rechtsstaat». Trotzdem ist das Rechtsstaatsprinzip im Grundgesetz vor allem in diesem Artikel normiert. Denn die in Art. 20 Abs. 2 niedergelegte Gewaltenteilung und die in Art. 20 Abs. 3 niedergelegte Bindung der Verwaltung und der Rechtsprechung an die Gesetze sind zwei der wichtigsten Elemente des Rechtsstaates. Art. 28 GG spricht dann auch von den «Grundsätzen des republikanischen, demokratischen und sozialen Rechtsstaates im Sinne dieses Grundgesetzes».

Wie viele andere Verfassungsgrundsätze des Grundgesetzes ist auch und gerade das Rechtsstaatsprinzip in seiner Tragweite nur auf dem Hintergrund seiner historischen Entwicklung zu verstehen. Zuerst tauchte der Begriff des Rechtsstaats zu Beginn des 19. Jahrhunderts auf und kennzeichnete einen Staat, der die bürgerlichen Freiheitsrechte respektiert und organisiert. Unter dem Einfluß von Aufklärung und idealistischer Philosophie war dieser Begriff zur Waffe des aufstrebenden Bürgertums gegen den absoluten Feudalstaat geworden. Mit der Forderung nach Rechtsstaatlichkeit wollte sich das Besitzbürgertum gegen willkürliche, unkontrollierte Eingriffe der Fürsten in seinen privaten und wirtschaftlichen Bereich schützen und zielte auf die Ablösung ständischer Vorrechte durch die bürgerlichen Freiheits- und Gleichheitsrechte und deren Sicherung durch Volksparlamente und unabhängige Gerichte.

In dieser Zeit entstanden grundlegende Forderungen, die auch heute noch als wesentliche Elemente der Rechtsstaatlichkeit gelten. Dazu gehörte:

1. Die Gewährleistung individueller Grundrechte durch den Staat. In die Grundrechte, vor allem in «Eigentum und Freiheit», wie die Kurzformel lautet, darf die Verwaltung nicht auf Grund eigener Machtvollkommenheit sondern – wenn überhaupt – nur auf Grund eines Gesetzes eingreifen.
2. Dieses zweite Element des Rechtsstaatsprinzips, die «Herrschaft des Gesetzes», sollte die Kontrolle des Bürgertums, das sich im Parlament repräsentiert sah, über die staatliche Verwaltung sichern und es vor unkontrollierten Eingriffen schützen.
3. Dieses System wollte man durch eine richterliche Gewalt sichern, die

unabhängig von der Exekutive und unabhängig von der Gesetzgebung allen Bürgern zugänglich sein sollte.

4. Schließlich wurde zum Rechtsstaatsprinzip die Teilung und Trennung der drei Gewalten Legislative (Gesetzgebung), Exekutive (Regierung, Verwaltung) und Jurisdiktion (Rechtsprechung) gerechnet.

Das System der Rechtsstaatlichkeit wurde später im einzelnen verfeinert und ergänzt. So rechnet man dazu heute unter anderem:

- das Verbot widerspruchsvoller und unklarer Gesetze,
- das Verbot rückwirkender belastender Gesetze (im Strafrecht: nulla poena sine lege – Art. 103 Abs. 2 GG),
- die Bindung der Verwaltung an das Prinzip der Verhältnismäßigkeit des Mittels,
- das Recht des durch den Staat in seinen Rechten verletzten Bürgers auf gerichtliche Kontrolle (Art. 19 Abs. 4 GG) und insgesamt
- die Forderung nach Vorausberechenbarkeit, Meßbarkeit und Kontrollierbarkeit allen staatlichen Handelns.

Dieser «formale» Rechtsstaat allein reicht nicht aus, um die Rechte aller Bürger zu schützen. Im Gegenteil, er kann auch eine Gefahr sein. Denn hierdurch ist etwa die Verwaltung an jedes Gesetz gebunden, sei es im Einzelfall gerecht oder ungerecht. Die mögliche Ungerechtigkeit eines jeden allgemeingültigen Gesetzes wird deutlich in dem berühmten Satz von Anatole France: «Die majestätische Gleichheit der Gesetze verbietet es Armen und Reichen gleichermaßen, unter den Brücken zu schlafen, auf den Straßen zu betteln und Brot zu stehlen.»

Die Berufung auf ein formal rechtmäßig erlassenes Gesetz könnte – wie in der Geschichte nicht selten – zur Legitimation staatlicher Ungerechtigkeit werden. Deshalb kann das Rechtsstaatspostulat, will es nicht lediglich formale Regeln enthalten, neben der Forderung nach Rechtssicherheit auf einen Begriff materieller Gerechtigkeit nicht verzichten. Dies ist gemeint, wenn Art. 28 GG vom «demokratischen und sozialen Rechtsstaat» spricht. Rechtsstaat und soziale Gerechtigkeit ist demnach nur möglich in einer Demokratie. Das Gegenteil des Rechtsstaates ist die Diktatur.

B. Die Sicherung der Grundrechte

Ein wichtiges Zeichen für Rechtsstaatlichkeit ist die Gewährleistung von individuellen Grundrechten. Der Inhalt eines Grundrechtes ergibt sich nicht nur aus seiner Formulierung in der Verfassung, sondern vor allem auch aus Gesetzen, die seinen Geltungsbereich konkretisieren, und aus deren tatsächlicher Anwendung in der Praxis. Im folgenden sind einige *Bestimmungen des Grundgesetzes und der Strafprozeßordnung* (StPO) abgedruckt, die der *Sicherung des Grundrechtes der persönlichen Freiheit und der Unverletzlichkeit der Wohnung* dienen sollen.

●●

Art. 2 GG (Freiheitsrechte)
(1) Jeder hat das Recht auf freie Entfaltung seiner Persönlichkeit, soweit er nicht die Rechte anderer verletzt und nicht gegen die verfassungsmäßige Ordnung oder das Sittengesetz verstößt.

(2) Jeder hat das Recht auf Leben und körperliche Unversehrtheit. Die Freiheit der Person ist unverletzlich. In diese Rechte darf nur auf Grund eines Gesetzes eingegriffen werden.

Art. 104 GG (Rechtsgarantien bei Freiheitsentziehung)
(1) Die Freiheit der Person kann nur auf Grund eines förmlichen Gesetzes und nur unter Beachtung der darin vorgeschriebenen Formen beschränkt werden. Festgehaltene Personen dürfen weder seelisch noch körperlich mißhandelt werden.

(2) Über die Zulässigkeit und Fortdauer einer Freiheitsentziehung hat nur der Richter zu entscheiden. Bei jeder nicht auf richterliche Anordnung beruhenden Freiheitsentziehung ist unverzüglich eine richterliche Entscheidung herbeizuführen. Die Polizei darf aus eigener Machtvollkommenheit niemanden länger als bis zum Ende des Tages nach dem Eingreifen in eigenem Gewahrsam halten. Das Nähere ist gesetzlich zu regeln.

(3) Jeder wegen des Verdachtes einer strafbaren Handlung vorläufig Festgenommene ist spätestens am Tage nach der Festnahme dem Richter vorzuführen, der ihm die Gründe der Festnahme mitzuteilen, ihn zu vernehmen und ihm Gelegenheit zu Einwendungen zu geben hat. Der Richter hat unverzüglich entweder einen mit Gründen versehenen schriftlichen Haftbefehl zu erlassen oder die Freilassung anzuordnen.

(4) Von jeder richterlichen Entscheidung über die Anordnung oder Fortdauer einer Freiheitsentziehung ist unverzüglich ein Angehöriger des Festgehaltenen oder eine Person seines Vertrauens zu benachrichtigen.

§ 127 StPO (Vorläufige Festnahme)
(1) Wird jemand auf frischer Tat betroffen oder verfolgt, so ist, wenn er der Flucht verdächtig ist oder seine Persönlichkeit nicht sofort festgestellt werden kann, jedermann befugt, ihn auch ohne richterlichen Befehl vorläufig festzunehmen.

(2) Die Staatsanwaltschaft und die Polizeibeamten sind bei Gefahr im Verzug auch dann zur vorläufigen Festnahme befugt, wenn die Voraussetzungen eines Haftbefehls oder eines Unterbringungsbefehls vorliegen.

(3) Ist eine Straftat nur auf Antrag verfolgbar, so ist die vorläufige Festnahme nur dann zulässig, wenn ein Antrag noch nicht gestellt ist. Dies gilt entsprechend, wenn eine Straftat nur mit Ermächtigung oder auf Strafverlangen verfolgbar ist.

§ 127a StPO (Absehen von der Festnahme)

(1) Hat der Beschuldigte im Geltungsbereich dieses Gesetzes keinen festen Wohnsitz oder Aufenthalt und liegen die Voraussetzungen eines Haftbefehls nur wegen Fluchtgefahr vor, so kann davon abgesehen werden, seine Festnahme anzuordnen oder aufrechtzuerhalten, wenn

1. nicht damit zu rechnen ist, daß wegen der Tat eine Freiheitsstrafe verhängt oder eine freiheitsentziehende Maßregel der Besserung und Sicherung angeordnet wird und
2. der Beschuldigte eine angemessene Sicherheit für die zu erwartende Geldstrafe und die Kosten des Verfahrens leistet.

§ 128 StPO (Vorführung vor den Richter)

(1) Der Festgenommene ist, sofern er nicht wieder in Freiheit gesetzt wird, unverzüglich, spätestens am Tage nach der Festnahme, dem Richter bei dem Amtsgericht, in dessen Bezirk er festgenommen worden ist, vorzuführen. Der Richter vernimmt den Vorgeführten gemäß § 115 Abs. 3.

(2) Hält der Richter die Festnahme nicht für gerechtfertigt oder ihre Gründe für beseitigt, so ordnet er die Freilassung an. Andernfalls erläßt er auf Antrag der Staatsanwaltschaft oder, wenn ein Staatsanwalt nicht erreichbar ist, von Amts wegen einen Haftbefehl oder einen Unterbringungsbefehl. § 115 Abs. 4 gilt entsprechend.

§ 135 StPO (Sofortige Vernehmung)

Der Beschuldigte ist unverzüglich dem Richter vorzuführen und von diesem zu vernehmen. Er darf auf Grund des Vorführungsbefehls nicht länger festgehalten werden als bis zum Ende des Tages, der dem Beginn der Vorführung folgt.

§ 136 StPO (Erste Vernehmung)

(1) Bei Beginn der ersten Vernehmung ist dem Beschuldigten zu eröffnen, welche Tat ihm zur Last gelegt wird und welche Strafvorschriften in Betracht kommen. Er ist darauf hinzuweisen, daß es ihm nach dem Gesetz freistehe, sich zu der Beschuldigung zu äußern oder nicht zur Sache auszusagen und jederzeit, auch schon vor seiner Vernehmung, einen von ihm zu wählenden Verteidiger zu befragen. Er ist ferner darüber zu belehren, daß er zu seiner Entlastung einzelne Beweiserhebungen beantragen kann. In geeigneten Fällen soll der Beschuldigte auch darauf hingewiesen werden, daß er sich schriftlich äußern kann.

(2) Die Vernehmung soll dem Beschuldigten Gelegenheit geben, die gegen ihn vorliegenden Verdachtsgründe zu beseitigen und die zu seinen Gunsten sprechenden Tatsachen geltend zu machen.

(3) Bei der ersten Vernehmung des Beschuldigten ist zugleich auf die Ermittlung seiner persönlichen Verhältnisse Bedacht zu nehmen.

§ 136a StPO (Verbotene Vernehmungsmethoden)
(1) Die Freiheit der Willensentschließung und der Willensbetätigung des Beschuldigten darf nicht beeinträchtigt werden durch Mißhandlung, durch Ermüdung, durch körperlichen Eingriff, durch Verabreichung von Mitteln, durch Quälerei, durch Täuschung oder durch Hypnose. Zwang darf nur angewandt werden, soweit das Strafverfahrensrecht dies zuläßt. Die Drohung mit einer nach seinen Vorschriften unzulässigen Maßnahme und das Versprechen eines gesetzlich nicht vorgesehenen Vorteils sind verboten.

(2) Maßnahmen, die das Erinnerungsvermögen oder die Einsichtsfähigkeit des Beschuldigten beeinträchtigen, sind nicht gestattet.

(3) Das Verbot der Absätze 1 und 2 gilt ohne Rücksicht auf die Einwilligung des Beschuldigten. Aussagen, die unter Verletzung dieses Verbots zustande gekommen sind, dürfen auch dann nicht verwertet werden, wenn der Beschuldigte der Verwertung zustimmt.

§ 112 StPO (Voraussetzungen der Untersuchungshaft; Haftgründe)
(1) Die Untersuchungshaft darf gegen den Beschuldigten angeordnet werden, wenn er der Tat dringend verdächtig ist und ein Haftgrund besteht. Sie darf nicht angeordnet werden, wenn sie zu der Bedeutung der Sache und der zu erwartenden Strafe oder Maßregel der Besserung und Sicherung außer Verhältnis steht.

(2) Ein Haftgrund besteht, wenn auf Grund bestimmter Tatsachen
1. festgestellt wird, daß der Beschuldigte flüchtig ist oder sich verborgen hält,
2. bei Würdigung der Umstände des Einzelfalles die Gefahr besteht, daß der Beschuldigte sich dem Strafverfahren entziehen werde (Fluchtgefahr), oder
3. das Verhalten des Beschuldigten den dringenden Verdacht begründet, er werde
   a) Beweismittel vernichten, verändern, beiseite schaffen, unterdrücken oder fälschen oder
   b) auf Mitbeschuldigte, Zeugen oder Sachverständige in unlauterer Weise einwirken oder
   c) andere zu solchem Verhalten veranlassen,

   und wenn deshalb die Gefahr droht, daß die Ermittlung der Wahrheit erschwert werde (Verdunklungsgefahr). ...

§ 113 StPO (Voraussetzungen bei leichteren Taten)
(1) Ist die Tat nur mit Freiheitsstrafe bis zu sechs Monaten oder mit Geldstrafe bis zu einhundertachtzig Tagessätzen bedroht, so darf die Untersuchungshaft wegen Verdunklungsgefahr nicht angeordnet werden.

(2) In diesen Fällen darf die Untersuchungshaft wegen Fluchtgefahr nur angeordnet werden, wenn der Beschuldigte
1. sich dem Verfahren bereits einmal entzogen hatte oder Anstalten zur Flucht getroffen hat,

2. im Geltungsbereich dieses Gesetzes keinen festen Wohnsitz oder Aufenthalt hat oder
3. sich über seine Person nicht ausweisen kann.

§ 114 StPO (Haftbefehl)
(1) Die Untersuchungshaft wird durch schriftlichen Haftbefehl des Richters angeordnet.

(2) In dem Haftbefehl sind anzuführen
1. der Beschuldigte,
2. die Tat, deren er dringend verdächtig ist, Zeit und Ort ihrer Begehung, die gesetzlichen Merkmale der Straftat und die anzuwendenden Strafvorschriften,
3. der Haftgrund sowie
4. die Tatsachen, aus denen sich der dringende Tatverdacht und der Haftgrund ergibt, soweit nicht dadurch die Staatssicherheit gefährdet wird.

(3) Wenn die Anwendung des § 112 Abs. 1 Satz 2 naheliegt oder der Beschuldigte sich auf diese Vorschrift beruft, sind die Gründe dafür anzugeben, daß sie nicht angewandt wurde.

§ 114a (Bekanntgabe des Haftbefehls)
(1) Der Haftbefehl ist dem Beschuldigten bei der Verhaftung bekanntzugeben. Ist dies nicht möglich, so ist ihm vorläufig mitzuteilen, welcher Tat er verdächtig ist. Die Bekanntgabe des Haftbefehls ist in diesem Fall unverzüglich nachzuholen.

(2) Der Beschuldigte erhält eine Abschrift des Haftbefehls.

§ 114b StPO (Benachrichtigung von Angehörigen)
(1) Von der Verhaftung und jeder weiteren Entscheidung über die Fortdauer der Haft wird ein Angehöriger des Verhafteten oder eine Person seines Vertrauens unverzüglich benachrichtigt. Für die Anordnung ist der Richter zuständig.

(2) Außerdem ist dem Verhafteten selbst Gelegenheit zu geben, einen Angehörigen oder eine Person seines Vertrauens von der Verhaftung zu benachrichtigen, sofern der Zweck der Untersuchung dadurch nicht gefährdet wird.

§ 115 StPO (Vorführung vor den zuständigen Richter)
(1) Wird der Beschuldigte auf Grund des Haftbefehls ergriffen, so ist er unverzüglich dem zuständigen Richter vorzuführen.

(2) Der Richter hat den Beschuldigten unverzüglich nach der Vorführung, spätestens am nächsten Tage, über den Gegenstand der Beschuldigung zu vernehmen.

(3) Bei der Vernehmung ist der Beschuldigte auf die ihn belastenden Umstände und sein Recht hinzuweisen, sich zur Beschuldigung zu äußern oder nicht zur Sache auszusagen. Ihm ist Gelegenheit zu geben, die Ver-

dachts- und Haftgründe zu entkräften und die Tatsachen geltend zu machen, die zu seinen Gunsten sprechen.

(4) Wird die Haft aufrechterhalten, so ist der Beschuldigte über das Recht der Beschwerde und die anderen Rechtsbehelfe (§ 117 Abs. 1, 2, § 118 Abs. 1, 2) zu belehren.

§ 116 StPO (Aussetzung des Vollzugs des Haftbefehls)

(1) Der Richter setzt den Vollzug eines Haftbefehls, der lediglich wegen Fluchtgefahr gerechtfertigt ist, aus, wenn weniger einschneidende Maßnahmen die Erwartung hinreichend begründen, daß der Zweck der Untersuchungshaft auch durch sie erreicht werden kann. In Betracht kommen namentlich

1. die Anweisung, sich zu bestimmten Zeiten bei dem Richter, der Strafverfolgungsbehörde oder einer von ihnen bestimmten Dienststelle zu melden.
2. die Anweisung, den Wohn- oder Aufenthaltsort oder einen bestimmten Bereich nicht ohne Erlaubnis des Richters oder der Strafverfolgungsbehörde zu verlassen,
3. die Anweisung, die Wohnung nur unter Aufsicht einer bestimmten Person zu verlassen,
4. die Leistung einer angemessenen Sicherheit durch den Beschuldigten oder einen anderen.

(2) Der Richter kann auch den Vollzug eines Haftbefehls, der wegen Verdunklungsgefahr gerechtfertigt ist, aussetzen, wenn weniger einschneidende Maßnahmen die Erwartung hinreichend begründen, daß sie die Verdunklungsgefahr erheblich vermindern werden. In Betracht kommt namentlich die Anweisung, mit Mitbeschuldigten, Zeugen oder Sachverständigen keine Verbindung aufzunehmen.

(3) Der Richter kann den Vollzug eines Haftbefehls, der nach § 112a erlassen worden ist, aussetzen, wenn die Erwartung hinreichend begründet ist, daß der Beschuldigte bestimmte Anweisungen befolgen und daß dadurch der Zweck der Haft erreicht wird.

(4) Der Richter ordnet in den Fällen der Absätze 1 bis 3 den Vollzug des Haftbefehls an, wenn

1. der Beschuldigte den ihm auferlegten Pflichten oder Beschränkungen gröblich zuwiderhandelt,
2. der Beschuldigte Anstalten zur Flucht trifft, auf ordnungsmäßige Ladung ohne genügende Entschuldigung ausbleibt oder sich auf andere Weise zeigt, daß das in ihn gesetzte Vertrauen nicht gerechtfertigt war, oder
3. neu hervorgetretene Umstände die Verhaftung erforderlich machen.

§ 117 (Haftprüfung)

(1) Solange der Beschuldigte in Untersuchungshaft ist, kann er jederzeit die gerichtliche Prüfung beantragen, ob der Haftbefehl aufzuheben oder dessen Vollzug nach § 116 auszusetzen ist (Haftprüfung).

(2) Neben dem Antrag auf Haftprüfung ist die Beschwerde unzulässig. Das Recht auf Beschwerde gegen die Entscheidung, die auf den Antrag ergeht, wird dadurch nicht berührt.

(3) Der Richter kann einzelne Ermittlungen anordnen, die für die künftige Entscheidung über die Aufrechterhaltung der Untersuchungshaft von Bedeutung sind, und nach Durchführung dieser Ermittlungen eine neue Prüfung vornehmen.

(4) Hat der Beschuldigte noch keinen Verteidiger, so wird ihm ein Verteidiger für die Dauer der Untersuchungshaft bestellt, wenn deren Vollzug mindestens drei Monate gedauert hat und die Staatsanwaltschaft oder der Beschuldigte oder sein gesetzlicher Vertreter es beantragt. Über das Antragsrecht ist der Beschuldigte zu belehren. Die §§ 142, 143 und 145 gelten entsprechend.

(5) Hat die Untersuchungshaft drei Monate gedauert, ohne daß der Beschuldigte die Haftprüfung beantragt oder Haftbeschwerde eingelegt hat, so findet die Haftprüfung von Amts wegen statt, es sei denn, daß der Beschuldigte einen Verteidiger hat.

§ 119 (Vollzug der Untersuchungshaft)

(1) Der Verhaftete darf nicht mit anderen Gefangenen in demselben Raum untergebracht werden. Er ist auch sonst von Strafgefangenen, soweit möglich, getrennt zu halten.

(2) Mit anderen Untersuchungsgefangenen darf er in demselben Raum untergebracht werden, wenn er es ausdrücklich schriftlich beantragt. Der Antrag kann jederzeit in gleicher Weise zurückgenommen werden. Der Verhaftete darf auch dann mit anderen Gefangenen in demselben Raum untergebracht werden, wenn sein körperlicher oder geistiger Zustand es erfordert.

(3) Dem Verhafteten dürfen nur solche Beschränkungen auferlegt werden, die der Zweck der Untersuchungshaft oder die Ordnung in der Vollzugsanstalt erfordert.

(4) Bequemlichkeiten und Beschäftigungen darf er sich auf seine Kosten verschaffen, soweit sie mit dem Zweck der Haft vereinbar sind und nicht die Ordnung in der Vollzugsanstalt stören.

(5) Der Verhaftete darf gefesselt werden, wenn

1. die Gefahr besteht, daß er Gewalt gegen Personen oder Sachen anwendet, oder wenn er Widerstand leistet,
2. er zu fliehen versucht oder wenn bei Würdigung der Umstände des Einzelfalles, namentlich der Verhältnisse des Beschuldigten und der Umstände, die einer Flucht entgegenstehen, die Gefahr besteht, daß er sich aus dem Gewahrsam befreien wird,
3. die Gefahr des Selbstmordes oder der Selbstbeschädigung besteht

und wenn die Gefahr durch keine andere, weniger einschneidende Maßnahme abgewendet werden kann. Bei der Hauptverhandlung soll er ungefesselt sein.

(6) Die nach diesen Vorschriften erforderlichen Maßnahmen ordnet der Richter an. In dringenden Fällen kann der Staatsanwalt, der Anstaltsleiter oder ein anderer Beamter, unter dessen Aufsicht der Verhaftete steht, vorläufige Maßnahmen treffen. Sie bedürfen der Genehmigung des Richters.

§ 120 StPO (Aufhebung des Haftbefehls)
(1) Der Haftbefehl ist aufzuheben, sobald die Voraussetzungen der Untersuchungshaft nicht mehr vorliegen oder sich ergibt, daß die weitere Untersuchungshaft zu der Bedeutung der Sache und der zu erwartenden Strafe oder Maßregel der Besserung und Sicherung außer Verhältnis stehen würde. Er ist namentlich aufzuheben, wenn der Beschuldigte freigesprochen oder die Eröffnung des Hauptverfahrens abgelehnt oder das Verfahren nicht bloß vorläufig eingestellt wird.

(2) Durch die Einlegung eines Rechtsmittels darf eine Freiheit des Beschuldigten nicht aufgehalten werden.

(3) Der Haftbefehl ist auch aufzuheben, wenn die Staatsanwaltschaft es vor Erhebung der öffentlichen Klage beantragt. Gleichzeitig mit dem Antrag kann die Staatsanwaltschaft die Freilassung des Beschuldigten anordnen.

§ 121 StPO (Untersuchungshaft über 6 Monate)
(1) Solange kein Urteil ergangen ist, das auf Freiheitsstrafe oder eine freiheitsentziehende Maßregel der Besserung und Sicherung erkennt, darf der Vollzug der Untersuchungshaft wegen derselben Tat über sechs Monate hinaus nur aufrechterhalten werden, wenn die besondere Schwierigkeit oder der besondere Umfang der Ermittlungen oder ein anderer wichtiger Grund das Urteil noch nicht zulassen und die Fortdauer der Haft rechtfertigen.
(2) In den Fällen des Absatzes 1 ist der Haftbefehl nach Ablauf der sechs Monate aufzuheben, wenn nicht der Vollzug des Haftbefehls nach § 116 ausgesetzt wird oder das Oberlandesgericht die Fortdauer der Untersuchungshaft anordnet. . . .

---

2. Bestimmungen zu Eingriffen in die Unverletzlichkeit der Wohnung und in das Eigentum

---

Art. 13 GG (Unverletzlichkeit der Wohnung)
(1) Die Wohnung ist unverletzlich.

(2) Durchsuchungen dürfen nur durch den Richter, bei Gefahr im Verzuge auch durch die in den Gesetzen vorgesehenen anderen Organe angeordnet und nur in der dort vorgeschriebenen Form durchgeführt werden.

(3) Eingriffe und Beschränkungen dürfen im übrigen nur zur Abwehr

einer gemeinen Gefahr oder einer Lebensgefahr für einzelne Personen, auf Grund eines Gesetzes auch zur Verhütung dringender Gefahren für die öffentliche Sicherheit und Ordnung, insbesondere zur Behebung der Raumnot, zur Bekämpfung von Seuchengefahr oder zum Schutze gefährdeter Jugendlicher vorgenommen werden.

§ 94 StPO (Gegenstand der Beschlagnahme)
(1) Gegenstände, die als Beweismittel für die Untersuchung von Bedeutung sein können, sind in Verwahrung zu nehmen oder in anderer Weise sicherzustellen.

(2) Befinden sich die Gegenstände in dem Gewahrsam einer Person und werden sie nicht freiwillig herausgegeben, so bedarf es der Beschlagnahme.

(3) Die Absätze 1 und 2 gelten auch für Führerscheine, die der Einziehung unterliegen.

§ 98 StPO (Anordnung der Beschlagnahme)
(1) Beschlagnahmen dürfen nur durch den Richter, bei Gefahr im Verzug auch durch die Staatsanwaltschaft und ihre Hilfsbeamten (§ 152 des Gerichtsverfassungsgesetzes) angeordnet werden. Die Beschlagnahme nach § 97 Abs. 5 Satz 2 in den Räumen der Redaktion, eines Verlages, einer Druckerei oder einer Rundfunkanstalt darf nur durch den Richter angeordnet werden.

(2) Der Beamte, der einen Gegenstand ohne richterliche Anordnung beschlagnahmt hat, soll binnen drei Tagen die richterliche Bestätigung beantragen, wenn bei der Beschlagnahme weder der davon Betroffene noch ein erwachsener Angehöriger anwesend war oder wenn der Betroffene und im Falle seiner Abwesenheit ein erwachsener Angehöriger des Betroffenen gegen die Beschlagnahme ausdrücklichen Widerspruch erhoben hat. Der Betroffene kann jederzeit die richterliche Entscheidung beantragen. Solange die öffentliche Klage noch nicht erhoben ist, entscheidet das Amtsgericht, in dessen Bezirk die Beschlagnahme stattgefunden hat. Hat bereits eine Beschlagnahme, Postbeschlagnahme oder Durchsuchung in einem anderen Bezirk stattgefunden, so entscheidet das Amtsgericht, in dessen Bezirk die Staatsanwaltschaft ihren Sitz hat, die das Ermittlungsverfahren führt. Der Betroffene kann den Antrag auch in diesem Fall bei dem Amtsgericht einreichen, in dessen Bezirk die Beschlagnahme stattgefunden hat. Ist dieses Amtsgericht nach Satz 4 unzuständig, so leitet der Richter den Antrag dem zuständigen Amtsgericht zu. Der Betroffene ist über seine Rechte zu belehren. ...

§ 99 StPO (Postbeschlagnahme)
Zulässig ist die Beschlagnahme der an den Beschuldigten gerichteten Briefe und Sendungen auf der Post sowie der an ihn gerichteten Telegramme auf den Telegraphenanstalten; ebenso ist zulässig an den bezeichneten Orten die Beschlagnahme solcher Briefe, Sendungen und Telegramme, bei denen

Tatsachen vorliegen, aus welchen zu schließen ist, daß sie von dem Beschuldigten herrühren oder für ihn bestimmt sind und daß ihr Inhalt für die Untersuchung Bedeutung hat.

§ 100 StPO (Zuständigkeit)
(1) Zu der Beschlagnahme (§ 99) ist nur der Richter, bei Gefahr im Verzug auch die Staatsanwaltschaft befugt.

(2) Die von der Staatsanwaltschaft verfügte Beschlagnahme tritt, auch wenn sie eine Auslieferung noch nicht zur Folge gehabt hat, außer Kraft, wenn sie nicht binnen drei Tagen von dem Richter bestätigt wird.

(3) Die Öffnung der ausgelieferten Gegenstände steht dem Richter zu. Er kann diese Befugnis der Staatsanwaltschaft übertragen, soweit dies erforderlich ist, um den Untersuchungserfolg nicht durch Verzögerung zu gefährden. Die Übertragung ist nicht anfechtbar; sie kann jederzeit widerrufen werden. Solange eine Anordnung nach Satz 2 nicht ergangen ist, legt die Staatsanwaltschaft die ihr ausgelieferten Gegenstände sofort, und zwar verschlossene Postsendungen ungeöffnet, dem Richter vor.

(4) Über eine von der Staatsanwaltschaft verfügte Beschlagnahme entscheidet der nach § 98 zuständige Richter. Über die Öffnung eines ausgelieferten Gegenstandes entscheidet der Richter, der die Beschlagnahme angeordnet oder bestätigt hat.

§ 102 StPO (Durchsuchung beim Verdächtigen)
Bei dem, welcher als Täter oder Teilnehmer einer Straftat oder der Begünstigung, Strafvereitelung oder Hehlerei verdächtig ist, kann eine Durchsuchung der Wohnung und anderer Räume sowie seiner Person und der ihm gehörenden Sachen sowohl zum Zweck seiner Ergreifung als auch dann vorgenommen werden, wenn zu vermuten ist, daß die Durchsuchung zur Auffindung von Beweismitteln führen werde.

§ 103 StPO (Durchsuchung bei anderen Personen)
(1) Bei anderen Personen sind Durchsuchungen nur zur Ergreifung des Beschuldigten oder zur Verfolgung von Spuren einer Straftat oder zur Beschlagnahme bestimmter Gegenstände und nur dann zulässig, wenn Tatsachen vorliegen, aus denen zu schließen ist, daß die gesuchte Person, Spur oder Sache sich in den zu durchsuchenden Räumen befindet.

(2) Diese Beschränkung gilt nicht für Räume, in denen der Beschuldigte ergriffen worden ist oder die er während der Verfolgung betreten hat.

§ 104 StPO (Nächtliche Haussuchung)
(1) Zur Nachtzeit dürfen die Wohnung, die Geschäftsräume und das befriedete Besitztum nur bei Verfolgung auf frischer Tat oder bei Gefahr im Verzug oder dann durchsucht werden, wenn es sich um die Wiederergreifung eines entwichenen Gefangenen handelt.

(2) Diese Beschränkung gilt nicht für Räume, die zur Nachtzeit jeder-

mann zugänglich oder die der Polizei als Herbergen oder Versammlungsorte bestrafter Personen, als Niederlagen von Sachen, die mittels Straftaten erlangt sind, oder als Schlupfwinkel des Glücksspiels, des unerlaubten Betäubungsmittel- und Waffenhandels oder der Prostitution bekannt sind.

(3) Die Nachtzeit umfaßt in dem Zeitraum vom ersten April bis dreißigsten September die Stunden von neun Uhr abends bis vier Uhr morgens und in dem Zeitraum vom ersten Oktober bis einunddreißigsten März die Stunden von neun Uhr abends bis sechs Uhr morgens.

§ 105 StPO (Anordnung; Ausführung)

(1) Durchsuchungen dürfen nur durch den Richter, bei Gefahr im Verzug auch durch den Staatsanwalt und ihre Hilfsbeamten (§ 152 des Gerichtsverfassungsgesetzes) angeordnet werden.

(2) Wenn eine Durchsuchung der Wohnung, der Geschäftsräume oder des befriedeten Besitztums ohne Beisein des Richters oder des Staatsanwaltes stattfindet, so sind, wenn möglich, ein Gemeindebeamter oder zwei Mitglieder der Gemeinde, in deren Bezirk die Durchsuchung erfolgt, zuzuziehen. Die als Gemeindemitglieder zugezogenen Personen dürfen nicht Polizeibeamte oder Hilfsbeamte der Staatsanwaltschaft sein.

(3) Wird eine Durchsuchung in einem Dienstgebäude oder einer nicht allgemein zugänglichen Einrichtung oder Anlage der Bundeswehr erforderlich, so wird die vorgesetzte Dienststelle der Bundeswehr um ihre Durchführung ersucht. Die ersuchende Stelle ist zur Mitwirkung berechtigt. Des Ersuchens bedarf es nicht, wenn die Durchsuchung von Räumen vorzunehmen ist, die ausschließlich von anderen Personen als Soldaten bewohnt werden.

§ 106 StPO (Zuziehung des Inhabers)

(1) Der Inhaber der zu durchsuchenden Räume oder Gegenstände darf der Durchsuchung beiwohnen. Ist er abwesend, so ist, wenn möglich, sein Vertreter oder ein erwachsener Angehöriger, Hausgenosse oder Nachbar zuzuziehen.

(2) Dem Inhaber oder der in dessen Abwesenheit zugezogenen Person ist in den Fällen des § 103 Abs. 1 der Zweck der Durchsuchung vor deren Beginn bekanntzumachen. Diese Vorschrift gilt nicht für die Inhaber der in §104 Abs. 2 bezeichneten Räume.

§ 107 StPO (Mitteilung, Verzeichnis)

Dem von der Durchsuchung Betroffenen ist nach deren Beendigung auf Verlangen eine schriftliche Mitteilung zu machen, die den Grund der Durchsuchung (§§ 102, 103) sowie im Falle des § 102 die Straftat bezeichnen muß. Auch ist ihm auf Verlangen ein Verzeichnis der in Verwahrung oder in Beschlag genommenen Gegenstände, falls aber nichts Verdächtiges gefunden wird, eine Bescheinigung hierüber zu geben.

§ 108 StPO (Beschlagnahme anderer Gegenstände)
Werden bei Gelegenheit einer Durchsuchung Gegenstände gefunden, die zwar in keiner Beziehung zu der Untersuchung stehen, aber auf die Verübung einer anderen Straftat hindeuten, so sind sie einstweilen in Beschlag zu nehmen. Der Staatsanwaltschaft ist hiervon Kenntnis zu geben.

§ 109 StPO (Kennzeichnung beschlagnahmter Gegenstände)
Die in Verwahrung oder in Beschlag genommenen Gegenstände sind genau zu verzeichnen und zur Verhütung von Verwechslungen durch amtliche Siegel oder in sonst geeigneter Weise kenntlich zu machen.

§ 110 StPO (Durchsicht von Papieren)
(1) Die Durchsicht der Papiere des von der Durchsuchung Betroffenen steht der Staatsanwaltschaft zu.

(2) Andere Beamte sind zur Durchsicht der aufgefundenen Papiere dann befugt, wenn der Inhaber die Durchsicht genehmigt. Andernfalls haben sie die Papiere, deren Durchsicht sie für geboten erachten, in einem Umschlag, der in Gegenwart des Inhabers mit dem Amtssiegel zu verschließen ist, an die Staatsanwaltschaft abzuliefern.

(3) Dem Inhaber der Papiere oder dessen Vertreter ist die Beidrückung seines Siegels gestattet; auch ist er, falls demnächst die Entsiegelung und Durchsicht der Papiere angeordnet wird, wenn möglich, zur Teilnahme aufzufordern.

Arbeitsvorschlag 23

Untersuchen Sie diese Bestimmungen unter vier Gesichtspunkten:

1. Inwiefern sichern sie die Freiheit der Person und die Unverletzlichkeit der Wohnung gegen willkürliche Übergriffe von Verwaltung und Polizei?
2. Inwiefern greifen sie selbst in die Freiheit der Person beziehungsweise die Unverletzlichkeit der Wohnung ein?
3. Welches ist die Funktion der Gerichte (des Richters)?
4. Sichern sie die Rechte der Betroffenen oder ermöglichen sie staatliche Eingriffe in diese Rechte?

Untersuchen Sie eine polizeiliche Festnahme oder Wohnungsdurchsuchung, von der Sie in der Zeitung gelesen haben, an Hand dieser gesetzlichen Bestimmungen. Versuchen Sie, diese Maßnahme unter rechtsstaatlichen Gesichtspunkten zu beurteilen.

C. Gerichtliche Überprüfung staatlicher Maßnahmen

Ein wirksamer Schutz des Bürgers gegen Verletzungen seiner Grundrechte durch den Staat und die Behörden ist nur möglich, wenn er sich gegen solche Verletzungen zur Wehr setzen kann. Deshalb bestimmt Art. 19 Abs. 4 GG: «Wird jemand durch die öffentliche Gewalt in seinen Rechten verletzt, so steht ihm der Rechtsweg offen». Wer also glaubt, durch eine staatliche Maßnahme in seinen Rechten verletzt worden zu sein, kann diese Maßnahme durch ein Gericht überprüfen lassen. Eine solche umfassende Rechtskontrolle durch ungehinderten Zugang zu den Gerichten zählt zu den Grundelementen des Rechtsstaatsprinzips.

Die Frage des ungehinderten Zugangs zu Gerichten hat in einem bekannten Verfahren vor dem Bundesverfassungsgericht eine maßgebliche Rolle gespielt. Dem Prozeß lag folgender Sachverhalt zugrunde:

Der Bundestag und der Bundesrat hatten im Jahre 1968 im Rahmen der Notstandsgesetzgebung das Verfahren zur Überwachung des Brief-, Post- und Fernmeldeverkehrs durch staatliche Behörden (Staatsanwaltschaft, Polizeibehörden, Verfassungsschutz, Bundesnachrichtendienst, Militärischer Abschirmdienst etc.) neu geregelt.

Die Voraussetzungen der Überwachung wurden in § 100a der Strafprozeßordnung und in Art. 1, §§ 1 bis 3 des Gesetzes zu Art. 10 GG vom 13. August 1968 festgelegt. Im *Gesetz zu Art. 10 GG* heißt es:

●●

---

§ 1

(1) Zur Abwehr von drohenden Gefahren für die freiheitliche demokratische Grundordnung oder den Bestand oder die Sicherheit der in der Bundesrepublik Deutschland stationierten Truppen der nichtdeutschen Vertragsstaaten des Nordatlantikvertrages oder der im Land Berlin anwesenden Truppen einer der Drei Mächte sind die Verfassungsschutzbehörden des Bundes und der Länder, das Amt für Sicherheit der Bundeswehr und der Bundesnachrichtendienst berechtigt, dem Brief-, Post- oder Fernmeldegeheimnis unterliegende Sendungen zu öffnen und einzusehen, sowie den Fernschreibverkehr mitzulesen, den Fernmeldeverkehr abzuhören und auf Tonträger aufzunehmen.

(2) Die Deutsche Bundespost hat der berechtigten Stelle auf Anordnung Auskunft über den Post- und Fernmeldeverkehr zu erteilen, Sendungen, die ihr zur Übermittlung auf dem Post- und Fernmeldeweg anvertraut sind, auszuhändigen, sowie das Abhören des Fernsprechverkehrs und das Mitlesen des Fernschreibverkehrs zu ermöglichen.

§ 2

(1) Beschränkungen nach § 1 dürfen angeordnet werden, wenn tatsächliche Anhaltspunkte für den Verdacht bestehen, daß jemand

1. Straftaten des Friedensverrats oder des Hochverrats (§§ 80 bis 83 des Strafgesetzbuches),
2. Straftaten der Gefährdung des demokratischen Rechtsstaates (§§ 84 bis 86, 87 bis 89 des Strafgesetzbuches, § 20 Abs. 1 Nr. 1 bis 4 des Vereinsgesetzes),
3. Straftaten des Landesverrats und der Gefährdung der äußeren Sicherheit (§§ 94 bis 96, 97a bis 100a des Strafgesetzbuches),
4. Straftaten gegen die Landesverteidigung (§§ 109e bis 109g des Strafgesetzbuches) oder
5. Straftaten gegen die Sicherheit der in der Bundesrepublik Deutschland stationierten Truppen der nichtdeutschen Vertragsstaaten des Nordatlantikvertrages oder der im Land Berlin anwesenden Truppen einer der Drei Mächte (§§ 94 bis 96, 98 bis 100, 109e bis 109g des Strafgesetzbuches in Verbindung mit Artikel 7 des Vierten Strafrechtsänderungsgesetzes vom 11. Juni 1957 in der Fassung des Achten Strafrechtsänderungsgesetzes)

plant, begeht oder begangen hat.

(2) Eine Anordnung nach Absatz 1 ist nur zulässig, wenn die Erforschung des Sachverhalts auf andere Weise aussichtslos oder wesentlich erschwert wären. Sie darf sich nur gegen den Verdächtigen oder gegen Personen richten, von denen auf Grund bestimmter Tatsachen anzunehmen ist, daß sie für den Verdächtigen bestimmte oder von ihm herrührende Mitteilungen entgegennehmen oder weitergeben oder daß der Verdächtige ihren Anschluß benutzt.

§ 3

(1) Außer in den Fällen des § 2 dürfen Beschränkungen nach § 1 für Post- und Fernmeldeverkehrsbeziehungen angeordnet werden, die der nach § 5 zuständige Bundesminister mit Zustimmung des Abgeordnetengremiums gemäß § 9 bestimmt. Sie sind nur zulässig zur Sammlung von Nachrichten über Sachverhalte, deren Kenntnis notwendig ist, um die Gefahr eines bewaffneten Angriffs auf die Bundesrepublik Deutschland rechtzeitig zu erkennen und einer solchen Gefahr zu begegnen.

(2) Die durch Maßnahmen nach Absatz 1 erlangten Kenntnisse und Unterlagen dürfen nicht zum Nachteil von Personen verwendet werden. Dies gilt nicht, wenn gegen die Person eine Beschränkung nach § 2 angeordnet ist oder wenn tatsächliche Anhaltspunkte für den Verdacht bestehen, daß jemand eine der in § 2 dieses Gesetzes oder eine andere in § 138 des Strafgesetzbuches genannte Handlung plant, begeht oder begangen hat.

●●

Die Neuregelung war deshalb besonders problematisch, weil sie eine Beschränkung des in Art. 10 GG geschützten Brief-, Post- und Fernmeldegeheimnisses war. Art. 10 GG lautete (bis zu dieser Neuregelung): «Das Briefgeheimnis sowie das Post- und Fernmeldegeheimnis sind unverletzlich. Beschränkungen dürfen nur auf Grund eines Gesetzes angeordnet werden.»

Eine solche Beschränkung wäre rechtsstaatlich nicht so schwerwiegend, wenn dem von einer Überwachungsmaßnahme Betroffenen das Öffnen seiner Post und das Abhören seines Telefons innerhalb angemessener Frist mitgeteilt würde und er dagegen – wie es das Rechtsstaatsprinzip grundsätzlich verlangt – gerichtlich vorgehen könnte.

Gerade dies konnte aber nach der Neuregelung ausgeschlossen werden; Art. 10 GG wurde nämlich durch folgenden Satz ergänzt:

●●

Dient die Beschränkung dem Schutz der freiheitlichen demokratischen Grundordnung oder des Bestandes oder der Sicherung des Bundes oder eines Landes, so kann das Gesetz bestimmen, daß sie dem Betroffenen nicht mitgeteilt wird und daß an die Stelle des Rechtsweges die Nachprüfung durch von der Volksvertretung bestellte Organe und Hilfsorgane tritt.

●●

Diese erste und in der Geschichte der Bundesrepublik Deutschland bisher einzige Durchbrechung des in Art. 19 Abs. 4 GG niedergelegten Prinzips umfassenden Rechtsschutzes für den Bürger wurde in der Öffentlichkeit heftig diskutiert. Die Regierung des Landes Hessen sowie eine Gruppe von Richtern und Rechtsanwälten erhoben Klage beim Bundesverfassungsgericht und beantragten, diese Ergänzung des Grundgesetzes als verfassungswidrig aufzuheben, weil sie dem Rechtsstaatsprinzip und der Menschenwürde widerspreche.

Die Richter des Bundesverfassungsgerichts waren hierzu verschiedener Meinung. Die Mehrheit der Richter hielt die Neuregelung für verfassungsmäßig. Sie waren der Auffassung, der Ausschluß des Rechtsweges für die Betroffenen verstoße weder gegen die Menschenwürde noch gegen das Rechtsstaatsprinzip. Vielmehr sei es für die Effektivität politischer Überwachungsmaßnahmen zwingend erforderlich, daß diese den Betroffenen nicht mitgeteilt würden; sonst hätte die ganze Überwachung keinen Sinn.

In der Begründung des von dieser Mehrheit getragenen *Urteils des Bundesverfassungsgerichts vom 15. Dezember 1970* heißt es unter anderem:

Der Bestand der Bundesrepublik und ihre freiheitliche Verfassungsordnung sind ein überragendes Rechtsgut, zu dessen wirksamen Schutz Grundrechte soweit unbedingt erforderlich eingeschränkt werden können.

Das Neue der durch die Verfassungsänderung eingefügten Vorschrift liegt also nicht eigentlich in der «Beschränkung» des Brief-, Post- und Fernmeldegeheimnisses – diese Beschränkung ist in der «Überwachung» des Brief-, Post- und Telegrafenverkehrs, im «Abhören» von Gesprächen und im Öffnen und Lesen von Briefen zu sehen –, sondern in der zusätzlichen Ermächtigung, dem Betroffenen jene Beschränkungen nicht mitzuteilen und an die Stelle des Rechtsweges die Nachprüfung durch von der Volksvertretung bestellte Organe und Hilfsorgane zu setzen. Der Zusammenhang zwischen diesen besonderen Maßnahmen und den genannten Beschränkungen (Abhören und Briefkontrolle) ist klar. Gegen die Verfassungsordnung und gegen die Sicherheit und den Bestand des Staates gerichtete Bestrebungen, Pläne und Maßnahmen gehen meist von Gruppen aus, die ihre Arbeit tarnen und im Geheimen leisten, die wohlorganisiert sind und in besonderer Weise auf ungestört funktionierende Nachrichtenverbindungen angewiesen sind. Diesem «Apparat» gegenüber kann ein Verfassungsschutz nur wirksam arbeiten, wenn seine Überwachungsmaßnahmen grundsätzlich geheim und deshalb auch einer Erörterung innerhalb eines gerichtlichen Verfahrens entzogen bleiben. Selbst die nachträgliche Offenlegung einer Überwachungsmaßnahme und ihre nachträgliche Erörterung in einem gerichtlichen Verfahren kann für die verfassungsfeindlichen Kräfte Anhaltspunkte für die Arbeitsweise und das konkrete Beobachtungsfeld des Verfassungsschutzes und zur Identifizierung bisher unbekannt gewesener Angehöriger des Verfassungsschutzes liefern und dadurch dessen Wirksamkeit in hohem Maße beeinträchtigen. Die Befugnis, den Betroffenen von einer Abhörmaßnahme nicht in Kenntnis zu setzen und ihre Überprüfung an eine Stelle, die kein Gericht ist, zu verweisen, dient also der Effektivität des Verfassungsschutzes und macht eigentlich das Abhören und Briefeöffnen erst sinnvoll. Art. 10 Abs. 2 Satz 2 GG gestattet also als Beschränkung des Brief-, Post- und Fernmeldegeheimnisses zu Zwecken des Verfassungs- und Staatsschutzes das heimliche, dem Betroffenen auch im nachhinein geheim bleibende und von einem Gericht nicht nachzuprüfende Abhören und Kontrollieren von Telefongesprächen und Funksprüchen, von Fernschreiben, Telegrammen und Briefen.

Hiergegen wandten sich energisch die drei im Gericht überstimmten Richter. Sie hielten die Regelung für verfassungswidrig. In der von ihnen veröffentlichten *abweichenden Stellungnahme* heißt es unter anderem:

●●

Die Rechtsweggarantie des Art. 19 Abs. 4 GG dient dem individuellen Rechtsschutz. Sie gewährleistet, daß jeder durch die öffentliche Gewalt in seinen Rechten Verletzte ein Gericht anrufen kann. Das Wesentliche an dieser verfassungsrechtlichen Regelung liegt darin, daß der Rechtsschutz durch ein sachlich und persönlich unabhängiges, von Exekutive und Legislative getrenntes also neutrales Organ gewährt wird, das bestimmten Kautelen (z. B. ordnungsmäßige Besetzung) unterliegt und selbstverständlich nur nach Anhörung des Betroffenen entscheiden kann. Wenn nun auf Grund der verfassungsändernden Bestimmung «an die Stelle des Rechtsweges die Nachprüfung durch von der Volksvertretung bestellte Organe und Hilfsorgane» tritt, so wird das eigentliche Rechtsschutzsystem ersetzt. Wenn die Bestimmung überhaupt einen Sinn haben soll, so muß sich dieses Ersatz-System von dem normalen «Rechtsweg» unterscheiden. Dies kann nur bedeuten, daß es nicht die Garantien der Unabhängigkeit und Neutralität zu haben und nicht unter dem Zwang eines bestimmten Verfahrens zu stehen braucht. Dieser Unterschied wird noch dadurch ins rechte Licht gerückt, daß Art. 10 Abs. 2 Satz 2 GG auch die Geheimhaltung der Überwachungsmaßnahme ermöglicht.

Im übrigen ist der verfassungsändernden Vorschrift auch keine greifbare Einschränkung des Kreises derjenigen, die überwacht werden dürfen, zu entnehmen. Die Beschränkung kann ganz allgemein angeordnet werden, wann immer es dem Schutz der freiheitlichen demokratischen Grundordnung oder des Bestandes oder der Sicherung des Bundes oder eines Landes dient. Es kann durchaus zweckmäßig erscheinen, den eigentlichen Gefahrenpunkt in der Weise einzukreisen, daß zunächst ein weiter Bereich unter Kontrolle gestellt wird.

Es ist daher ausgeschlossen, Art. 10 Abs. 2 Satz 2 GG restriktiv dahin zu interpretieren, daß er zwingend eine Regelung vorschreibt, nach der das Brief-, Post- und Fernmeldegeheimnis nur in Fällen eines konkreten Verdachts beschränkt werden darf. Seinem Sinn nach schließt er auch eine ausgedehnte Beobachtungsaktion, bei der versuchsweise zahlreiche Stellen überwacht werden, nicht aus.

...

Nach Wortlaut, Sinnzusammenhang und Zweck gestattet Art. 10 Abs. 2 Satz 2 GG mithin, das Brief-, Post- und Fernmeldegeheimnis zu Zwecken des Verfassungs- und Staatsschutzes in einer Weise zu beschränken, die das heimliche, dem Betroffenen auch im nachhinein geheim bleibende und von einem Gericht nicht nachzuprüfende Abhören und Kontrollieren von Telefongesprächen, Fernschreiben, Telegrammen und Briefen ermöglicht. Der Kreis der Betroffenen ist unbegrenzt und nicht auf «Verdächtige» beschränkt.

...

Das BVerfG hat wiederholt von «der rechtsstaatlichen Forderung nach möglichst lückenlosem gerichtlichen Schutz gegen die Verletzung der Rechtssphäre des einzelnen durch Eingriffe der öffentlichen Gewalt» gesprochen. Das kann aber nicht dahin verstanden werden, ein möglichst lückenloser Rechtsschutz brauche nicht gewährt zu werden, wenn dies – aus welchen Gründen auch immer – unmöglich erscheine. Daß der Rechtsschutz möglichst lückenlos sein soll, bedeutet nicht eine Relativierung, es ist vielmehr ein Postulat.

. . .

Der nach Art. 10 Abs. 2 Satz 2 GG mögliche heimliche Eingriff in die Privatsphäre des Bürgers unter Ausschluß des Rechtsweges trifft nicht nur Verfassungsfeinde und Agenten, sondern gleichfalls Unverdächtige und persönlich Unbeteiligte. Auch ihr Telefon kann abgehört, ihre Briefe können geöffnet werden, ohne daß sie jemals etwas davon erfahren und ohne daß sie imstande sind, sich zu rechtfertigen oder – was für die Betroffenen von äußerster Wichtigkeit sein kann – sich aus einer unerwünschten Verstrikkung zu lösen. Mit dieser Behandlung aber wird über das Recht des einzelnen auf Achtung des privaten Bereichs «kurzerhand von Obrigkeits wegen» verfügt, der Bürger zum Objekt staatlicher Gewalt gemacht. Dem kann nicht entgegengehalten werden, der Mensch sei nicht selten Objekt nicht nur der Verhältnisse und der gesellschaftlichen Entwicklung, sondern auch des Rechts, insofern er ohne Rücksicht auf seine Interessen sich fügen müsse. Daß der Bürger der Rechtsordnung unterworfen ist, bedarf keiner Hervorhebung; er wird damit aber keineswegs zum Objekt der Staatsgewalt, sondern bleibt lebendiges Glied der Rechtsgemeinschaft. Die praktischen Beispiele, die das Urteil erwähnt, besagen schon deshalb nichts, weil solche Maßnahmen entweder nicht hinter dem Rücken des Betroffenen vorgenommen werden (etwa die ärztliche Meldung eines Kranken, dem mitgeteilt wird, daß er an einer ansteckenden Krankheit leidet) oder die geschützte Privatsphäre nicht tangieren (etwa beim Abhören des privaten Funkverkehrs, der sozusagen in der Öffentlichkeit der Atmosphäre stattfindet). Vor allem aber kann sich der Bürger in all diesen Fällen, sobald in seinen privaten Bereich eingegriffen wird, zur Wehr setzen; der Rechtsweg steht ihm offen. Der besondere Charakter der nach Art. 10 Abs. 2 Satz 2 GG möglichen Regelung tritt im übrigen durch nichts deutlicher in Erscheinung als dadurch, daß eine Änderung des GG für erforderlich gehalten wurde.

. . .

In dem Urteil (der Mehrheit) wird auf die besondere Bedeutung der grundsätzlichen Entscheidung für die «streitbare Demokratie» hingewiesen, die einen Mißbrauch der Grundrechte zum Kampf gegen die freiheitliche Ordnung und den Bestand des Staates nicht hinnimmt. Niemand wird in Zweifel ziehen, daß der Bestand der Bundesrepublik und ihrer freiheitlichen demokratischen Grundordnung überragende Rechtsgüter darstellen, die es zu schützen und zu verteidigen gilt und denen sich notfalls Freiheitsrechte des einzelnen unterordnen müssen.

Im Falle eines kriegerischen Angriffs und des damit eintretenden – wenn auch möglicherweise länger dauernden, so doch einmal endenden – Ausnahmezustandes werden die Freiheitsrechte des Bürgers vorübergehend sehr weitgehend beschränkt werden müssen und dürfen. Anders liegen die Dinge jedoch, wenn es sich um die Maßnahmen handelt, die in der Normallage im «juristischen Alltag» (Dürig) zum Schutz der staatlichen Ordnung etwa in der Verbrechensbekämpfung oder in der Abwehr subversiver Tätigkeit von Agenten notwendig erscheinen. Hier sind der Einschränkung der Individualrechte Grenzen gesetzt. Denn die «streitbare Demokratie» verteidigt die bestehende rechtsstaatliche Verfassungsordnung, deren integraler Bestandteil die Grundrechte sind. Der Gesetzgeber, auch der verfassungsändernde, hat daher bei Regelung der Gefahrenabwehr – etwa im Bereich der Verbrechensbekämpfung oder der im Wesen nicht anders gearteten Tätigkeit der Geheimdienste – die Rechtsgüter gegeneinander abzuwägen unter Berücksichtigung des Wertes, den das GG den Individualrechten beimißt. Die «Staatsraison» ist kein unbedingt vorrangiger Wert. Verkennt der Gesetzgeber die Schranken, so kehrt die «streitbare Demokratie» sich gegen sich selbst.

...

Die Verfassungsänderung ist «im Hinblick auf die zwangsläufig ziemlich weite Formulierung der Zwecke, die eine nicht anfechtbare Überwachung der Betroffenen rechtfertigen sollten» (vgl. die zu 1b zitierte Begr. des letzten Regierungsentwurfs), um so bedenklicher, als der darin verwirklichte Gedanke im Wege der Verfassungsänderung auch in andere Bereiche übertragen werden kann. So könnte in Art. 2 Abs. 2 Satz 1 GG der einfache Gesetzgeber ermächtigt werden, in Abänderung des § 136a StPO sog. «verschärfte» Vernehmungen zugelassen, wenn dies dem Schutz der Verfassung oder des Bestandes des Staates dienlich wäre. So könnte Art. 13 GG dahin erweitert werden, daß unter bestimmten Voraussetzungen Haussuchungen ohne Zuziehung des Wohnungsinhabers und dritter Person vorgenommen und dabei auch Geheimmikrofone unter Ausschluß des Rechtsweges angebracht werden dürften. Schließlich könnte man sogar daran denken, Art. 104 GG dahin einzuschränken, daß unter gewissen Voraussetzungen an die Stelle der richterlichen Anordnung und Kontrolle eine Kontrolle durch parlamentarische Gremien tritt. Die Gefahr einer solchen Entwicklung mag, in Anbetracht der Erfahrungen seit 1949, fernliegen. Man mag davon ausgehen, daß in einer freiheitlich-rechtsstaatlichen Demokratie alle Normen «korrekt und fair» angewendet und die Geheimdienste entsprechend kontrolliert werden. Ob dies aber für alle Zukunft gesichert ist, und ob der mit der Verfassungsänderung vollzogene erste Schritt auf dem bequemen Weg der Lockerung der bestehenden Bindungen nicht Folgen nach sich zieht, vermag niemand vorauszusehen. Deshalb sind wir der Auffassung, daß die Sperrvorschrift des Art. 79 Abs. 3 GG – zwar nicht extensiv, aber – streng und unnachgiebig ausgelegt und angewandt werden sollte. Sie ist nicht zuletzt dazu bestimmt, schon den Anfängen zu wehren.

●●

Die Mehrheit des Bundesverfassungsgerichts geht in ihrer Entscheidung also von folgenden Überlegungen aus: Die Geheimhaltung der Überwachung dient der Effektivität des Verfassungsschutzes; es könne nicht der Sinn der Verfassung sein, den Verfassungsschutzämtern die Mittel vorzuenthalten, die zur Erfüllung ihres Auftrages nötig sind. Die Minderheit verteidigt dagegen das Prinzip der «rule of law». Der Zweck dürfe nicht das Recht brechen. Effektiver Verfassungsschutz sei notwendig, aber nur im Rahmen der elementaren Verfassungsprinzipien. Anderenfalls könne Verfassungsverteidigung zur Verfassungszerstörung führen.

Arbeitsvorschlag 24

Diskutieren Sie, was von Sinn und Funktion des in Art. 1 Abs. 1 GG niedergelegten Grundsatzes («Die Würde des Menschen ist unantastbar. Sie zu achten und zu schützen ist Verpflichtung aller staatlichen Gewalt.») noch bleibt, wenn die im Verfassungsgerichtsurteil sanktionierte Praxis der Brief-, Post- und Telefonkontrolle zulässig ist. Berücksichtigen Sie dabei folgende Überlegungen, wie Sie der Kölner Verfassungsrechtler Martin Kriele angestellt hat:

«Die Beschränkung des Brief-, Post- und Telefongeheimnisses greift tief in den Persönlichkeitsbereich ein. Jedermann kann unschuldig und ahnungslos in den in § 2 des Gesetzes zu Art. 10 genannten Personenkreis geraten. Jedermann muß deshalb damit rechnen, daß seine Briefe und Ferngespräche den Behörden und Mitgliedern der Kontrollkommissionen bekannt werden.

Wem das nicht gleichgültig ist, der kann sich für Mitteilungen persönlichen Inhalts der Intimform des Briefes oder Telefongesprächs nicht bedienen.

Art. 10 Abs. 2 Satz 2 Grundgesetz und das dazu erlassene Gesetz haben weitreichende Folgen:

- Kein Bürger kann sich jemals Gewißheit darüber verschaffen, ob seine Briefe und Telefongespräche privat geblieben sind. Jedermann, auch der Nichtbetroffene, muß mit dieser Ungewißheit leben.
- Der betroffene Bürger ist wehrloses Objekt der Staatsgewalt. Er kann die eventuelle Rechtswidrigkeit der Beschränkungsmaßnahme oder ihres Vollzugs nicht feststellen lassen. Er hat nicht einmal Anspruch auf rechtliches Gehör.

- Die Behörden brauchen mit einer solchen Klage nicht zu rechnen. Die von der Erwartung einer solchen Klage ausgehende Selbstkontrollwirkung entfällt.
- Die Einschränkungen gelten nicht nur für den Notstandsfall, sondern für die Normallage.»

D. Die Stellung des Bundesverfassungsgerichts

Ein Kernstück des Rechtsstaates ist eine funktionsfähige Rechtspflege. Nur wenn der Bürger gegen eine Rechtsverletzung erfolgreich vor Gericht vorgehen kann, hat sein Recht reale Kraft und steht nicht nur auf dem Papier. Deshalb ist ein Gerichtssystem notwendiger Bestandteil jeder rechtsstaatlichen Ordnung.

In der Bundesrepublik Deutschland gibt es verschiedene Gerichtszweige: die «ordentlichen Gerichte», vor denen Straf- und Zivilverfahren verhandelt werden, die Arbeitsgerichte, die Verwaltungsgerichte, die Sozialgerichte und die Finanzgerichte.

Eine besondere Stellung nimmt das Bundesverfassungsgericht ein. Es entscheidet in letzter Instanz bei Streitigkeiten über die Auslegung des Grundgesetzes. Hierbei steht es sogar unter Umständen über dem Parlament. Denn es kann ein Gesetz, das vom Bundestag beschlossen worden ist, für nichtig und damit ungültig erklären, wenn es der Auffassung ist, dieses Gesetz verstoße gegen die Verfassung.

Diese starke Position des Bundesverfassungsgerichts ist deutlich geworden beim Streit um die Reform des § 218 des Strafgesetzbuches, der die Abtreibung unter Strafe stellt:

Der Bundestag hatte am 18. Juni 1974 mehrheitlich ein Gesetz beschlossen, wonach ein mit Einwilligung der Schwangeren von einem Arzt vorgenommener Schwangerschaftsabbruch nicht nach § 218 StGB strafbar sei, wenn nach der Empfängnis nicht mehr als 12 Wochen verstrichen seien (Fristenregelung).

Eine Anzahl von Bundestagsabgeordneten und mehrere Landesregierungen hielten diese Bestimmung für verfassungswidrig und klagten dagegen vor dem Bundesverfassungsgericht.

Die Mehrheit der Richter des 1. Senats des Bundesverfassungsgerichts folgte ihrer Auffassung. Mit *Urteil vom 25. Januar 1975* wurde die Fristenregelung für verfassungswidrig und damit für nichtig erklärt. Die Leitsätze des Urteils lauten:

1. Das sich im Mutterleib entwickelnde Leben steht als selbständiges Rechtsgut unter dem Schutz der Verfassung (Art. 2 Abs. 2 Satz 1, Art. 1 GG). Die Schutzpflicht des Staates verbietet nicht nur unmittelbare staatliche Eingriffe in das sich entwickelnde Leben, sondern gebietet dem Staat auch, sich schützend und fördernd vor dieses Leben zu stellen.
2. Die Verpflichtung des Staates, das sich entwickelnde Leben in Schutz zu nehmen, besteht auch gegenüber der Mutter.
3. Der Lebensschutz der Leibesfrucht genießt grundsätzlich für die gesamte Dauer der Schwangerschaft Vorrang vor dem Selbstbestimmungsrecht der Schwangeren und darf nicht für eine bestimmte Frist in Frage gestellt werden.
4. Der Gesetzgeber kann die grundsätzlich gebotene rechtliche Mißbilligung des Schwangerschaftsabbruchs auch auf andere Weise zum Ausdruck bringen als mit dem Mittel der Strafdrohung. Entscheidend ist, ob die Gesamtheit der dem Schutz des ungeborenen Lebens dienenden Maßnahmen einen der Bedeutung des zu sichernden Rechtsgutes entsprechenden tatsächlichen Schutz gewährleistet. Im äußersten Falle, wenn der von der Verfassung gebotene Schutz auf keine andere Weise erreicht werden kann, ist der Gesetzgeber verpflichtet, zur Sicherung des sich entwickelnden Lebens das Mittel des Strafrechts einzusetzen.
5. Eine Fortsetzung der Schwangerschaft ist unzumutbar, wenn der Abbruch erforderlich ist, um von der Schwangeren eine Gefahr für ihr Leben oder die Gefahr einer schwerwiegenden Beeinträchtigung ihres Gesundheitszustandes abzuwenden. Darüber hinaus steht es dem Gesetzgeber frei, andere außergewöhnliche Belastungen für die Schwangere, die ähnlich schwer wiegen, als unzumutbar zu werten und in diesen Fällen den Schwangerschaftsabbruch straffrei zu lassen.
6. Das Fünfte Gesetz zur Reform des Strafrechts vom 18. Juni 1974 (BGBl. I S. 1297) ist der verfassungsrechtlichen Verpflichtung, das werdende Leben zu schützen, nicht in dem gebotenen Umfang gerecht geworden.

Das Urteil wurde in der Öffentlichkeit heftig angegriffen; nicht nur, weil es die Fristenregelung für nichtig erklärte, sondern vor allem auch, weil das Bundesverfassungsgericht seine Kompetenzen überschritten hätte. Kennzeichnend dafür ist der *Kommentar von Hans Schueler in Die Zeit vom 28. Februar 1975*:

Wer hätte geglaubt, das Bundesverfassungsgericht könnte seine Funktion, den Gesetzgeber auf die Einhaltung der äußersten Grenzen legislativer Freiheit zu kontrollieren, je so mißverstehen, daß es sich selber zum Sittenwächter der Nation erhöbe? Die beiden überstimmten Richter, Frau Rupp von Brünneck und Helmuth Simon, ahnten die Gefahr schon vor zwei Jahren beim Urteil über das niedersächsische Vorschaltgesetz zur Hochschulreform. Damals warnten sie ihre Kollegen: «Mit dieser Entscheidung» – wonach es verfassungswidrig sei, wenn die Hochschullehrer nur 50 Prozent und nicht mindestens 51 Prozent Stimmen in den Entscheidungsgremien an der Gruppenuniversität hätten – «setzt sich das Bundesverfassungsgericht . . . an die Stelle des Gesetzgebers.» Doch die Mehrheit hörte nicht auf sie und ließ auf die Prozentrechnung in Sachen Wissenschaftsfreiheit nun das Strafdiktat des Staates als vermeintlichen Ausfluß von Lebensrecht und Menschenwürde seiner Bürger folgen.

Damit sind zwei Grundrechte buchstäblich auf den Kopf gestellt, von Freiheitsrechten des einzelnen gegen den Staat zu Eingriffspflichten des Staates gegen den einzelnen umfunktioniert worden. Täuschen wir uns nicht: Das Gericht hat, indem es sich – so Frau Rupp und Herr Simon in ihrem dissenting vote – zur «Schiedsinstanz für die Auswahl zwischen konkurrierenden Gesetzgebungsprojekten» aufwarf, Hand an die Wurzeln seiner Existenz gelegt.

Der aktuelle Streitgegenstand – Fristenlösung oder Indikationenlösung – mag im Zuge naturwissenschaftlichen Fortschritts bald ebenso verblassen, wie sich seinerzeit die Leidenschaften in der Frage der Atombewaffnung und der Notstandsgesetzgebung beruhigt haben . . . Der Streit über Möglichkeiten und Grenzen der Verfassungsgerichtsbarkeit im demokratischen Parteienstaat aber wird nun erst richtig anheben. . . .

Die längst verstummt geglaubten Unkenrufer aus der Ära eines Carl Schmitt werden sich aufs neue mit ihrer alten These zu Wort melden, wonach jede richterliche Kontrolle des Gesetzgebers entweder auf die Juridifizierung der Politik oder auf die Politisierung der Justiz hinauslaufe und beides gleichermaßen von Übel sei. Die Mehrheit der sechs Richter im Ersten Karlsruher Senat hat ihnen mit dem Urteil zu Paragraph 218 dazu frisches Unterfutter geliefert: weniger mit dem Ergebnis als mit den Gründen.

Ist Revision möglich gegen ein Urteil, das angemaßte Gesetzgebungskompetenz in garantierte Gesetzeskraft zu versteinern droht? Der Weg über eine Änderung oder Ergänzung des Grundgesetzes dafür dürfte auf absehbare Zeit versperrt sein. Ein neuer ad-hoc-Beschluß der einfachen Bundestagsmehrheit zugunsten der Fristenlösung aber liefe auf einen Staatsstreich gegen das vom Verfassungsgericht verordnete Naturrecht hinaus. So müssen wir den Dingen wohl noch Weile geben, bis sie von selber reifen.

Arbeitsvorschlag 25

Diskutieren Sie folgende Fragen

1. Ist die starke Stellung des Bundesverfassungsgerichts undemokratisch, weil es Beschlüsse des vom Volke gewählten Parlaments aufheben kann?
2. Besteht insofern ein Widerspruch zwischen dem Rechtsstaatsprinzip, das eine umfassende unabhängige Gerichtsbarkeit fordert, und der Entscheidung des Grundgesetzes zur Demokratie, wonach alle Staatsgewalt vom Volke ausgehen soll?
3. Sind die Richter des Bundesverfassungsgerichtes unabhängig?

Lesen Sie dazu Art. 94 GG und die §§ 1 und 3 bis 5 des Gesetzes über das Bundesverfassungsgericht (BVerfG).

●●

Grundgesetz
Art. 94 (Bundesverfassungsgericht, Zusammensetzung)

(1) Das Bundesverfassungsgericht besteht aus Bundesrichtern und anderen Mitgliedern. Die Mitglieder des Bundesverfassungsgerichtes werden je zur Hälfte vom Bundestage und vom Bundesrate gewählt. Sie dürfen weder dem Bundestage, dem Bundesrate, der Bundesregierung noch entsprechenden Organen eines Landes angehören.

(2) Ein Bundesgesetz regelt seine Verfassung und das Verfahren und bestimmt, in welchen Fällen seine Entscheidungen Gesetzeskraft haben. Es kann für Verfassungsbeschwerden die vorherige Erschöpfung des Rechtsweges zur Voraussetzung machen und ein besonderes Annahmeverfahren vorsehen.

Gesetz über das Bundesverfassungsgericht
§ 1 (Stellung und Sitz des Gerichts)

(1) Das Bundesverfassungsgericht ist ein allen übrigen Verfassungsorganen gegenüber selbständiger und unabhängiger Gerichtshof des Bundes.

(2) Der Sitz des Bundesverfassungsgerichts ist Karlsruhe.

§ 3 (Qualifikation für das Richteramt)

(1) Die Richter müssen das 40. Lebensjahr vollendet haben, zum Bundestag wählbar sein und sich schriftlich bereit erklärt haben, Mitglied des Bundesverfassungsgerichts zu werden.

(2) Sie müssen die Befähigung zum Richteramt nach dem Deutschen Richtergesetz besitzen.

(3) Sie können weder dem Bundestag, dem Bundesrat, der Bundesregierung noch den entsprechenden Organen eines Landes angehören. Mit ihrer Ernennung scheiden sie aus solchen Organen aus.

(4) Mit der richterlichen Tätigkeit ist eine andere berufliche Tätigkeit als die eines Lehrers des Rechts an einer deutschen Hochschule unvereinbar. Die Tätigkeit als Richter des Bundesverfassungsgerichts geht der Tätigkeit als Hochschullehrer vor.

§ 4 (Amtszeit der Richter)

(1) Die Amtszeit der Richter dauert zwölf Jahre, längstens bis zur Altersgrenze.

(2) Eine anschließende oder spätere Wiederwahl der Richter ist ausgeschlossen.

(3) Altersgrenze ist das Ende des Monats, in dem der Richter das 68. Lebensjahr vollendet.

(4) Nach Ablauf der Amtszeit führen die Richter ihre Amtsgeschäfte bis zur Ernennung des Nachfolgers fort.

§ 5 (Wahlorgane)

(1) Die Richter jedes Senats werden je zur Hälfte vom Bundestag und vom Bundesrat gewählt. Von den aus der Zahl der Richter an den obersten Gerichtshöfen des Bundes zu berufenden Richtern werden einer von dem einen, zwei von dem anderen Wahlorgan, von den übrigen Richtern drei von dem einen, zwei von dem anderen Wahlorgan in die Senate gewählt.

(2) Die Richter werden frühestens drei Monate vor Ablauf der Amtszeit ihrer Vorgänger oder, wenn der Bundestag in dieser Zeit aufgelöst ist, innerhalb eines Monats nach dem ersten Zusammentritt des Bundestages gewählt.

(3) Scheidet ein Richter vorzeitig aus, so wird der Nachfolger innerhalb eines Monats von demselben Bundesorgan gewählt, das den ausgeschiedenen Richter gewählt hat.

Vierter Teil
Das Sozialstaatsprinzip

A. Der Sozialstaatsauftrag im Sinne des Grundgesetzes

Das Grundgesetz beschränkt sich nicht darauf, die formalen Elemente von Rechtsstaatlichkeit zu garantieren. Es versucht, durch die Forderung nach einem «demokratischen und sozialen Rechtsstaat» (Art. 20 Abs. 1 GG) einen Weg zu sozialer Gerechtigkeit zu öffnen. Soziale Gerechtigkeit heißt nach Auffassung des Bundesverfassungsgerichts: «annähernd gleichmäßige Förderung aller Bürger und annähernd gleichmäßige Verteilung der Lasten».

Das Bundesverfassungsgericht beschreibt den gesellschaftlichen Prozeß, der zur Erreichung dieses Ziels stattfinden soll, im *Urteil zum Verbot der KPD vom 17. August 1956* folgendermaßen:

●●

«Was jeweils praktisch zu geschehen hat, wird also in ständiger Auseinandersetzung aller an der Gestaltung des sozialen Lebens beteiligter Menschen und Gruppen ermittelt. Dieses Ringen spitzt sich zu einem Kampf um die politische Macht im Staat zu. Aber es erschöpft sich nicht darin. Im Ringen um die Macht spielt sich gleichzeitig ein Prozeß der Klärung und Wandlung dieser Vorstellungen ab. Die schließlich erreichten Entscheidungen werden gewiß mehr den Wünschen und Interessen der einen oder anderen Gruppe oder sozialen Schicht entsprechen: die Tendenz der Ordnung und die in ihr angelegten Möglichkeiten der freien Auseinandersetzung zwischen allen realen und geistigen Kräften wirkt aber – wie noch dargelegt wird – in Richtung auf Ausgleich und Schonung der Interessen aller. Das Gesamtwohl wird eben nicht von vornherein gleichgesetzt mit den Interessen oder Wünschen einer bestimmten Klasse; annähernd gleichmäßige Förderung des Wohles aller Bürger und annähernd gleichmäßige Verteilung der Lasten wird grundsätzlich erstrebt. Es besteht das Ideal der sozialen Demokratie in den Formen des Rechtsstaates.»

●●

Ein solches Modell hat mindestens zwei Voraussetzungen:
1. Die agierenden Gruppen müßten annähernd gleich stark sein.
2. Die Bereitschaft zu Kompromissen muß bei allen Beteiligten vorhanden sein.

Fehlt nur eine dieser beiden Bedingungen, kann das Modell ohne Eingriffe regulierender Art nicht funktionieren. Dann können die klassischen liberalen Grundrechte allein den sozial Schwachen nicht schützen. Denn, wie der 1975 zum Verfassungsrichter gewählte Staatsrechtler Konrad Hesse schreibt:

Für den Arbeitslosen ist Berufsfreiheit nutzlos. Lernfreiheit und freie Wahl der Ausbildungsstätte helfen nur denjenigen, die finanziell in der Lage sind, die gewünschte Ausbildung zu absolvieren, und denen solche Ausbildungsstätten zur Verfügung stehen. Die Garantie des Eigentums hat nur für Eigentümer, die Freiheit der Wohnung nur für diejenigen reale Bedeutung, die eine Wohnung besitzen. Sollen diese und andere Freiheiten mehr sein als Freiheiten ohne Inhalt, so setzen sie auch mehr voraus als ein Verbot staatlicher Eingriffe, nämlich jenes System planender, fördernder und erhaltender Maßnahmen der Wirtschafts- und Sozialpolitik, der Gesundheits- und Familienpolitik, das einen Sozialstaat kennzeichnet.

Der Parlamentarische Rat hat bei der Schaffung des Grundgesetzes darauf verzichtet, zusätzlich einzelne soziale Grundrechte, wie sie die Weimarer Verfassung kannte, zu kodifizieren. Insbesondere nach den Vorstellungen der SPD sollte das soziale Element des neuen Staates vielmehr durch die spätere Gesetzgebung Gestalt gewinnen. Die Möglichkeit beziehungsweise die Grundlage für ein solches späteres politisches Handeln des Gesetzgebers sollte die «Sozialstaatsklausel» des Art. 20 Abs. 1 eröffnen, die in der von Theodor Heuss vorgeschlagenen Formulierung lautet: «Die Bundesrepublik Deutschland ist ein demokratischer und sozialer Bundesstaat.»

An diese Prinzipien wurden auch die Länderverfassungen über Art. 28 Abs. 1 GG gebunden: «Die verfassungsmäßige Ordnung in den Ländern muß den Grundsätzen des republikanischen, demokratischen und sozialen Rechtsstaates im Sinne dieses Grundgesetzes entsprechen.»

Wie in Art. 28 GG, so wird auch durch das Änderungsverbot des Art. 79 GG die besondere Bedeutung des demokratischen Prinzips und der Sozialstaatlichkeit hervorgehoben, die zu den Grundgedanken der Verfassung zählen und ebenso wie das Bekenntnis zur Würde des Menschen aus Art. 1 GG unaufhebbar sein sollen.

Der Begriff des sozialen Rechtsstaates wurde von Hermann Heller, einem Verfassungsrechtler aus der Zeit der Weimarer Republik, geprägt, der ihn als Gegensatz zum liberalen Rechtsstaat und zur faschistischen Diktatur aufgefaßt wissen wollte. Im liberalen Rechtsstaat sind nach Heller die sozialen Verhältnisse und die Verteilung der Güter vorgegeben, während das Wesen des sozialen Rechtsstaates darin besteht, daß die bestehende Sozialordnung als verbesserungsfähig und der Verbesserung bedürftig angesehen wird. Dementsprechend ist der Staat berechtigt und aufgefordert, die Sozial- und Wirtschaftsordnung zu verbessern und fortzuentwickeln beziehungsweise umzugestalten. Die Form, in der der Staat diesen Aufgaben nachkommt, ist bestimmt durch das Demokratiegebot, sowie durch die Bindung an das Recht (Rechtsstaatsgebot).

Entsprechend dem Demokratiegebot wird die inhaltliche Ausgestaltung des Sozialstaatsprinzips der demokratischen Auseinandersetzung der gesellschaftlichen Gruppen unterworfen. In dieser Auseinandersetzung erhalten einige Grundgesetzartikel eine spezifische Bedeutung, vor allem die Grundrechte, die den Staat auch an ein Handeln im Sinne sozialer Verpflichtung binden. In diesem Zusammenhang sind insbesondere die Art. 1–3, 6, 9, 12, 14 und 15 GG zu nennen.

Bei seiner Festlegung auf das Sozialstaatsprinzip hat das Grundgesetz jedoch keine bestimmte Form der Verwirklichung des Sozialstaates vorgegeben. Vielmehr wurde den verschiedenen gesellschaftlichen Gruppen die Freiheit gelassen, im Prozeß demokratischer Willensbildung ihre Vorstellungen auf die Sozialordnung zu übertragen. Der Sozialstaat kann daher nie als fertiges Gebäude betrachtet werden, sondern ist dauernden Veränderungen und Anpassungen an neue gesellschaftliche Realitäten unterworfen.

Arbeitsvorschlag 26

Untersuchen Sie einige der Art. 1–3, 6, 9, 12, 14 und 15 GG im Hinblick auf die mögliche Verpflichtung des Staates zu sozialem Handeln.

Versuchen Sie dabei, einen Bezug herzustellen zu einer oder mehrerer der folgenden Thesen, die der Politikwissenschaftler Hans-Hermann Hartwich als Grundlagen eines seiner Meinung nach mit dem Grundgesetz zu vereinbarenden, alternativen Sozialstaatsmodells formuliert hat:

«1. Eingriff auch in private Vermögenssubstanzen.
2. Kontrolle gesellschaftlicher und wirtschaftlicher Macht.
3. Mitbestimmung, um dem politischen Postulat der Demokratie einen realen Untergrund zu geben und zugleich Selbstentfaltung und Kontrolle der Betroffenen zu praktizieren.
4. Unmittelbar verpflichtende Verantwortung des Staates, der nunmehr demokratisch durchorganisiert ist, für den Ablauf der wirtschaftlichen und gesellschaftlichen Prozesse, d. h. vor allem Planung der Wirtschaft, rationale Setzung von Prioritäten in der Finanzpolitik und Garantie der Vollbeschäftigung.
5. Besondere Förderung der privatwirtschaftlich nicht organisierbaren öffentlichen Aufgaben, vor allem im gesamten Bereich des Bildungswesens.
6. Umfassende und öffentlich garantierte Einrichtungen zur Sicherung gegen Krankheit, Alter und Arbeitslosigkeit.
7. Soziale Hilfen, auf die ein Rechtsanspruch besteht und die von öffentlichen Trägern verantwortet werden.»

Der Grad der Sozialstaatlichkeit wird vor allem deutlich bei der Verteilung staatlicher Mittel. Hier können verschiedene Prioritäten gesetzt werden.

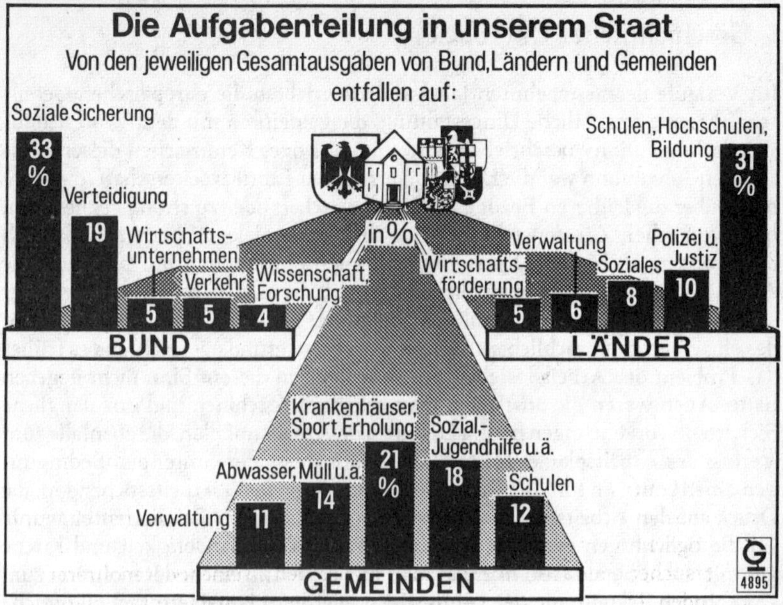

Quelle: Globus-Kartendienst, Hamburg

Entsprechend liegt der Schwerpunkt der Ausgaben eines Staates vielleicht mehr im Bereich des Straßenbaus oder der Sozialen Sicherung, mehr im Bereich des Militärwesens oder des Bildungswesens, mehr im Bereich der Wirtschaftsförderung oder des Umweltschutzes. Nach dem Grundgesetz ist die Bundesrepublik verpflichtet, vor allem auch den Gesichtspunkt der Sozialstaatlichkeit bei der Verteilung staatlicher Mittel zu berücksichtigen.

Arbeitsvorschlag 27

An dem Begriff des Sozialstaates wird besonders deutlich, in welcher Weise das Grundgesetz für verschiedene Interpretationen offen ist. Nehmen Sie unter diesem Gesichtspunkt Stellung zu der Formulierung von Ferdinand Lassalle, zur «wirklichen Verfassung» gehören vor allem die «in einem Lande bestehenden tatsächlichen Machtverhältnisse».

B. Das System der sozialen Sicherung in der Bundesrepublik

I. Geschichtlicher Überblick

Im Verlaufe des neunzehnten Jahrhunderts erlebten die europäischen Gesellschaften eine wesentliche Umgestaltung, die gemeinhin mit dem Wort «Industrielle Revolution» beschrieben wird. Ein wichtiges Kennzeichen dieser industriellen Revolution war die Herausbildung einer Fabrikarbeiterschaft, die nicht mehr über die früheren Bezüge zur Landwirtschaft oder zu streng gegliederten handwerklichen Zünften verfügte. Das Problem sozialer Sicherheit stellte sich damit anders als bisher: Durch ihre Stellung im Produktionsprozeß wurde die Arbeiterschaft bestimmten Risiken ausgesetzt, die eine mehr sich oder weniger selbst versorgende Bauernfamilie nicht kannte. So führte nun Arbeitslosigkeit des einzelnen zu tatsächlichem Verlust der Lebensgrundlage, während es früher das Problem der Arbeitslosigkeit auf dem Land in diesem Sinn nicht gegeben hatte. Auch waren die oft noch unentwickelten Maschinen und unzulängliche Sicherheitsvorkehrungen häufig Ursache von Arbeitsunfällen, die ebenfalls zum Verlust des Arbeitsplatzes führen konnten, insbesondere unter den Bedingungen einer vom Land in die Stadt strömenden Masse von Arbeitssuchenden, die Druck auf den Arbeitsmarkt ausübte. In vorindustriellen Gesellschaften wurde für die Bedürftigen entweder von der Familie oder von Obrigkeit und Kirche gesorgt. Das liberale Gedankengut, daß mit der Französischen Revolution zum Durchbruch gekommen war, wehrte sich allerdings gegen staatliche Eingriffe jeder Art, betonte vielmehr die Selbständigkeit des einzelnen, dem seinerseits nur das zukomme, was er selbst geschaffen habe. Da auch die Familie unter den Bedingungen eines grundsätzlich nicht mehr seßhaften, sondern dem Arbeitsangebot folgenden Lebens nicht mehr die frühere Funktion wahrzunehmen in der Lage war, kann man in der ersten Hälfte des 19. Jahrhunderts eine ungeheure Zunahme sozialen Elends beobachten, die in England bereits in den frühen Jahren des Jahrhunderts zu politischen Protestbewegungen führte.

Frühe Versuche, das soziale Problem zu lösen, waren durch «Versicherungen auf Gegenseitigkeit» der Arbeiter gekennzeichnet, die allerdings in einigen Ländern, etwa Frankreich, auf gesetzliche Verbote stießen. Der erste systematisch wirksame Versuch, das soziale Problem staatlicherseits zu lösen, wurde von Bismarck unternommen.

Unter dem Eindruck einer wachsenden Arbeiterbewegung setzte Bismarck eine Reihe von Gesetzen durch, die neben ihrem eigentlichen Inhalt die Aufgabe haben sollten, die Arbeiterschaft an den Staat zu binden und revolutionäre Bestrebungen zu verhindern. Das nahezu gleichzeitige Verbot der Sozialdemokratischen Partei sollte in dieselbe Richtung wirken. Ein Satz von Bismarck dazu lautete: «Die Herren Demokraten werden vergeblich Flöte blasen, wenn das Volk erkennt, daß der Fürst um sein Wohlergehen besorgt ist.»

Das Bismarcksche Sozialversicherungssystem bestand insbesondere aus drei Elementen:

1. Das *Krankenversicherungsgesetz* von 1883 bestimmte, daß versicherungspflichtige Arbeitnehmer innerhalb eines Zeitraumes von 13 Wochen Anspruch auf freie ärztliche Behandlung sowie auf 50 Prozent ihres Lohnes hatten. Die Kosten wurden zu zwei Dritteln den Arbeitgebern und zu einem Drittel den Arbeitern auferlegt.
2. Die *Unfallversicherung* wurde von den Arbeitgeberverbänden getragen. Sie bestimmte, daß der Arbeiter von der 14. Woche seiner Arbeitsunfähigkeit an ärztliche Versorgung erhielt und bei dauernder Arbeitsunfähigkeit zwei Drittel seines Lohnes als Rente beanpsruchen konnte.
3. Die *Invaliditäts-* und *Altersversicherung* wurde 1889 geregelt. Arbeitgeber, Staat und Arbeitnehmer teilten sich die Kosten der Versicherung, wobei der Staat eine Mindestrente garantierte, die je nach den Beiträgen der Arbeiter und Arbeitgeber erhöht werden konnte.

Der Grundgedanke dieses Systems, mit dem eigentlichen Arbeitsvertrag eine Versicherung der Arbeitskraft zu verbinden, sollte sich im folgenden in anderen europäischen Industrienationen ebenfalls durchsetzen.

Nach dem Ersten Weltkrieg und mit den durch ihn verursachten Umstellungen des Produktionsprozesses wurde dann das Problem der *Arbeitslosigkeit*, das sich in dem weiter entwickelten England schon vorher gestellt hatte, auch in den mitteleuropäischen Ländern zu einem zentralen Problem. In Deutschland hatten bis dahin zum Teil die Gewerkschaften für Arbeitslosenunterstützung gesorgt. Die Ausmaße, die das Problem nun anzunehmen schien, überstiegen aber die Möglichkeiten dieser Organisationen. Nach langen Diskussionen wurde in Deutschland 1927 die Arbeitslosenpflichtversicherung eingeführt, deren Bestand und Funktion allerdings bereits durch die zwei Jahre später einsetzende Weltwirtschaftskrise und die in ihrem Verlauf auftretende Massenarbeitslosigkeit schwer erschüttert wurde. Für einen tatsächlichen Schutz der Betroffenen reichten die Mittel bei weitem nicht aus, vielmehr wurden sie hauptsächlich für Arbeitsvermittlung, Berufsberatung und Berufsausbildung verwendet.

Erst der Plan des britischen Labour-Politikers Beveridge, der während des Zweiten Weltkrieges ausgearbeitet wurde, versuchte das Problem der sozialen Sicherheit umfassend zu lösen. Beveridge ging davon aus, daß es «ein unentschuldbares Ärgernis» sei, wenn allgemeine Not bestünde, und daß es möglich sei, diese aufzuheben, wenn man das Problem planmäßig angehe. In Verbindung mit den Postulaten der Keynesianischen Wirtschaftspolitik sei es möglich, dem Bürger jederzeit ein angemessenes Einkommen zu garantieren. Da dieses Einkommen über den Kauf von Waren wieder neues Einkommen und Arbeitsplätze schaffe, werde hierdurch auch zur Aufrechterhaltung der Vollbeschäftigung beigetragen. Die Haltung, die dem Beveridge-Plan zugrunde lag, schlug sich auch nieder in den Artikeln 22 bis 25 der *Allgemeinen Erklärung der Menschenrechte der Vereinten Nationen vom 10. Dezember 1948*:

Artikel 22 (Soziale Sicherheit)

Jeder Mensch hat als Mitglied der Gesellschaft Recht auf soziale Sicherheit; er hat Anspruch darauf, durch innerstaatliche Maßnahmen und internationale Zusammenarbeit unter Berücksichtigung der Organisation und der Hilfsmittel jedes Staates in den Genuß der für seine Würde und die freie Entwicklung seiner Persönlichkeit unentbehrlichen wirtschaftlichen, sozialen und kulturellen Rechte zu gelangen.

Artikel 23 (Recht auf Arbeit und gleichen Lohn, Koalitionsfreiheit)

1. Jeder Mensch hat das Recht auf Arbeit, auf freie Berufswahl, auf angemessene und befriedigende Arbeitsbedingungen sowie auf Schutz gegen Arbeitslosigkeit.
2. Alle Menschen haben ohne jede unterschiedliche Behandlung das Recht auf gleichen Lohn für gleiche Arbeit.
3. Jeder Mensch, der arbeitet, hat das Recht auf angemessene und befriedigende Entlohnung, die ihm und seiner Familie eine der menschlichen Würde entsprechende Existenz sichert und die, wenn nötig, durch andere soziale Schutzmaßnahmen zu ergänzen ist.
4. Jeder Mensch hat das Recht, zum Schutze seiner Interessen Berufsvereinigungen zu bilden und solchen beizutreten.

Artikel 24 (Erholung und Freizeit)

Jeder Mensch hat Anspruch auf Erholung und Freizeit sowie auf eine vernünftige Begrenzung der Arbeitszeit und auf periodischen, bezahlten Urlaub.

Artikel 25 (Soziale Betreuung)

1. Jeder Mensch hat Anspruch auf eine Lebenshaltung, die seine und seiner Familie Gesundheit und Wohlbefinden einschließlich Nahrung, Kleidung, Wohnung, ärztlicher Betreuung und der notwendigen Leistungen der sozialen Fürsorge gewährleistet; er hat das Recht auf Sicherheit im Falle von Arbeitslosigkeit, Krankheit, Invalidität, Verwitwung, Alter oder von anderweitigem Verlust seiner Unterhaltsmittel durch unverschuldete Umstände.
2. Mutter und Kind haben Anspruch auf besondere Hilfe und Unterstützung. Alle Kinder, eheliche und uneheliche, genießen den gleichen sozialen Schutz.

Obgleich das Grundgesetz solche Bestimmungen nicht enthält, hat die Anerkennung dieses Grundsatzes auch in der Bundesrepublik zur Ausbildung eines umfangreichen Systems der sozialen Sicherung geführt. Ein wirksamer Ausbau der bereits vorhandenen Teile eines solchen Systems begann auf Grund der Kriegsfolgen erst ab 1954.

II. Das heutige System sozialer Sicherung

Die Bedeutung des Sytems sozialer Sicherung in der Bundesrepublik Deutschland wird ersichtlich, wenn man sich vor Augen hält, daß der Bundesminister für Arbeit und Sozialordnung für 1982 damit rechnet, daß 30,4 Prozent des Bruttosozialproduktes (der Wertschöpfung der gesamten Volkswirtschaft) für Sozialausgaben benötigt werden würden. Damit steht die Bundesrepublik im Vergleich mit anderen Industrienationen mit an der Spitze der Sozialleistungen.

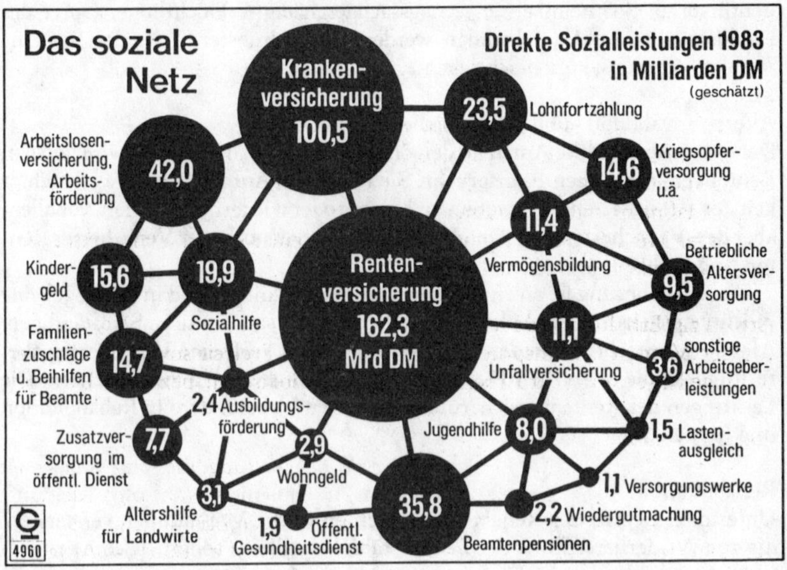

Quelle: Globus-Kartendienst, Hamburg

In den *Materialien zum Bericht zur Lage der Nation 1971* der Bundesregierung findet sich folgende Definition:

Als Systeme der sozialen Sicherung werden (...) jene Einrichtungen und Maßnahmen verstanden, die auf Grund gesetzlicher Vorschriften oder sonstiger staatlicher Normen dazu dienen, bei besonderen als sozial anerkannten Tatbeständen wie Krankheit, Mutterschaft, Familiengröße und Tod

- den Ausfall von Erwerbseinkommen durch Geldleistungen zumindest teilweise auszugleichen und/oder
- durch die Gewährung von Dienst-, Sach- und Geldleistungen eine zusätzliche finanzielle Belastung der von diesen Tatbeständen betroffenen Personen weitgehend einzuschränken bzw.
- den Eintritt der genannten Schadensfälle möglichst zu verhindern.

●●

Die Leistungen, die dabei erbracht werden, beziehen sich auf die Bereiche Altersversorgung; Invalidität; Krankheit, Mutterschaft und Unfall; Familie; Erwerbsrisiken; Sozialhilfe, Sozialfürsorge; Sonstige Leistungen (Vertriebenenfürsorge, Spätheimkehrer, Kriegssachgeschädigte, Flüchtlinge, Opfer des Faschismus u. ä.). Im folgenden werden die wichtigsten Teile des Systems sozialer Sicherung kurz beschrieben:

Alters-, Invaliditäts- und Hinterbliebenenversicherung
Der bei weitem größte Anteil an den öffentlichen Sozialleistungen wird von den Rentenversicherungen beansprucht. Sie haben die Aufgabe, die Erwerbsfähigkeit der Versicherten zu erhalten, zu bessern oder wiederherzustellen, vor allem aber den Versicherten und den Hinterbliebenen verstorbener Versicherter Renten zu gewähren.

Die Versicherung ist an eine Erwerbstätigkeit geknüpft und in der Regel eine Pflichtversicherung. Ausnahmen bestehen für die sogenannten Selbständigen. Allerdings besteht neben der Versicherungspflicht auch eine Versicherungsberechtigung, die es solchen Personen erlaubt, sich freiwillig zu versichern. Die Leistungen der Rentenversicherungen bestehen insbesondere in Rehabilitation und Renten.

Rehabilitation
Unter dem Begriff der Rehabilitation werden solche Maßnahmen verstanden, die zur Wiederherstellung der Erwerbsfähigkeit führen sollen, da eine gesundheitliche oder berufliche Förderung sowohl für den einzelnen, als auch für die Volkswirtschaft als ganzes oft sinnvoller ist als eine dauernde Rentenzahlung. Krankheiten, die in diesem Sinne behandelt werden, sind: Erkrankungen der Atmungsorgane, Erschöpfungskrankheiten, Frauenleiden, Herz- und Kreislauferkrankungen, Erkrankungen der oberen Luftwege, Nervenerkrankungen, rheumatische Erkrankungen, Stoffwechselkrankheiten und tuberkulöse Erkrankungen.

Renten
Der weitaus größte Betrag der Ausgaben der Rentenversicherung wird von den Altersrenten beansprucht. Die durchschnittliche Rentenhöhe kann aus der folgenden Tabelle ersehen werden:

Durchschnittliche monatliche Rente bei 45 anrechnungsfähigen Versicherungsjahren

Jahr	Rentenhöhe	Rentenhöhe in Prozent des durchschnittlichen Nettogehalts
1965	377,90	59,3 %
1970	550,20	64,0 %
1975	836,50	67,0 %
1980	1232,50	71,5 %

Quelle: Bundesminister für Arbeit und Sozialordnung, Materialienbuch zum Sozialbudget 1980, Bonn 1980.

Die Renten werden der Entwicklung der Löhne und Preise regelmäßig angepaßt. In die gesetzlichen Vorbereitungen zu den Rentenanpassungen ist auch ein Sozialbeirat eingeschaltet, der sich aus vier Vertretern der Versicherten, vier Vertretern der Arbeitgeber, drei Wissenschaftlern und einem Vertreter der Deutschen Bundesbank zusammensetzt. Die Rentenanpassungen erfolgten bisher in einem gewissen Abstand zur tatsächlichen Lohn-Preisentwicklung.

Neben der Anpassung der Renten soll auch ein bestimmtes Rentenniveau, bezogen auf das vorherige Arbeitsentgelt, gewährleistet sein. Es liegt derzeit, mit wachsender Tendenz, nach 40 Arbeitsjahren bei etwa 60 Prozent des Nettoarbeitsentgelts. Die Finanzierung der Leistungen der Rentenversicherung erfolgt über Beiträge und Staatszuschüsse. Der Beitragssatz für die Pflichtversicherten betrug 1984 18,5 Prozent ihres Einkommens. In aller Regel hat davon die Hälfte der Arbeitgeber, die andere Hälfte der Arbeitnehmer aufzubringen. Die Zuschüsse des Staates haben kontinuierlich abgenommen, auf weniger als ein Fünftel der Gesamtausgaben der Rentenversicherung.

Krankenversicherung

Da die meisten Familien ihren Unterhalt aus dem laufenden Einkommen bestreiten, würde dessen Ausfall durch Krankheit und damit verbundene Arbeitsunfähigkeit für den größten Teil der Bevölkerung eine kaum tragbare Belastung bedeuten. Hinzu kommen im Krankheitsfall die Kosten für die medizinische Versorgung. Aus diesen Gründen besteht in der Bundesrepublik eine Krankenversicherungspflicht, die einschließlich der mitversicherten Familienangehörigen 89 Prozent der Bevölkerung erfaßt. Bestimmte Gruppen sind von der allgemeinen Versicherungspflicht ausgenommen, insbesondere Beamte, Richter und Personen in beamtenähnlicher Stellung, für die gesonderte Regelungen existieren.

Die Aufgaben der Krankenversicherung sind im wesentlichen:

- Krankenhilfe zur Heilung von Krankheit, zur anschließenden Sicherung der Gesundheit und zur Sicherung des Einkommens
- Mutterschaftshilfe bei Schwangerschaft und Entbindung
- Vorsorge zur Früherkennung beziehungsweise Verhütung von Krankheiten.

Von diesen Aufgaben nimmt die Krankenhilfe den größten Raum ein. Sie

Übersicht über die Leistungen der Krankenversicherung

Aufgabenbereich	versicherungsrechtliche Bezeichnung der Leistung	Art der Ausführung	Sach-(S) oder Geld-(G)leistung
Vorsorge	Maßnahmen zur Früherkennung von Krankheiten	ärztliche Untersuchung	S
	Maßnahmen zur Verhütung von Krankheiten	z. B. Kuren	S, u. U. Zuschuß
Heilung von Krankheit	Krankenpflege	ärztliche und zahnärztliche Behandlung, Zahnersatz Arznei-, Heil-, Hilfsmittel	S, bei Zahnersatz, größeren Heil- und Hilfsmitteln oft Zuschuß
	Krankenhauspflege	stationäre ärztliche und zahnärztliche Behandlung, Zahnersatz pflegerische Betreuung Arznei-, Heil-, Hilfsmittel	S
	Hauspflege	ärztliche und pflegerische Betreuung zu Hause	S
	Hilfen für Genesende	Aufenthalt in einem Genesungsheim	S
Schwangerschaft und Entbindung	Mutterschaftshilfe	ärztliche Untersuchung und Betreuung während der Schwangerschaft und zur Entbindung Hebammenhilfe Arznei- und Heilmittel, stationäre Entbindung und Pflege, Hauspflege	S
		Pauschbetrag bei Entbindung	G
Weiterführung von Haushalt und Betrieb	Haushaltshilfe Betriebshilfe	Ersatzkraft oder Übernahme der dafür angemessenen Kosten	S G
Sicherung des Einkommens	Krankengeld Mutterschaftsgeld		G G
Todesfall	Sterbegeld		G

Quelle: Bundesminister für Arbeit und Sozialordnung: Übersicht über die soziale Sicherung. Bonn 1975, S. 162

garantiert die kostenlose medizinische Versorgung der Versicherten, von gewissen Beteiligungen des Patienten, etwa bei größeren Heil- und Hilfsmitteln, abgesehen, und soll den Verdienstausfall durch ein lohnbezogenes Krankengeld so ausgleichen, daß ein Sinken des Lebensstandards der Betroffenen vermieden wird.

Die Mutterschaftshilfe soll die durch eine Schwangerschaft auftretenden Belastungen vermindern. Früherkennung und Verhütung von Krankheiten stellt in zunehmendem Maß eine Aufgabe der Krankenversicherungen dar.

Bei krankheitsbedingter Arbeitsunfähigkeit hat der Arbeitnehmer einen Anspruch auf volle Lohnfortzahlung für die Dauer von 6 Wochen. In Fällen, wo dieser Anspruch aus besonderen Gründen nicht besteht, und wenn die Dauer der Krankheit 6 Wochen überschreitet, erhält der Versicherte Krankengeld, das in nahezu allen Fällen 80 Prozent des Bruttolohns nicht übersteigt. Wird bei dauernder Erwerbsunfähigkeit eine Rente zugebilligt, entfällt der Anspruch auf Krankengeld.

Die Krankenkassen werden durch Beiträge der Mitglieder finanziert. Die Beiträge werden zu gleichen Teilen vom Arbeitgeber und Arbeitnehmer aufgebracht, wobei Grundlage der Berechnung das Bruttoeinkommen ist. Der Beitragssatz lag 1980 bei etwa 13,5 Prozent. Staatszuschüsse beschränken sich in der Hauptsache auf die Investitionskosten der Krankenhäuser, die zu einem Drittel vom Bund, zu zwei Dritteln von den Ländern getragen werden.

Unfallversicherung

Wenn ein Arbeitnehmer während seiner Arbeit einen Unfall erleidet und der Arbeitgeber diesen verschuldet hat, muß dieser an sich für den Schaden haften. Die Unfallversicherung löst diese Haftpflicht der Unternehmer ab. Gleichzeitig werden dem Arbeitnehmer auch dann Ansprüche an die Unfallversicherung eingeräumt, wenn der Unternehmer den Unfall nicht verschuldet hat, wenn ein Unfall auf dem Arbeitsweg eingetreten ist und wenn eine Berufskrankheit entstanden ist. Entsprechend dem Gedanken bei der Krankenversorgung soll die Unfallversicherung zunächst auch Unfälle verhüten, darüber hinaus aber den Verletzten oder seine Hinterbliebenen entschädigen. Die Finanzierung der Unfallversicherung geschieht über Beiträge der Unternehmer.

Arbeitslosenversicherung

Zum Tätigkeitsbereich der Arbeitslosenversicherung zählt, analog zur Unfall- und Krankenversicherung, auch die Verhinderung von Arbeitslosigkeit und die Wiedereingliederung der Arbeitslosen in den Wirtschaftsprozeß. Neben der Arbeitsvermittlung dienen diesem Ziel die Förderung der beruflichen Ausbildung, Fortbildung, Umschulung und Rehabilitation. Zum gleichen Bereich zählen Unterstützungen von Unternehmen der Bauwirtschaft im Winter, das Kurzarbeitergeld und andere Maßnahmen, die der Arbeitsbeschaffung dienen.

Durch die Zahlung von Kurzarbeitergeld sollen Arbeitsplätze erhalten werden, die durch vorübergehenden Geschäftsausfall gefährdet sind. Dabei richtet sich die Höhe des Kurzarbeitergeldes nach dem Lohn, den der Arbeitnehmer ohne den Arbeitsausfall erzielt hätte.

Arbeitslose, die der Vermittlung durch das Arbeitsamt zur Verfügung stehen, erhalten Arbeitslosengeld und nach einer bestimmten Frist, die von der Länge der Beitragszahlung abhängt, die einen geringeren Betrag ausmachende Arbeitslosenhilfe. Die Höhe von Arbeitslosengeld oder -hilfe richtet sich nach der Höhe des ausgefallenen Nettogehalts – mit vielen Sonderregelungen seit 1984; sie beträgt für das Arbeitslosengeld 60–70 Prozent dieses Beitrages, für die Arbeitslosenhilfe 50–60 Prozent. Die Teilnehmer an beruflichen Förderungsmaßnahmen erhielten 1980 Unterhaltsgeld in Höhe von 80 Prozent ihres vorhergehenden Nettogehalts.

Die Arbeitslosenversicherung wird von Arbeitgebern und Arbeitnehmern durch gleiche Beiträge finanziert, die je nach der Finanzlage der Bundesanstalt für Arbeit von der Bundesregierung in ihrer Höhe verändert werden können. Die Kosten für die Arbeitslosenhilfe trägt der Bund.

Sozialhilfe

Sozialhilfe wird zum Lebensunterhalt oder als Hilfe in besonderen Lebenslagen gewährt. Sie wird von den Ländern und Gemeinden aufgebracht und soll die Lücken, die das Sozialleistungssystem der Bundesrepublik läßt, schließen. Die Anzahl der Empfänger hat sich seit 1950 wie folgt entwickelt:

Jahr	Empfänger von Sozialhilfe
1950	1 628 000
1955	1 328 000
1960	1 477 000 (geschätzt)
1965	1 404 000
1970	1 491 000
1977	2 164 000
1980	2 144 000

Quelle: Bundesminister für Arbeit und Sozialordnung. Übersicht über die soziale Sicherung, Bonn 1975, sowie Statistisches Jahrbuch 1982.

Arbeitsvorschlag 28

Diskutieren Sie die neuerlich wieder aufgetauchte These: «Die Grenzen des Sozialstaates sind erreicht!»

Argumentieren Sie für beziehungsweise gegen die Aussagen:

1. Unter dem System der sozialen Sicherheit finanzieren die Fleißigen die Faulen.
2. «Der mündige und vermögend gewordene Bürger darf nicht wählen, ob er ganz oder teilweise in der Obhut des Staates bleiben oder eigene Wege gehen will» (Meinhard Miegel unter Hinweis auf die in den letzten 30 Jahren stark gewachsenen Einkommen und Vermögen in der Bundesrepublik).
3. Mit einer größeren sozialen Sicherheit für jeden einzelnen ist auch der Gesellschaft als ganzer gedient: Nicht nur die politische Stabilität erhöht sich dadurch, sondern bei einer Rezession etwa bildet die Arbeitslosenversicherung ein «Polster», das eine weitere Verschlechterung der wirtschaftlichen Lage verhindert.

Arbeitsvorschlag 29

Nehmen Sie Stellung zu den beiden Thesen:

1. Aufgabe des Staates ist es, für den einzelnen zu sorgen, aber nur dann, wenn dieser ohne eigenes Verschulden in Not geraten ist.
2. Aufgabe des Staates ist es nicht nur, dem einzelnen in einem Notfall zu helfen, sondern allen Bürgern gleiche Chancen und gleiche Lebensbedingungen zu verschaffen.

C. Die Eigentumsproblematik

Das Grundgesetz gewährleistet in Art. 14 das Eigentum. Die staatliche Garantie des Privateigentums hat ihren Ursprung in der liberalen Forderung an den absoluten Staat, nicht willkürlich in den eigenen Bereich des Bürgers, in «Freiheit und Eigentum» einzugreifen. Der Schutz des Eigentums hat dazu mehrere Bedeutungen:

1. Privateigentum wird bezeichnet als Voraussetzung freier und selbstverantwortlicher Lebensgestaltung: Nur wer ausreichende finanzielle Mittel zur Verfügung hat, kann unabhängig von täglicher Existenzangst sein Leben seinen Vorstellungen entsprechend gestalten. Der Eigentumsschutz ist insofern eine Ergänzung anderer grundrechtlicher Freiheiten wie des Rechtes auf Leben und körperliche Unversehrtheit und des Rechtes auf freie Entfaltung der Persönlichkeit (Art. 2 GG).
2. Privateigentum ist Voraussetzung und Grundlage des liberalen Wirtschaftssystems: Nur wenn die Unverletzbarkeit des Eigentums garantiert ist, ist eine Wirtschaftsordnung möglich, die weitgehend auf der Verwertung vom Kapital beruht.
3. Insofern schützt Art. 14 GG das Eigentum als Rechtsinstitut und als gesellschaftliche Institution. Nach einer vielzitierten Formel ist Art. 14 verletzt, «wenn nichts mehr vorhanden ist, das den Namen Eigentum verdient».
4. Art. 14 GG gibt schließlich jedem Bürger, der Eigentum beziehungsweise Vermögen hat, ein persönliches Recht gegen den Staat, Eingriffe in sein Eigentum zu unterlassen oder eine Entschädigung zu leisten.

Die Bedeutung des privaten Sacheigentums als Grundlage privater Existenzsicherung und individueller Lebensgestaltung wie als gesellschaftlicher Ordnungsfaktor ist aber in der heutigen entwickelten Industriegesellschaft begrenzt und sehr viel geringer als im vergangenen Jahrhundert. Das Leben des Bürgers in der Bundesrepublik beruht nur noch in Ausnahmefällen auf eigener Verfügungsbefugnis über die materiellen Grundlagen der individuellen Existenz, etwa dem eigenen Bauernhof oder dem eigenen Handwerksbetrieb, um so weniger, als zwei Kriege und zwei Inflationen weithin Eigentum vernichtet haben. Grundlage individueller Existenzsicherung und Lebensgestaltung ist überwiegend nicht mehr das private Eigentum im überkommenen Sinne, sondern die eigene Arbeit und die Teilhabe an Leistungen staatlicher Daseinsvorsorge und Fürsorge.

I. Die Sozialbindung des Eigentums

Nach der ursprünglichen liberalen Auffassung vom Privateigentum darf der Eigentümer mit seiner Sache tun und lassen, was er will, solange er nicht andere in ihren Rechten verletzt. Er darf das ihm gehörende Gemälde des berühmten Meisters verbrennen, auch wenn es kunsthistorisch von unschätzbarer Bedeutung ist. Er darf sein Haus verkommen lassen oder sogar zerstören, auch wenn es einen hohen wirtschaftlichen Wert hat und andere ohne Wohnung sind. Er darf sein Geld horten, auch wenn die verarmte Nachbarfamilie Hunger leidet. Dieses grundsätzliche Verständnis vom Privateigentum beherrscht auch heute noch das geltende Bürgerliche Recht. So heißt es in § 903 des Bürgerlichen Gesetzbuches:

●●

Der Eigentümer einer Sache kann, soweit nicht das Gesetz oder Rechte Dritter entgegenstehen, mit der Sache nach Belieben verfahren und andere von jeder Einwirkung ausschließen.

●●

Die absolute Herrschaftsmacht des Eigentümers über seine Sache und sein Recht, das Eigentum allein in seinem eigenen Interesse zu gebrauchen, ist bereits im vergangenen Jahrhundert als ungerecht, unsozial und unmoralisch angegriffen worden. Immer wieder wurde eine Einschränkung des Eigentumsrechts zu Gunsten der Allgemeinheit verlangt. In der Weimarer Verfassung und auch im Grundgesetz wurde deshalb die sogenannte «Sozialbindung des Eigentums» niedergelegt. Art. 153 Abs. 3 der Weimarer Verfassung lautet:

●●

Eigentum verpflichtet. Sein Gebrauch soll zugleich Dienst sein für das gemeine Beste.

●●

Entsprechend Art. 14 Abs. 2 GG:

Eigentum verpflichtet. Sein Gebrauch soll zugleich dem Wohle der Allgemeinheit dienen.

Die Verpflichtung des Eigentümers, seine Sache auch der Gemeinschaft zur Verfügung zu stellen, ist eines der zentralen Probleme für die gerechte Gestaltung einer Gesellschaft. Offensichtlich geht auch das Grundgesetz davon aus, daß eine Gesellschaft, in der wenige sehr viel, viele aber sehr wenig haben, ungerecht ist. Die Aktualität dieser Forderung zeigt sich bei vielen Konflikten der Gegenwart: Es stehen sich gegenüber die Eigentümer von leerstehenden Häusern und dem Mietwucher ausgesetzte Bürger; die privaten Eigentümer von Wäldern und Seen und erholungssuchende Bürger, deren Regenerationsmöglichkeiten in einer ständig mehr verpesteten Umwelt ohnehin eingeschränkt sind; millionenschwere Bodenspekulanten und finanzschwache Gemeinden oder Städte, die versuchen, durch Planungsmaßnahmen gesunde und menschenwürdige Lebensbedingungen für die Bevölkerung zu schaffen. Die Verwirklichung der Sozialbindung des Eigentums ist deshalb Voraussetzung für die Schaffung sozialer Gerechtigkeit und damit für die Verwirklichung des Sozialstaats.

Arbeitsvorschlag 30

Art. 14 GG gewährleistet das Eigentum allgemein, ohne zwischen verschiedenen Arten von Eigentum zu unterscheiden. Welche grundsätzlichen Unterschiede bestehen in den folgenden vier Fällen?

1. Bauer B ist Eigentümer eines kleinen Bauernhofes, den er selbst bewirtschaftet und der knapp für die Existenzsicherung seiner Familie ausreicht.
2. Unternehmer U ist Eigentümer eines Industriebetriebes mit 1000 Beschäftigten. Er und seine 1000 Arbeiter haben den Betrieb als Existenzgrundlage.
3. Arbeiter A hat sich nach jahrelangem Sparen ein Eigenheim gebaut, in dem er und seine Familie wohnen.
4. Grundstücksmakler G ist Eigentümer von 20 Mietshäusern, in denen 100 Familien wohnen. G selbst wohnt in einem Eigenheim am Stadtrand.

Verdienen die verschiedenen Eigentümer den gleichen grundrechtlichen Schutz?

Versuchen Sie, verschiedene Formen von Eigentum zu unterscheiden (zum Beispiel Eigentum zur persönlichen Lebensgestaltung; Eigentum als Spekulationsobjekt; Eigentum als Existenzgrundlage; Eigentum an Produktionsmitteln; Eigentum als Mittel zur Machtausübung; Eigentum an Gegenständen des persönlichen Gebrauchs und Verbrauchs; etc).

Nennen Sie Unterscheidungsmerkmale und weitere Beispiele.

II. Vermögensverteilung

Eine amtliche Berechnung des Volksvermögens in der Bundesrepublik und der Art seiner Verteilung auf einzelne Bevölkerungsgruppen fehlt, wie die Bundesregierung 1970 auf eine Kleine Anfrage im Bundestag angab. Grundlage für eine umfassende Vermögensstatistik könnte ein Gesetz sein, das die Eigentümer von Vermögen verpflichtete, Auskunft über Höhe und Zusammensetzung ihres Vermögens zu geben, oder das die Finanzämter in die Lage versetzte, solche Auskünfte an das Statistische Bundesamt zu liefern.

Solange eine solche gesetzliche Grundlage fehlt, ist man auf eine Vielzahl nichtamtlicher statistischer Angaben und Erhebungen angewiesen, um Aussagen über den Stand und die Entwicklung der Vermögensverteilung machen zu können. Ein Forschungsauftrag des Bundesministeriums für Arbeit und Sozialordnung brachte 1968 folgende Ergebnisse:
Die Ungleichheiten in der Vermögensverteilung in der Bundesrepublik haben eine umfangreiche Diskussion über die Möglichkeiten einer breiteren Vermögensbildung aufkommen lassen; die im Bundestag vertretenen Parteien gingen bei ihren verschiedenen Plänen zur Vermögensbildung breiterer Bevölkerungsschichten allerdings davon aus, daß nicht das bereits vorhandene Vermögen neu verteilt werden sollte, sondern der jeweilige Vermögenszuwachs. Über die Form, in der dies geschehen könnte, gab es in den verschiedenen Parteien eine Reihe von Modellen, die allerdings bisher nicht zu entsprechenden gesetzlichen Maßnahmen führten. Im Verlaufe dieser Diskussion legte der DGB 1973 ein Konzept vor, das aber unter dem Vorbehalt stand, die Mitbestimmung sei das zeitlich vorrangige Ziel der Gewerkschaftspolitik.

Stellungnahme des DGB-Bundesausschusses zur Beteiligung der Arbeitnehmer am Produktivvermögen vom 4. April 1973 (Auszug)

●●

Die Beteiligung der Arbeitnehmer am Produktivvermögen ist . . . kein Mittel zur Einkommensverbesserung. Ausgangspunkt der Forderung nach Vermögensbeteiligung ist vielmehr die zunehmende Konzentration des Produktivvermögens und die damit verbundene Zusammenballung wirtschaftlicher Macht. Der DGB sieht darin eine drohende Gefahr für die wirtschaftliche, gesellschaftliche und politische Entwicklung der Bundesrepublik.

Daher erhebt das DGB-Aktionsprogramm die Forderung:

Die Arbeitnehmer aller Bereiche sind durch ein überbetriebliches System der Ertragsbeteiligung am Produktivvermögen angemessen zu beteiligen. Die damit angestrebte Beteiligung der Arbeitnehmer am Produktivvermögen verfolgt das doppelte Ziel einer stetigen und wirksamen Umverteilung

- des Produktivvermögens und
- der damit verbundenen wirtschaftlichen Macht.

Unter Zugrundelegung der vorstehenden Anforderungen erwartet der DGB vom Gesetzgeber bei der Beratung und Verabschiedung eines Gesetzes zur Beteiligung der Arbeitnehmer am Produktivvermögen die Beachtung folgender Grundsätze:

1. Die Unternehmen haben Beteiligungen, die durch Kapitalerhöhung zu schaffen sind, abzuführen, Barleistungen sind auszuschließen.
2. Die Unternehmensanteile sind auf dezentrale, nicht miteinander konkurrierende Fonds zu übertragen, die unter Ausschluß von Banken und privaten Kapitalanlagegesellschaften zu bilden sind. Die Fonds müssen – unter Einbeziehung des öffentlichen Interesses – von den begünstigten Arbeitnehmern selbst verwaltet werden.
3. Die Arbeitnehmer aller Betriebe bis zu einer bestimmten Einkommenshöhe erhalten gratis wertgleiche Zertifikate, über die sie erst nach Ablauf einer Sperrfrist verfügen können.
4. Gewinne aus den Unternehmensbeteiligungen werden nicht ausgeschüttet; die Fonds sollen sie zur Finanzierung von Infrastruktur-Investitionen im öffentlichen Bereich zur Verfügung stellen.

●●

Der Parteitag der SPD in Hannover 1974 machte sich diese Forderungen im wesentlichen zu eigen, wenn sie auch innerhalb der Partei und der Gewerkschaft keineswegs unumstritten waren. Die *Einwände der IG-Metall gegen dieses Vermögensbildungskonzept* faßte Eugen Loderer zusammen:

●●

1. Bei der Konzentration des Produktivvermögens handelt es sich um das Problem der Kontrolle wirtschaftlicher Macht und nicht in erster Linie um das Problem einer anderen Vermögensverteilung. Die Konzentration der Produktivvermögen hat sich in den letzten Jahrzehnten weiter verschärft. Sie geht mit der ständig voranschreitenden Unternehmenskonzentration und der damit verknüpften Konzentration der Verfügungsmacht einher.
2. Die Lösung des Problems der Konzentration des Produktivvermögens kann nur durch die Demokratisierung der Wirtschaft erfolgen. Die breitere Streuung der Vermögen würde die Verfügungsgewalt über die Produktionsmittel unangetastet lassen. Es geht aber gerade darum, diese Verfügungsgewalt zu demokratisieren. Instrumente der Demokratisierung sind die Mitbestimmung und alle im Grundsatzprogramm des DGB genannten Möglichkeiten der Kontrolle wirtschaftlicher Macht. Dazu gehört auch

die Überführung von Schlüsselindustrien und anderen markt- und wirtschaftsbeherrschenden Unternehmungen in Gemeineigentum.

3. Eine breite Streuung des Produktivvermögens würde mit den Forderungen nach Reformen zur Verbesserung der Qualität des Lebens in Konflikt geraten, da vermögenspolitische Programme die Belastbarkeit der Unternehmen für Reformmaßnahmen herabsetzen. Reformen zur Anhebung der Qualität des Lebens müssen aber in den kommenden Jahrzehnten ganz im Vordergrund stehen.
4. Schließlich würde die breitere Streuung des Produktivvermögens die aktive gewerkschaftliche Lohnpolitik erschweren. Vermögensbildung durch Lohnverzichte lehnen wir jedoch ab. Aus prinzipiellen gewerkschafts- und einkommenspolitischen Überlegungen halten die Gewerkschaften an der Konzeption der aktiven Lohnpolitik zur Steigerung des Anteils der Arbeitnehmer am Sozialprodukt fest.
5. Diesen Thesen steht der Ausbau, die Vereinheitlichung und die Vereinfachung der gesetzlichen Sparförderung sowie die Ausnützung von Sparförderungsgesetzen durch Tarifverträge nicht im Wege. Vermögenswirksame Tarifverträge sind allerdings nur dann zu akzeptieren, wenn sie über Barlohnerhöhungen hinaus zusätzliche Leistungen erbringen, das heißt, wenn die Barlohnpolitik davon nicht berührt wird.

●●

Arbeitsvorschlag 31

Sammeln Sie Argumente für folgende Thesen:

1. Die Verfügung über Produktivvermögen bedeutet Machtausübung, die nicht demokratisch legitimiert ist.
2. Die Entscheidungen, die bei der Leitung von Betrieben getroffen werden müssen, ergeben sich in der Regel aus der Sachlage. Der Begriff der Macht ist deswegen in diesem Zusammenhang unangebracht.

III. Die Enteignung

Nicht selten steht das Interesse des Privateigentümers an seinem Eigentum im Widerspruch zum allgemeinen Wohl. Wenn beispielsweise in einer Gemeinde eine Schule oder ein Schwimmbad gebaut werden soll, hierfür aber sinnvollerweise nur ein Grundstück in Frage kommt, das einem privaten Besitzer gehört, so stößt das öffentliche Interesse auf den Widerspruch des Grundstückseigentümers; ebenso, wenn privater Grund und Boden einer neuen Straße weichen soll. In vielen dieser Fälle sind die Eigentümer bereit, dem Staat ihr Grundstück zu verkaufen. Doch oft fehlt der Gemeinde oder dem Land das erforderliche Geld, so daß das Bauprojekt daran scheitert. Diese Schwierigkeit ließe sich nur beheben, wenn der Staat privates Eigentum zu Zwecken der Allgemeinheit heranziehen könnte, ohne dafür zahlen zu müssen. Dies ist nach Art. 14 GG aber nicht möglich.

In vielen Fällen sind die Eigentümer auch dann nicht bereit, ihr Eigentum dem Staat zu überlassen, wenn dieser einverstanden ist, dafür eine Entschädigung zu zahlen. In diesem Fall schafft das Grundgesetz Abhilfe. Nach Art. 14 Abs. 3 GG ist eine Enteignung zum Wohle der Allgemeinheit gegen Entschädigung zulässig.

In der Praxis sind Enteignungen in der Bundesrepublik jedoch nicht häufig. Meist wird nur dann ein Enteignungsverfahren eingeleitet, wenn sich die Behörde und der Eigentümer nicht gütlich über den angemessenen Kaufpreis einigen können. Das ist aber selten der Fall, da der Staat in der Regel bereit ist, den Marktwert (Verkehrswert) zu ersetzen, so daß sich der Eigentümer ohne weiteres ein Ersatzgrundstück beschaffen kann. Der in der Praxis wichtigste Fall der Enteignung ist die Enteignung von Grundstücken zum Straßenbau, zu gemeindlichen Zwecken oder zu Zwecken der Bundeswehr.

Nach Auffassung der Gerichte in der Bundesrepublik hat der Staat nicht nur dann eine Entschädigung an den Eigentümer zu zahlen, wenn er diesem durch Enteignung einen Gegenstand direkt entzieht, sondern auch dann, wenn eine staatliche Maßnahme eine Beeinträchtigung des Eigentums lediglich zur Folge hat, ohne daß dies direkt bezweckt war. So mußte in folgenden Fällen von den Behörden eine Entschädigung gezahlt werden:

1. Einem Grundstückseigentümer wurde wegen des Baus einer neuen Fernstraße verboten, sein Grundstück zu bebauen.
2. Einem Kiesgrubenbesitzer wurde von der Naturschutzbehörde im Interesse des Landschaftsschutzes der weitere Betrieb einer Kiesgrube untersagt.
3. Beim Bau einer neuen U-Bahn erlitten die anliegenden Geschäfte wegen der langen Straßensperrung Umsatzverluste.

Dagegen braucht keine Entschädigung gezahlt zu werden, wenn eine staatliche Maßnahme lediglich die Verpflichtung jedes Eigentümers, sein Eigentum nicht nur im eigenen Interesse, sondern auch zum Wohl der Allgemeinheit zu gebrauchen (Art. 14 Abs. 2 GG), konkretisiert.

So, wenn ein Gesetz der Allgemeinheit erlaubt, private Wälder ohne ausdrückliches Einverständnis der Waldbesitzer zu betreten oder sich Zugang zum Seeufer ohne Zustimmung der Anlieger zu verschaffen; wenn die Behörde einem Bauern verbietet, bestimmte Bäume zu fällen, weil diese einzigartig sind und unter Naturschutz stehen, oder einem Hausbesitzer verbietet, die Fassade seines Hauses zu verändern, weil dieses unter Denkmalschutz steht; wenn das Wohnungsamt den Eigentümer eines leerstehenden Mietshauses verpflichtet, obdachlose Mieter in seinem Hause aufzunehmen, oder die Lebensmittelbehörde einen Obsthändler auffordert, durch Schädlingsbekämpfungsmittel vergifteten Salat zu vernichten.

Arbeitsvorschlag 32

Nach Art. 14 GG ist die Entschädigung nach einer Enteignung oder bei sogenanntem enteignungsgleichem Eingriff in das Vermögen «unter gerechter Abwägung der Interessen der Allgemeinheit und der Beteiligten zu bestimmen».

Prüfen Sie dazu folgenden Fall:

Beim Bau einer neuen U-Bahn wird eine Geschäftsstraße lange Zeit gesperrt. Infolge der Sperrung verlieren viele Ladengeschäfte Kunden und ihr Umsatz sinkt.

1. Das Schuhgeschäft des Schumachers S erleidet infolge des Umsatzrückganges einen Verlust von 100000 DM. S kann nur mit viel Mühe und teuren Krediten den Bestand des Geschäftes retten. Er muß einen seiner zwei Gesellen und eine seiner beiden Verkäuferinnen entlassen. Statt dessen arbeitet jetzt seine Ehefrau als Verkäuferin mit. Die fünfköpfige Familie des S lebt allein von dem Geschäft.
2. Das Kaufhaus des Warenhauskonzerns K erleidet einen hohen Umsatzrückgang. Deshalb vermindert sich der Gewinn des Konzerns um 1000000 DM. Das Kaufhaus entläßt 30 Mitarbeiter. Der Konzern hat noch 40 weitere Kaufhäuser in anderen Städten.
3. Fünf der entlassenen Mitarbeiter des Kaufhauses werden arbeitslos und finden keine neue Anstellung.

Nach der Rechtsprechung des Bundesgerichtshofs würden voraussichtlich der Schuhmacher S eine Entschädigung von 100000 DM, der Kaufhauskonzern K eine Entschädigung von 1000000 DM erhalten. Die entlassenen Mitarbeiter des Kaufhauses können keine Entschädigung erwarten (lediglich Arbeitslosenunterstützung). Halten Sie dies für angemessen? Warum oder warum nicht?

IV. Eigentumsschutz und Mitbestimmung

In der jahrelangen Diskussion um die Mitbestimmung der Arbeitnehmer an Entscheidungen der Industrie ist von Politikern und Juristen häufig die Meinung vertreten worden, eine paritätische Mitbestimmung sei verfassungswidrig, weil durch sie den Eigentümern der Betriebe die maßgeblichen Entscheidungen über die Betriebe aus der Hand genommen würden. Dies sei eine Enteignung ohne Entschädigung und deshalb ein Verstoß gegen das Grundgesetz. Die Befürworter der Mitbestimmung haben demgegenüber darauf verwiesen, daß dies eine nach dem Grundgesetz nicht nur zulässige, sondern notwendige Bindung des Eigentums an die Interessen der Allgemeinheit sei und die Voraussetzung bilde für die Verwirklichung des Sozialstaates und eine Demokratisierung der Gesellschaft.

Um deutlich zu machen, wo Mitbestimmung im Betrieb ansetzen kann, soll im folgenden der Entscheidungsprozeß in einem Großbetrieb und die vom Bundestag 1976 verabschiedete Mitbestimmungsregelung vorgestellt werden.

Die Organisation eines Betriebes

Die wichtigsten Betriebe sind in der Bundesrepublik als Aktiengesellschaften organisiert. Nach den Vorschriften des Gesetzes ist der Entscheidungsprozeß in einer Aktiengesellschaft an bestimmte Organe gebunden:

Der *Aufsichtsrat* hat folgende Funktionen zu erfüllen:

- Wahl des Vorstandes;
- Überwachung der Geschäftsführung;
- Prüfung von Jahresabschluß, Geschäftsbericht und Gewinnverwendungsvorschlag;
- fachliche Beratung des Vorstandes.

Der *Vorstand* führt die laufenden Geschäfte der Gesellschaft.

Die *Hauptversammlung*, die Versammlung der Aktionäre der Gesellschaft, hat hauptsächlich die Aufgabe,

- den Aufsichtsrat zu wählen;
- Vorstand und Aufsichtsrat zu entlasten;
- die Verteilung der Reingewinne zu beschließen nach den Vorschlägen des Vorstandes;
- über Satzungsänderungen, Kapitalerhöhungen oder -herabsetzungen, Auflösung der Gesellschaft, Fusionen u. ä. zu beschließen.

Die Hauptversammlung tritt nur einmal im Jahr zusammen, wodurch die tatsächliche Entscheidungsmacht mehr zu Aufsichtsrat und Vorstand verlagert wird.

Der *Betriebsrat* ist das Vertretungsorgan der Belegschaft gegenüber dem Arbeitgeber. Er wird in Betrieben, die mindestens fünf wahlberechtigte und drei wählbare Arbeitnehmer aufweisen, geheim und unmittelbar von den Arbeitnehmern gewählt. Zu seinen Funktionen und Rechten gehört,

- darüber zu wachen, daß die Gesetze, Verordnungen, Tarif- und Betriebsvereinbarungen nicht verletzt werden;
- Beschwerden der Arbeitnehmer entgegenzunehmen und in Verhandlungen zu versuchen, die Ursachen zu beheben;
- bei Kündigungen, Masseneinstellungen und -entlassungen mitzuwirken;
- bestimmte Informationen über die Lage des Unternehmens einzuholen.

Die *Betriebsversammlung* besteht aus allen Arbeitnehmern und wird vom Vorsitzenden des Betriebsrates geleitet. Sie nimmt den Bericht des Betriebsrates im allgemeinen vierteljährlich in nicht öffentlicher Sitzung entgegen und kann dem Betriebsrat Anträge vorlegen. Dabei dürfen nur Probleme, die den Betrieb oder seine Arbeitnehmer betreffen, behandelt werden.

Entscheidungsabläufe in einer Aktiengesellschaft

1. Die Entscheidung über eine wichtige Investition

Der Prozeß beginnt damit, daß der Vorstand sich von ihm beigeordneten Stabsstellen und untergeordneten Instanzen, wie der Finanzierungsabteilung, alternative Pläne vorlegen läßt. In diesen sind Gewinnerwartungen, Kosten, Marktanalysen, Zeitabläufe bei der Realisierung enthalten. Auf Grund dieser Informationen trifft der Vorstand seine Entscheidung. Er informiert den Betriebsrat, ohne ihn im übrigen an dem Prozeß zu beteiligen. Hingegen wird der Aufsichtsrat über alle wichtigen Informationen und Vorgänge während des gesamten Entscheidungsprozesses unterrichtet. Von seiner Zustimmung hängt meist die Verwirklichung des Investitionsplanes ab.

2. Die Entscheidung über die Ausgestaltung des Lohnsystems

Betriebsrat oder Vorstand setzen den Entscheidungsprozeß in Gang. Die Vorbereitung der Entscheidung liegt möglicherweise wieder bei untergeordneten Instanzen, wie dem Lohnbüro. Die eigentliche Entscheidung wird von Betriebsrat und Vorstand gemeinsam getroffen. Möglicherweise unterrichtet der Vorstand den Aufsichtsrat über das Ergebnis der Verhandlungen.

Die Mitbestimmungsregelung

Die Diskussion über die Mitbestimmung der Arbeitnehmer in den Betrieben wurde von gewerkschaftlicher Seite bereits kurz nach dem Krieg wieder aufgebracht. Die Mitbestimmung in der Montanindustrie, die bereits 1947 von der britischen Militärregierung eingeführt worden war, wurde 1951 durch ein Bundesgesetz gesichert und bestätigt. In den anderen Bereichen der Wirtschaft wurde das Problem durch das von den Gewerkschaften abgelehnte Betriebsverfassungsgesetz 1952 geregelt, das Mitbestimmungsrechte weitgehend auf den Personalbereich beschränkte. Erst die SPD/FDP-Regierung legte nach langwierigen Koalitionsverhandlungen im Dezember 1975 dem Parlament einen Gesetzentwurf zur Mitbestimmung vor. Nach diesem Entwurf fällt der Arbeitgeberseite bei Stichentscheidungen im Aufsichtsrat die entscheidende Stimme zu.

Diese Regelung ist 1976 mit Zustimmung der SPD, der FDP und der CDU Gesetz geworden.

Daß die Mitbestimmung weiterhin ein kontroverses Thema bleiben würde, zeigte sich 1980. Der Mannesmann-Konzern stand vor betrieblichen Umstrukturierungen, die auch das Resultat gehabt hätten, daß für den Konzern nicht mehr die (weitergehende) Montan-Mitbestimmung gelten würde, sondern die Mitbestimmung nach dem Gesetz aus dem Jahre 1976 geregelt werden würde. Die Gewerkschaften wendeten sich in scharfer Form gegen diese Absicht. Sie ließen verlautbaren, daß zur Erhaltung der bisherigen Regelung der Mitbestimmung auch der Arbeitskampf legitim sei. Schließlich wurde ein politischer Kompromiß gefunden, nach dem die Montanregelung bei Wegfall der derzeitigen Rechtsgrundlage, wie sie durch die Strukturierung des Konzerns entstehen sollte, noch für eine Übergangsfrist von 6 Jahren beibehalten werden muß.

Hierzu schrieb Karl Heinrich Herchenröder im «Handelsblatt» folgenden Kommentar:

●●

Mit der Verewigung der Montanmitbestimmung, unabhängig von allen Produktionsveränderungen, sollen bessere Voraussetzungen für die Einführung der paritätischen Mitbestimmung in der Gesamtwirtschaft zu einem späteren Zeitpunkt geschaffen werden. Eine Schlüsselrolle kommt hier der Rede zu, die der Vorsitzende der IG Metall, Eugen Loderer, am 3. Juli in Dortmund auf der «Stahlkonferenz» der Gewerkschaften gehalten hat. Er sieht die Montanmitbestimmung als Faustpfand und als das Offenhalten der Option auf die Ausweitung der Mitbestimmung an. Mit dem Gesetz haben die Gewerkschaften jedenfalls keinen Frieden geschlossen. «Im Grunde kämpfen die Gewerkschaften um die Funktionärsbestimmung und weniger um die Parität», meint dazu ein Repräsentant der Arbeitgeberseite.

Wenn nun von sozialdemokratischer und Gewerkschaftsseite immer wieder behauptet wird, nur dank der Montanmitbestimmung sei es möglich gewesen, die Strukturkrisen des Bergbaus und der Stahlindustrie zu überwinden und die Belegschaften in beiden Grundindustrien ohne soziale Erschütterung auf ihren heutigen Stand zurückzuführen, dann wird dabei außer acht gelassen, daß es das Wachstum der deutschen Wirtschaft war, das die Schaffung neuer Arbeitsplätze für die zunächst im Kohlebergbau und später in der Stahlindustrie freigesetzten Arbeitskräfte ermöglicht hat. Strukturkrisen wurden in den vergangenen Jahren auch in den Industriezweigen, die nicht der paritätischen Mitbestimmung unterliegen, ohne soziale Erschütterungen bewältigt. Ein Musterbeispiel hierfür bietet die Textilindustrie. Daß die Montanmitbestimmung auch schwere Arbeitskonflikte nicht verhindern kann, hat der lange Stahlstreik vom Dezember 1978 und Januar 1979 gezeigt.

In der Mitbestimmungsfrage wird es gewiß noch zu weiteren harten Auseinandersetzungen von großer gesellschaftspolitischer Tragweite kommen. Der Testfall Mannesmann gibt erst einen Vorgeschmack davon.

●●

Arbeitsvorschlag 33

Überlegen Sie, warum die paritätische Mitbestimmung in der Wirtschaft so umstritten ist. Bedenken Sie dabei, daß sowohl die Gewerkschaften als auch die Arbeitgeberverbände mit der nunmehr gesetzlich beschlossenen Mitbestimmungsregelung nicht einverstanden waren.

Nennen Sie Argumente, die für oder gegen eine Verfassungswidrigkeit der paritätischen Mitbestimmung wegen Verletzung des Art. 14 GG sprechen. Berücksichtigen Sie dabei folgende Probleme:

1. Gehört die Entscheidungsfreiheit der Aktionärvertreter, sich im Aufsichtsrat gegen die Arbeitnehmervertreter jederzeit durchsetzen zu können, zum in Art. 14 GG geschützten Eigentum?
2. Dient es dem Wohle der Allgemeinheit, wenn Arbeitnehmer die Hälfte der Stimmen im Aufsichtsrat erhalten?
3. Sollten die Aktionäre bei Einführung der Mitbestimmung eine Entschädigung erhalten? Wer sollte eine solche Entschädigung zahlen, der «Staat» oder die Arbeitnehmer?

V. Sozialisierung

Art. 15 GG bestimmt, daß Grund und Boden, Naturschätze und Produktionsmittel zum Zwecke der Vergesellschaftung durch ein Gesetz, das Art und Ausmaß der Entschädigung regelt, in Gemeineigentum oder in andere Formen der Gemeinwirtschaft überführt werden können. Die Entschädigung ist – wie bei der Enteignung – unter gerechter Abwägung der Interessen der Allgemeinheit und der Beteiligten zu bestimmen.

Mit dieser Bestimmung läßt das Grundgesetz die Verwirklichung einer der grundsätzlichen sozialistischen und kommunistischen Forderungen zu. Schon im *Erfurter Programm der Sozialdemokratischen Partei Deutschlands von 1891* hieß es:

●●

Nur die Verwandlung des kapitalistischen Privateigentums an Produktionsmitteln – Grund und Boden, Gruben und Bergwerke, Rohstoffe, Werkzeuge, Maschinen, Verkehrsmittel – in gesellschaftliches Eigentum und die

Umwandlung der Warenproduktion in sozialistische, für und durch die Gesellschaft betriebene Produktion kann es bewirken, daß der Großbetrieb und die stets wachsende Ertragsfähigkeit der gesellschaftlichen Arbeit für die bisher ausgebeuteten Klassen aus einer Quelle des Elends und der Unterdrückung zu einer Quelle der höchsten Wohlfahrt und allseitiger harmonischer Vervollkommnung werde.

●●

Die Aufnahme der Sozialisierungsbestimmung in das Grundgesetz bedeutet jedoch nicht, daß sämtliche Parteien oder auch nur die Mehrheit des Parlamentarischen Rates 1949 eindeutig die Auffassung vertraten, daß der Kapitalismus als Gesellschaftsform freiheits- und friedensfeindlich sei und deshalb das Privateigentum an Produktionsmitteln generell abgeschafft werden müsse. Es bestand im Parlamentarischen Rat auch keine Einigkeit darüber, daß sich die Sozialisierung dann als freiheitsfördernd für die wirtschaftliche Privatinitiative auswirken kann, wenn Schlüsselindustrien, bei denen sich Monopole gebildet haben, sozialisiert werden, so daß die wirtschaftliche Abhängigkeit von privaten Eigentümern an Produktionsmitteln durch die Abhängigkeit von einer demokratisch legitimierten Gemeinwirtschaft ersetzt wird. Doch unmittelbar nach dem Zweiten Weltkrieg waren die Parteien übereinstimmend der Auffassung, daß der Krieg wesentlich mit hervorgerufen worden war durch die deutsche privatkapitalistische Großindustrie (siehe etwa das Ahlener Programm der CDU vom 3. Februar 1947 Seite 30f).

Diese Übereinstimmung bestand weitgehend auch noch 1949 im Parlamentarischen Rat. Im übrigen sahen die konservativen Parteien in Art. 15 GG auch insofern einen Sinn, als man befürchtete, daß die deutsche Schwerindustrie die Kriegs- und Nachkriegsschäden nicht auf privatwirtschaftlicher Basis würde überwinden können.

Anders als die Weimarer Verfassung enthält das Grundgesetz keinen umfangreichen Katalog von Bestimmungen zur Gestaltung der Wirtschafts- und Sozialordnung. Die führenden Parteien im Parlamentarischen Rat, insbesondere die SPD und die CDU, waren sich einig, daß die Ausgestaltung des Wirtschaftssystems der Bundesrepublik der Entwicklung und dem einfachen Gesetzgeber überlassen bleiben sollte. (Beide Parteien hatten die Erwartung, daß sie die Mehrheit im Parlament erringen und damit die Wirtschaftsordnung weitgehend nach ihren Vorstellungen beeinflussen könnten.) Deshalb sagt Art. 15 GG nur, Vergesellschaftungen «können», müssen aber nicht vorgenommen werden. Der Gesetzgeber ist also zu Sozialisierungen ermächtigt, aber nicht dazu verpflichtet.

In der bisherigen Geschichte der Bundesrepublik hat es Sozialisierungen ebensowenig gegeben wie während der Weimarer Republik (Art. 156 der Weimarer Verfassung ließ ebenfalls die Vergesellschaftung von Privatunternehmen zu – siehe Seite 24). Die parlamentarischen Mehrheiten haben sie nie für notwendig oder wünschenswert gehalten. Die Tendenz war eher umgekehrt: drei große Staatsunternehmen (Preussag, VW, VEBA) sind durch Gesetz teilweise in Privathand überführt worden («Volksaktien»).

Arbeitsvorschlag 34

1. Unter Politikern und Juristen wird vielfach die Auffassung vertreten, eine Sozialisierung sei heute in der Bundesrepublik nicht mehr möglich. Art. 15 GG sei 25 Jahre lang nie angewendet worden. Das Gesellschafts- und Wirtschaftssystem der Bundesrepublik habe sich so verfestigt, daß diese Bestimmung, die ihren Ursprung in der Nachkriegssituation habe, heute keine Geltung mehr haben könne. Art. 15 GG sei obsolet geworden.
   Halten Sie diese Argumentation für zutreffend? Glauben Sie, daß eine Verfassungsbestimmung durch Nichtanwendung während einer langen Zeitperiode ihre Gültigkeit verlieren kann?
   Könnte der Gesetzgeber Art. 15 GG streichen?
   Denken Sie dabei an Art. 79 GG.
2. Art. 15 GG sieht vor, daß die Entschädigung im Falle einer Sozialisierung ebenso wie bei einer Enteignung unter gerechter Abwägung der Interessen der Allgemeinheit und der Beteiligten zu bestimmen ist. Nach Auffassung von einigen Verfassungsjuristen bedeutet dies, daß den Privateigentümern der volle Wert der vergesellschafteten Produktionsmittel ersetzt werden muß. Da ein Großunternehmen einen sehr hohen Wert hat, würde deshalb regelmäßig eine Sozialisierung daran scheitern, daß der Staat nicht die notwendigen finanziellen Mittel aufwenden könnte. Halten Sie diese Auffassung für zutreffend?

Fünfter Teil
Probleme einzelner Grundrechte

A. Der Gleichheitssatz

Ebenso wie die meisten im Grundgesetz normierten Grundrechte hat auch der Gleichheitssatz seinen Ursprung im Kampf des Bürgertums gegen den Staat des Absolutismus. In der Parole der Französischen Revolution: «Liberté, Egalité, Fraternité!» (Freiheit, Gleichheit, Brüderlichkeit!) nahm der Gleichheitssatz einen zentralen Rang ein. Er richtete sich gegen die Privilegien von Adel und Kirche und sollte den Aufstieg des Bürgertums in Staat und Gesellschaft ermöglichen.

Auch wenn sich die Bedeutung des Gleichheitssatzes in der Geschichte vielfach gewandelt hat, richtet er sich auch heute noch gegen ungerechtfertigte Privilegien. Er verlangt, daß Ungleichheit abgebaut und Chancengleichheit für alle Menschen herbeigeführt wird.

Vor dem Gesetz muß also nicht jedermann – ob arm oder reich, ob privilegiert oder unterprivilegiert – in jedem Fall gleich behandelt werden. Der Reiche kann sich nicht auf den Gleichheitssatz berufen und verlangen, ebenso wie der Arme Sozialhilfe oder Arbeitslosenhilfe zu erhalten. Vielmehr verlangt der Gleichheitssatz gerade, daß der Gesetzgeber und die Verwaltung unterscheiden zwischen denen, die in der Gesellschaft bevorrechtigt, und denen, die benachteiligt sind und deren Lebenschancen es zu verbessern gilt. Der Gleichheitssatz verlangt also Gleichbehandlung in gleicher Lage und Ungleichbehandlung in ungleicher Lage.

I. Chancengleichheit im Bildungswesen

Nach Art. 12 GG haben alle Deutschen das Recht, Beruf, Arbeitsplatz und Ausbildungsstätte frei zu wählen. Dieses Grundrecht der Berufsfreiheit kann nur dann verwirklicht werden, wenn genügend Arbeitsplätze und Ausbildungsstätten vorhanden sind und wenn jeder die Möglichkeit hat, die Ausbildung zu erhalten, die für den von ihm gewählten Beruf erforderlich ist. Ein Recht jedes einzelnen auf eine angemessene Bildung ist zwar im Grundgesetz selbst nicht ausdrücklich festgelegt. Dieses Recht ergibt sich jedoch aus einer Gesamtinterpretation der Berufsfreiheit, des Gleichheitssatzes und des Sozialstaatsprinzips. In der *Verfassung von Baden-Württemberg vom 11. November 1953* ist es so formuliert:

●●

Jeder junge Mensch hat ohne Rücksicht auf Herkunft oder wirtschaftliche Lage das Recht auf eine seiner Begabung entsprechende Erziehung und Ausbildung. Das öffentliche Schulwesen ist nach diesem Grundsatz zu gestalten.

●●

Es ist deshalb Aufgabe des Staates, ein differenziertes Schul- und Ausbildungssystem mit gleichem Zugang für alle zu schaffen. Dies ist in Deutschland in den vergangenen 100 Jahren weitgehend geschehen. Mit Einführung der Allgemeinen Schulpflicht, Bereitstellung von Schulen für alle Kinder mindestens bis zur 9. Klasse und dem Aufbau eines differenzierten Bildungswesens hat der Staat wichtige Grundvoraussetzungen für eine allgemeine Volksbildung erfüllt, auch wenn das Schulsystem im einzelnen vielfach mangelhaft und verbesserungsbedürftig ist (zu große Klassen, zu wenig Lehrer, unzureichende Räume, verfehlte Unterrichtsmethoden, falsche Lernziele und Lehrinhalte, etc.). Es ist nicht mehr so, daß der Zugang zu einer Schule überhaupt abhängt von der Religion, Herkunft oder Schichtzugehörigkeit des Schülers.

Auch viele Benachteiligungen von Schülern infolge der Armut ihrer Eltern sind durch staatliche Maßnahmen gemildert worden. In öffentlichen Schulen muß kein Schulgeld mehr gezahlt werden; die Kosten für Aufbau und Erhaltung der Schulen trägt der Staat. In den meisten Schulen gibt es Lernmittelfreiheit: die benötigten Bücher wurden von der Schule gestellt und müssen nicht mehr von den Eltern der Schüler aus eigener Tasche bezahlt werden. Und schließlich ist mit dem Bundesausbildungsförderungsgesetz (Bafög) vom 1. Oktober 1971 für Schüler und Studenten die Möglichkeit eröffnet worden, bei fehlenden eigenen Mitteln staatliche Zuschüsse zu den persönlichen Kosten ihrer Ausbildung zu erhalten. Nach § 1 Bafög hat ein Auszubildener einen Rechtsanspruch auf individuelle Ausbildungsförderung für eine seiner «Neigung, Leistung und Eignung entsprechende Ausbildung», wenn ihm «die für seinen Lebensunterhalt und seine Ausbildung erforderlichen Mittel nicht zur Verfügung stehen».

Dennoch erhalten nicht alle Schüler in der Bundesrepublik die gleiche Ausbildung. Einige verlassen die Schule mit Hauptschulabschluß, einige erlangen die «Mittlere Reife», einige schaffen das Abitur und studieren an einer Hochschule; viele werden jedoch schon entlassen, bevor sie die Abschlußklasse der Hauptschule überhaupt erreicht haben. Diese Unterschiede werden gemeinhin erklärt und gerechtfertigt mit unterschiedlicher Begabung, Leistung und Motivation oder, wie das Bafög sagt, mit verschiedener «Neigung, Leistung und Eignung».

Nach Auffassung von Kritikern des heutigen Bildungssystems haben aber viele Unterschiede in der Schul- und Berufsausbildung ihren Grund in der immer noch nicht verwirklichten vollen Chancengleichheit im Bildungswesen. Auch die Bereitstellung eines differenzierten und allgemein zugänglichen Schulsystems und der Ausgleich von finanziellen Nachteilen durch den Staat bringt noch nicht gleiche Bildungschancen für alle. Namhafte Bildungsforscher sind der Ansicht, daß vor allem die unterschiedliche Ausgangssituation der Schüler infolge unterschiedlicher Sozialisation durch Eltern und Umgebung in der Schule nur ungenügend ausgeglichen werden. Hans G. Rolff schreibt dazu:

●●

Die schichtenspezifische Auslese durch die Schule ist in der modernen Gesellschaft, in der die formalen Schranken für den Zugang zu weiterführenden Schulen gefallen sind, vor allem durch einen zirkelförmigen Verlauf des Sozialisationsprozesses bestimmt: Die Sozialisation durch den Beruf prägt in der Regel bei den Mitgliedern der sozialen Unterschicht andere Züge des Sozialcharakters als bei den Mitgliedern der Mittel- und Oberschicht; während der Sozialisation durch die Familie werden normalerweise die jeweils typischen Charakterzüge der Eltern an die Kinder weitervermittelt; die Sozialisation durch die Freundschaftsgruppen der Heranwachsenden vermag die schichtenspezifischen Unterschiede nicht aufzuheben. Da die Sozialisation durch die Schule auf die Ausprägungen des Sozialcharakters der Mittel- und Oberschicht besser eingestellt ist als auf die der Unterschicht, haben es die Kinder aus der Unterschicht besonders schwer, guten Schulerfolg zu erreichen. Sie erlangen häufig nur Qualifikationen für die gleichen niederen Berufspositionen, die ihre Eltern bereits ausübten. Wenn sie in diese Berufspositionen eintreten, dann ist der Zirkel geschlossen.

●●

Ein Versuch, die schlechteren Ausgangsbedingungen von Kindern aus der sozialen Unterschicht in der Schule auszugleichen, ist das Konzept der «kompensatorischen Erziehung». Seine Befürworter wollen durch besondere Förderungsmaßnahmen die benachteiligte Stellung der Unterschichtkinder verbessern, damit sie überhaupt das Lehrangebot der allgemeinbildenden Schulen wahrnehmen können. Die Förderungsmaßnahmen zielen vor allem auf eine Änderung des Sprachverhaltens der Kinder, die durch eine Beratung der Mütter im Stadium des Sprechenlernens, spezielle Vorschulerziehung, Nachhilfestunden im Lesen und Schreiben u. ä. erreicht werden soll.

Die Bemühungen, mehr Chancengleichheit zu geben, indem «mehr Chancen gegeben», also schlechtere Ausgangsbedingungen ausgeglichen werden, haben zu gewissen Erfolgen geführt. So ist etwa die Zahl der Arbeiterkinder, die ein Universitätsstudium aufnehmen konnten, in den letzten Jahren gewachsen. Die Herstellung völliger Chancengleichheit ist jedoch auch heute noch eine Forderung, die auf ihre Erfüllung wartet. Berufliche Stellung und Einkommen der Eltern stehen immer noch in engem Zusammenhang mit der zu erwartenden Ausbildung der Kinder.

Die Chancengleichheit, die im schulischen Bereich noch keineswegs verwirklicht ist, muß auch im Anschluß an die Schulausbildung stets aufs neue wieder hergestellt werden. Wenn beispielsweise ein Arbeiter durch strukturelle Verschiebungen in der Wirtschaft seinen Arbeitsplatz verliert, ohne im gleichen Bereich eine gleichwertige Tätigkeit wiederfinden zu können, ist seine Chancengleichheit ohne sein Verschulden aufgehoben worden. Diese kann wiederhergestellt werden durch Unterstützungen bei Umschulungsmaßnahmen und Maßnahmen zur beruflichen Förderung, womit gleichzeitig dem Bedürfnis der Volkswirtschaft nach gut ausgebildeten Arbeitskräften Rechnung getragen wird. 1981 wurden 6,3 Milliarden DM für berufliche Bildung und berufliche Rehabilitation ausgegeben. Die Vergabe der Mittel erfolgt über die Bundesanstalt für Arbeit, die auch darüber zu entscheiden hat, ob «der Antragsteller geeignet ist und die Förderung unter Berücksichtigung der Lage und der Entwicklung des Arbeitsmarktes sowie der beruflichen Neigung des Antragstellers zweckmäßig erscheint».

Arbeitsvorschlag 35

Der Gleichheitssatz erlaubt und verlangt eine unterschiedliche Behandlung der Bürger dann, wenn sie in einer ungleichen Situation sind. Halten Sie Begabung, Leistung und Motivation für zutreffende Kriterien, die Unterschiede in der Schulbildung zu erklären und zu rechtfertigen?

Arbeitsvorschlag 36

Diskutieren Sie die These von Donata Elschenbroich: «Die Entwicklung des Konzepts der kompensatorischen Erziehung ist das öffentliche Eingeständnis der Tatsache, daß die Bedingungen – und das sind die durch die sozioökonomische Situation bestimmten Bedingungen – für die Entwicklung von Intelligenz bei Arbeiterkindern erheblich ungünstiger sind als bei Kindern der Mittelschicht. Nicht die Ursachen sollen jedoch bekämpft werden; man will nur die Auswirkungen mildern.»

II. Gleichberechtigung von Mann und Frau im Beruf

Bis 1955 war die Entlohnung für Frauen mit der sogenannten Frauenabschlagsklausel verbunden. Diese besagte, daß Frauen wegen gewisser spezifischer Kostenrisiken, etwa durch Eintritt einer Schwangerschaft, für gleichwertige Arbeit weniger als Männer zu erhalten hätten. Diese Praxis wurde im *Urteil des Bundesarbeitsgerichts vom 15. Januar 1955* unter anderem mit folgender Begründung für verfassungswidrig erklärt:

●●

a) Der Gleichberechtigungsgrundsatz und das Benachteilungsverbot umfassen auch den Grundsatz der Lohngleichheit von Mann und Frau bei gleicher Arbeit.
b) Der Lohngleichheitsgrundsatz bindet als Grundrecht nicht nur die staatliche Gewalt, sondern auch die Tarifvertragsparteien.
c) Eine Tarifklausel, die generell und schematisch weiblichen Arbeitskräften bei gleicher Arbeit nur einen bestimmten Hundertsatz der tariflichen Löhne als Mindestlohn zubilligt, verstößt gegen den Lohngleichheitsgrundsatz und ist nichtig.
d) Der Grundsatz der Lohngleichheit schließt es aus, daß die Arbeit der Frau mit Rücksicht auf die zu ihren Gunsten erlassenen Schutznormen geringer entlohnt wird.
e) Nur solche Lohndifferenzierungen sind zulässig, die auch bei Männern vorgenommen werden, wenn und soweit es sich um Arbeiten handelt, die in gleicher Weise für Männer und Frauen tariflich vorgesehen sind.

●●

Allerdings wurde die nach diesem Urteil zu erwartende Erhöhung der Frauenlöhne um durchschnittlich 25 Prozent weitgehend durch die Einführung neuer Lohngruppensysteme umgangen. Dies zeigt sich besonders bei den sogenannten Leichtlohngruppen, die zwar nicht als spezifische Frauenlöhne firmieren, die aber dennoch so bestimmt sind, daß sie ganz überwiegend auf Frauen zutreffen. Die schlechtere Entlohnung von Frauen läßt sich in der folgenden Tabelle ablesen:

Durchschnittliche Bruttoverdienste der Arbeiter in der Industrie 1981

	Männer DM	Frauen DM	Frauen Männer %
Chemische Industrie	15,84	11,75	74
Elektrotechnische Industrie	14,25	11,11	78
Textilindustrie	12,66	10,30	81
Industrie insgesamt	14,94	10,83	72

Quelle: Statistisches Jahrbuch 1982 für die Bundesrepublik Deutschland. Herausgeber: Statistisches Bundesamt Wiesbaden. Stuttgart und Mainz, S. 469.

Zu einer geringeren Entlohnung von frauentypischen Arbeiten kommt hinzu, daß Frauen geringere Aufstiegsmöglichkeiten in qualifizierte Berufe haben. So waren im Jahre 1980 von 28 220 Hochschullehrern in der Bundesrepublik nur 1491 weiblich.

Daß Frauen überdurchschnittlich auf minderqualifizierte Berufe verwiesen werden, zeigt sich auch in einzelnen Berufssparten, etwa dem Gesundheitswesen:

Berufstätige Personen im Gesundheitswesen am 31. 12. 1981

	insgesamt	davon weiblich	%
Ärzte	115 711	30 127	22
Zahnärzte	32 958	6 152	18
Apotheker	27 888	14 752	53
Krankenpflegepersonen	253 894	234 880	92

Quelle: Statistisches Jahrbuch 1982 für die Bundesrepublik Deutschland. Herausgeber: Statistisches Bundesamt Wiesbaden. Stuttgart und Mainz, S. 387.

Die konkrete Situation der Frauen in einem Industriebetrieb beschreibt Peter Schneider:

●●

Die Frauen bei Bosch und die Männer

Schon bei einem ersten Blick durch die Halle erkennt man die Frauen nicht nur an dem Unterschied, der zwischen Rock und Hose, zwischen langem und kurzem Haar besteht. Die Frauen sind von den Männern nämlich noch durch einen Gang getrennt: diesseits des Ganges, an den Maschinen, wo die eigentliche produktive Arbeit gemacht wird, sitzen die Frauen, jenseits des Ganges, dort, wo man aufpaßt, telefoniert, vielleicht mit wichtiger Miene ein mißratenes Teil betrachtet, sitzen in immer frischen und hellen Kitteln die Männer: Meister, Einrichter, Reparateure. Selbst noch die zwei, drei Männer, die zwischen den Frauen an den Maschinen sitzen, sind den Frauen gegenüber im Vorteil: sie arbeiten nicht im Akkord, sondern im Zeitlohn. Auf eine entsprechende Frage an einen der Männer, ob er Akkord arbeite, erhielt ich die Antwort: «So eine Schinderei würde ich gar nicht aushalten.»

Zunächst dachte ich, daß sich das Verhältnis zwischen Männern und Frauen in meiner Halle besonders kraß darstelle. Aber nebenan in der Stanzerei, wo der Hammer mit einer Wucht von 38–80 Tonnen auf den Maschinentisch niedersaust, ist es nicht anders: an diesen riesigen Maschinen, die einen ohrenbetäubenden Lärm erzeugen und bei jedem Schlag den Boden erschüttern, sitzen ebenfalls nur Frauen, meist noch ganz junge Gastarbeiterinnen, die für diese Arbeit ein paar Pfennige mehr bekommen. Es gibt zwar reine Männerabteilungen wie z. B. die Werkzeugmacherei oder die Versuchswerkstätten. Aber diese Abteilungen sind in der Regel reine Facharbeiter-Abteilungen. Die Facharbeiter arbeiten im Zeitlohn und verdienen durchschnittlich 1,50 DM mehr als die Frauen. Es kommt vor, daß eine Frau neben einem Mann sitzt und genau dieselbe Arbeit macht wie er. Zur Strafe dafür, daß sie eine Frau ist, erhält sie für die gleiche Arbeit bis zu 1 DM weniger Lohn. Durchschnittlich liegen die

Frauen-Effektivlöhne um 1,20 DM niedriger als die Löhne der Männer. Auf den Monatsdurchschnitt bezogen kommen die Frauen, auch wenn sie schon zehn Jahre in der Firma arbeiten, nicht über 500–600 DM netto. Wenn sie nach 10–15 Jahren zur Werksangestellten «aufsteigen», erhalten sie 40 DM mehr. Die ganze Benachteiligung der Frauen wird aber erst klar, wenn man bedenkt, daß die Akkordlöhner für weniger Lohn nach einem auf die hundertstel Sekunde berechneten System arbeiten müssen, während die Zeitlöhner sich bei höherem Lohn ihre Arbeit ziemlich selbständig einteilen können. Als in einer Prüfabteilung der Akkord für die Frauen abgeschafft wurde, lieferten sie zum Dank dafür immer noch eine Höchstleistung, nämlich 80 Schmalfilmkameras pro Tag. Die Männer dagegen einigten sich bei der selben Arbeit auf 30 Stück pro Tag und machten sechsmal täglich eine Pause. Den Männern gelang es nicht, die Frauen zu einer ähnlichen Verlangsamung ihres Arbeitstempos zu bewegen.

Im allgemeinen haben die Akkord-Frauen pro Tag höchstens drei Zigarettenpausen, die Männer dagegen können, wenn sie es geschickt anstellen, ganze Stunden einsparen. Unter den Ingenieuren, aber auch unter den Facharbeitern gilt es als selbstverständlich, daß man am Tag nicht mehr als 5–6 Stunden arbeitet. Dann haben die Zeitlöhner noch den Vorteil, daß sie außertarifliche Lohnerhöhungen in Form von Prämien erhalten, während die Frauen an die tariflich festgesetzten Akkordlöhne gebunden sind und in solchen Fällen meist leer ausgehen. Wird aber endlich eine tarifliche Lohnerhöhung durchgesetzt, so macht die Firma die Erhöhung des Grundlohnes durch die Kürzung der Zuschriebe wieder wett. Am effektiv gezahlten Lohn ändert sich wenig oder gar nichts. Die Zeitnehmer, die dafür sorgen, daß die Frauen immer im Höchsttempo arbeiten, sind ebenfalls Männer. Gleich an einem der ersten Tage sah ich so einen Zeitnehmer, wie er sich mit seiner Stoppuhr neben einer Frau aufstellte, immer abwechselnd die Hände der Frau mit dem Zeiger auf seiner Uhr vergleichend. Während der Frau der Schweiß über das Gesicht lief und ihre Augentusche und ihr gemaltes Schönheitspflästerchen in dunklen Strähnen über die Backen floß, schnauzte er sie an, sie solle weniger Schräubchen auf einmal in die Zuführmaschine legen, dann glitten sie besser. Die Frauen an den benachbarten Plätzen waren empört. «Dann soll er sich doch selber mal acht Stunden an die Maschine setzen und das Tempo vormachen.» Einmal hatten sich die Frauen schriftlich über einen Zeitnehmer beschwert. Aber das Ergebnis war, daß dann ein anderer kam, der die Zeiten genauso scharf nahm wie der alte.

An die Stelle der alten Arbeitsteilung zwischen Frauen- und Männerarbeit ist eine neue, noch ungerechtere getreten. Frauenarbeit bedeutet heute nichts weiter, als die schwerere, dreckigere, schlechter bezahlte Arbeit zu machen. Männerarbeit ist die verantwortungsvollere, leichtere, besser bezahlte Arbeit. In gewisser Hinsicht hat sich das Verhältnis von Frauenarbeit zu Männerarbeit einfach umgekehrt. Während die Frauen Kisten bis zu 30 Kilo in die Halter heben, nach hundertstel Sekunden arbeiten, sieht man die Meister und Einrichter mit tadellosen Bügelfalten an den Tischen stehen, mit gepflegter Hand den Telefonhörer aufheben oder mit federnden Schritten durch die Reihen der schuftenden Frauen gehen, immer ein Lächeln, eine kokette Bemerkung auf den

Lippen. «Noch so braun von den Ferien, Fr. P.» – «Mit Ihren zarten Fingern, die fettigen Schrauben . . .» Ein ganz merkwürdiger Umgangston hat sich herausgebildet. Wenn der Meister die Frauen zu irgendwas auffordert, tut er das immer mit einem anzüglichen Zierwort, so, als handele es sich um einen persönlichen Gefallen für ihn. Im übrigen achtet der Meister darauf, so selten wie möglich direkt mit den Frauen zu sprechen. Alle heiklen Fragen, wie z. B. die Frage nach den Überstunden, läßt er durch die Springerinnen klären. Die Springerin steht zwischen den Akkordarbeiterinnen und dem Meister. Sie wird von den Frauen danach beurteilt, wie weit sie sich auf ihre Seite und gegen den Meister und die Geschäftsleitung stellt. Wenn die Springerin immer nur vermittelt, gehört sie nicht zu den Frauen und es geschieht ihr ganz recht, wenn sie einen Nervenzusammenbruch hat. Das kommt davon, wenn man es zu vielen Leuten recht machen will. Überhaupt beurteilen sich die Frauen gegenseitig danach, wie weit sie die sexuellen Angebote der Meister und Einrichter abwehren und sich darüber lustig machen. «Wir wissen schon» erklärte mir eine Frau dazu, «daß wir hier danach taxiert werden, was für ein Fahrgestell eine hat. Darüber unterhält sich dann der Meister mit seinen Einrichtern. Da wir aber nicht als Schönheitsköniginnen hier sind (wenn wir welche wären, brauchten wir ja nicht hier an der Maschine zu sitzen), sondern als Akkordarbeiterinnen, sollte die Männer auch nichts weiter interessieren als die Schnelligkeit unserer Hände und zwar an der Maschine, nicht aber unser Fahrgestell. Die Männer kommen sich doch hier wie Götter vor, sie sind aber keine Götter, sondern ziemliche Waschlappen und Faulenzer, und von uns haben sie nichts zu erwarten. Denn wir arbeiten wie sie, die aber nicht für uns, verstehen Sie, was ich meine. Wenn hier so ein Einrichter herkommt und großtut, uns was vormachen will, wie man die Maschine einrichtet, weil er studiert hat, und es dann längst nicht so gut kann wie wir, wo wir seit zehn Jahren hier sitzen und die Maschine kennen, besser als unsere Familie, da lache ich nur und sehe mir meinen Einrichter mal gründlich von oben bis unten an, in seinem kackbraunen Kittel, so lange bis er rot wird. Ja, ich weiß schon, wie man sie in Verlegenheit bringt.»

Auf diese Bedingungen im Betrieb reagieren die Frauen damit, daß sie sich nicht mit ihrem Beruf identifizieren. Als Beruf nennen sie den, den sie früher einmal ausgeübt haben: Blumenbinderin, Verkäuferin, Friseuse, Büroangestellte, Hutmacherin. Arbeiterin ist eben kein richtiger Beruf. Als Reformhausverkäuferin dagegen ist man nicht einfach eine Verkäuferin unter vielen, man hat eine bestimmte Verantwortung und ein bestimmtes Wissen, man muß über Leber und Galle Bescheid wissen, die richtigen Diäten zusammenstellen. Viele Frauen haben die Hoffnung, daß sie nach 1–2 Jahren wieder in ihren alten Berufen arbeiten werden. In den meisten Fällen ist diese Hoffnung eine Illusion. Denn die Gründe, die die Frauen dazu gebracht haben, in die Fabrik zu gehen, sind unwiderruflich: in die Fabrik sind sie gegangen, weil sie in ihren alten Berufen nicht genug Geld verdienten, keine Stellung fanden, wegen der Scheidung. Der häufigste Grund aber sind die Kinder. Die Frauen kommen als Fabrikarbeiterinnen früher nach Hause als in jedem anderen Beruf, nämlich halb vier. Dadurch haben sie mehr Zeit für die Kinder übrig. Die meisten Frauen der

Halle sind schon über dreißig und verheiratet. Viele von ihnen sind von der Ehe enttäuscht . . .

Durch die Stellung der Frauen im Produktionsprozeß ändern sich die Beziehungen zwischen den Geschlechtern. Die traditionelle Überlegenheit des Mannes, einzige Entschädigung für die entfremdete Arbeit im Betrieb, ist durch die wirklichen Verhältnisse nicht mehr gedeckt und wird immer mehr zur bloßen Behauptung. Die Frauen lernen jetzt die Arbeit der Männer nicht mehr nur am Tag der offenen Tür kennen, sondern können ihre Arbeit täglich mit der der Männer vergleichen, und ein Respektsgrund nach dem anderen fällt fort. Die mit den neuen Arbeitsverfahren fortschreitende Dequalifizierung der Arbeit vernichtet für die Masse der Arbeiter alle Unterschiede nach Ausbildung, Geschlecht und Geschicklichkeit. Daß die Männer weniger arbeiten und gleichzeitig mehr verdienen, läßt sich meist nicht mehr durch den Charakter der Arbeit selbst, sondern nur noch damit erklären, daß die Arbeit von Männern gemacht wird. Gleichzeitig wehren sich die Frauen dagegen, die durch die Umwälzung der Produktion ausgehöhlten Privilegien der Männer anzutasten. Lieber halten sie daran fest, daß die Männer vielseitiger einsetzbar sind und fähiger, Verantwortung zu tragen. Zwar werden die Frauen nicht dazu ermutigt, aber sie reißen sich auch nicht darum, zur Einrichterin oder Meisterin aufzusteigen. «Was soll ich mich damit herumplagen, daß alle ihren Akkord schaffen, ich hab genug Ärger zu Hause.» Da sitzen sie lieber auf ihrem festen Platz, machen ihre 140 Prozent, und wenn sie ihre Stücke geschafft haben, sind sie eben fertig. Wenn der Einrichter sich einmal an die Maschine setzten muß, um ein paar übriggebliebene Teile zu montieren, so kokettiert er ohne weiteres damit, daß er so was nicht kann, und ruft: «Frau J., Frau J., ich ertrinke, helfen Sie mir.» Frau J. hat es ganz gerne, daß er es nicht kann oder vorgibt, es nicht zu können.

●●

Arbeitsvorschlag 37

1. Untersuchen Sie die Zusammensetzung politischer Gremien in Ihrer Gemeinde nach Geschlechtern
2. Nennen Sie Berufe, die für Frauen nicht geeignet sind.
   Nennen Sie Berufe, die für Männer nicht geeignet sind.
   Formulieren Sie anhand der genannten Beispiele allgemeine Kriterien für die geschlechtsspezifische Berufseignung.

III. Rechte der Ausländer

Art. 3 Abs. 3 GG lautet:

●●

Niemand darf wegen seines Geschlechts, seiner Abstammung, seiner Rasse, seiner Sprache, seiner Heimat oder Herkunft, seines Glaubens, seiner religiösen oder politischen Anschauungen benachteiligt oder bevorzugt werden.

●●

Dennoch unterscheidet sich die Situation vieler Ausländer in der Bundesrepublik deutlich von der der deutschen Bevölkerung. Das Ausmaß der «Ausländerproblematik» wird deutlich, wenn man sich vor Augen hält, daß im Jahre 1981 mehr als 4,6 Millionen Ausländer in der Bundesrepublik lebten, von denen nahezu 60 Prozent länger als 8 Jahre ihren Aufenthalt in der Bundesrepublik haben. Sie alle fallen unter die Ausländergesetzgebung. Deren wichtigste Bestimmungen sind:

1. Einreise
Im allgemeinen bedürfen Ausländer einer Aufenthaltserlaubnis, wenn sie ins Inland einreisen und sich nur aufhalten wollen. «Wenn die Anwesenheit des Ausländers Belange der BRD nicht beeinträchtigt» (§ 2 I AuslG), darf diese erteilt werden. Sie ist nicht notwendig für Ausländer, die nicht länger als drei Monate im Inland bleiben und hier keiner Arbeit nachgehen wollen.

In der Bundesrepublik herrscht also

- Einreisefreiheit (ausgenommen zum Zweck der Erwerbstätigkeit)
- Aufenthaltsfreiheit bis zu drei Monaten und
- Ausreisefreiheit

2. Aufenthaltserlaubnis
Eine Aufenthaltserlaubnis muß der Ausländer haben, wenn er einer Erwerbstätigkeit nachgehen will. Nach der Einreise muß unverzüglich eine polizeiliche Anmeldung erfolgen. Die Aufenthaltserlaubnis kann

- räumlich und zeitlich begrenzt und
- mit Bedingungen und Auflagen verknüpft werden.

Dies kann auch nachträglich geschehen.

In der Regel soll die Aufenthaltserlaubnis für das gesamte Gebiet der Bundesrepublik Deutschland gelten und für den Arbeitnehmer auf längstens ein Jahr begrenzt sein. Auflagen und Bedingungen können zur Wahrung des öffentlichen Interesses verfügt werden.

3. Arbeitserlaubnis
Zur Aufnahme einer Beschäftigung bedürfen Ausländer der Erlaubnis der Bundesanstalt für Arbeit:

«Die Erlaubnis wird nach Lage und Entwicklung des Arbeitsmarktes unter Berücksichtigung der Verhältnisse des Einzelfalles» erteilt. «Sie ist zu befristen und kann auf bestehende Betriebe, Berufsgruppen, Wirtschaftszweige oder Bezirke beschränkt werden.» (§ 19 AFG). Arbeitgeber dürfen nur ausländische Arbeitnehmer, die eine solche Erlaubnis vorweisen können, beschäftigen. Die Arbeitserlaubnis wird in der Regel auf 2 Jahre befristet.

Sie muß erteilt werden an

- ausländische Arbeiter, die bereits länger als fünf Jahre in der Bundesrepublik wohnen und arbeiten und sich rechtmäßig verhalten haben;
- ausländische Ehepartner von Deutschen;
- Asylberechtigte.

Die Arbeitserlaubnis wird nur erteilt, wenn eine Aufenthaltserlaubnis vorliegt. Sie muß versagt werden bei illegaler Arbeitsaufnahme und wenn die Arbeitsbedingungen ungünstiger sind als die vergleichbarer deutscher Arbeitnehmer.

Sie kann versagt werden, wenn wichtige Gründe in der Person des Arbeitnehmers vorliegen, und dann, wenn negative Auswirkungen auf den Arbeitsmarkt zu befürchten sind. In diesen Fällen kann die Arbeitserlaubnis auch widerrufen werden. Die Arbeitserlaubnis erlischt, wenn die Aufenthaltsgenehmigung erlischt oder der Arbeitnehmer länger als drei Monate im Ausland ist.

Eine Arbeitserlaubnis benötigen nicht:

- Vorstandsmitglieder einer AG;
- Geschäftsführer einer OHG/KG;
- leitende Angestellte mit Generalvollmacht;
- Prokuristen;
- Lehrpersonen, wissenschaftliche Mitarbeiter an Hochschulen;
- Studenten und Schüler.

4. Ausweisung

Ausländer können unter anderem ausgewiesen werden bei

- Gefährdung der freiheitlich demokratischen Grundordnung oder der Sicherheit der Bundesrepublik;
- Verurteilung wegen einer Straftat;
- Verstoß gegen das Steuerrecht und ähnliche Vorschriften;
- Nichtbeachtung des Arbeitsförderungsgesetzes;
- falschen Angaben einer Behörde gegenüber;
- Bettelei, Prostitution, Herumziehen als Landstreicher oder Landfahrer;
- Gefährdung der öffentlichen Gesundheit oder Sittlichkeit;
- Inanspruchnahme der Sozialhilfe für sich selbst oder die Familie des Ausländers;
- Beeinträchtigung erheblicher Belange der Bundesrepublik aus anderen Gründen.

Wird ein Ausländer ausgewiesen, muß er unverzüglich abreisen. Wenn die freiwillige Ausreise nicht sichergestellt ist, ist er abzuschieben; dies gilt auch, wenn die Ausreise aus Gründen der öffentlichen Sicherheit und Ordnung überwacht werden muß. Würde die Abschiebung sonst wesentlich erschwert oder vereitelt oder kann nicht sofort darüber entschieden werden, muß der Ausländer in Haft genommen werden, die nicht länger als 6 Wochen dauern soll. Ist die Haft zur Sicherung der Abschiebung erforderlich, kann sie bis zu 6 Monaten angeordnet werden; die Haft kann dann bis zu einem Jahr verlängert werden.

5. Ausreise
Ausländer können frei ausreisen, es sei denn es läge vor:
- Gefährdung der öffentlichen Sicherheit der BRD;
- Entzug einer drohenden Strafverfolgung;
- Verstoß gegen Steuerrecht u. ä.;
- Entzug der Unterhaltspflicht.

Die Unsicherheit der in der Bundesrepublik lebenden und arbeitenden Ausländer über ihren Aufenthaltsstatus und über ihre weitere Existenz hat in den Jahren steigender Arbeitslosigkeit noch zugenommen. Arbeitslose Ausländer, die Arbeitslosenhilfe oder Sozialhilfe beziehen, können ausgewiesen werden.

Die Arbeitsbehörden wurden verpflichtet, bei der Vermittlung von Arbeitsplätzen Deutsche den Ausländern vorzuziehen, so daß diese einer erhöhten Gefahr der Ausweisung ausgesetzt sind. Zusätzlich haben der Bund und die Länder Maßnahmen beschlossen, die die Situation der Ausländer weiter verschlechterten: z. B. wurde die Möglichkeit von Ehegatten, Kindern und Eltern erschwert, zu ihren Angehörigen in der Bundesrepublik nachzuziehen.

Auch stellen Ausländerbehörden als Voraussetzung für die Erteilung einer Aufenthaltserlaubnis häufig hohe Anforderungen an die Größe einer bereits vorhandenen Wohnung. In einer Entscheidung des Verwaltungsgerichts Arnsberg vom 28. 7. 1983 heißt es z. B. hierzu:

●●

«Im übrigen hat die Kammer erhebliche Zweifel, ob der Antragsgegner bei einer siebenköpfigen Familie an die Wohnung die von ihm genannten Anforderungen in jedem Fall stellen kann. Nach dem Runderlaß des Innenministers vom 26. Juni 1982 kann ein ausländischer Arbeitnehmer aus der Türkei seine Familie nur nachholen, wenn er eine angemessene Wohnung hat. In dem Erlaß heißt es: ‹Der Ausländer muß eine Wohnung haben, die den normalen Anforderungen vergleichbarer deutscher Arbeitnehmer an eine angemessene Wohnung entspricht. Maßgebend für die Beurteilung der Angemessenheit der Wohnung sind die am Aufenthaltsort geltenden Maßstäbe. Es sollte das für ältere Sozialwohnungen übliche Niveau annähernd erreicht werden. Wichtig ist, daß die Größe der Wohnung der Zahl der Familienangehörigen entspricht und sie die notwendigen sanitären Einrichtungen hat.›

Es ist gerichtsbekannt, daß die meisten Ausländerbehörden diese Verwaltungsvorschrift dahingehend auslegen, daß bei sieben Personen eine Wohnung mit vier Zimmern und separater Küche bzw. fünf Zimmern sowie einer eigenen Toilette und einer eigenen Waschgelegenheit gefordert wird. Bei einer derartigen Aufteilung der Wohnung soll die Quadratmeterzahl 9 m^2 pro Person betragen. Bei Zugrundelegung dieser Verwaltungspraxis ist die Wohnung der Familie des Antragstellers zwar flächenmäßig groß genug, sie entspricht jedoch nicht der von der Verwaltungspraxis verlangten Aufteilung.

Bei Anwendung dieser in der Verwaltungspraxis herausgearbeiteten Grundsätze ist jedoch zu bedenken, daß die Wohnung der ausländischen Familie der eines vergleichbaren deutschen Arbeitnehmers entsprechen muß und die genannten Grundsätze insofern nur Anhaltspunkte liefern können. Es muß daher am Einzelfall überprüft werden, inwieweit diese Verwaltungsgrundsätze übernommen werden können. Im vorliegenden Fall ist zu beachten, daß der Unterhalt der siebenköpfigen Familie von nur einem Gehalt bestritten wird. Es ist nicht davon auszugehen, daß eine deutsche Arbeiterfamilie unter diesen Umständen einen höheren Anteil ihres Einkommens für die Wohnung aufwenden könnte. In diesem Zusammenhang ist auch zu beachten, daß die Aufenthaltserlaubnis der Mutter des Antragstellers mit der Auflage ‹Erwerbstätigkeit nicht gestattet› erteilt worden ist, so daß die Mutter des Antragstellers auch dann, wenn sie es wollte, nicht zum Unterhalt der Familie beitragen kann, obwohl sie sich bereits seit mehr als vier Jahren rechtmäßig in der Bundesrepublik aufhält.»

Informationsbrief Ausländerrecht 1984, S. 168f.

●●

In einer zusätzlich belasteten Lage sind Ausländer, die in der Bundesrepublik um *politisches Asyl* nachsuchen. In Art. 16 GG ist für sie eindeutig festgelegt:

Politisch Verfolgte genießen Asylrecht.

Das 1982 in Kraft getretene Asylverfahrensgesetz legt fest, daß grundsätzlich alle Asylsuchenden in Gemeinschaftsunterkünften untergebracht sein sollen. Über die Situation in solchen Lagern für Asylsuchende berichtete am 1. Juli 1983 eine Kommission des Hohen Flüchtlingskommissars der Vereinten Nationen:

●●

I. Hintergründe für die Zentren

3. Bis 1978 war die Bundesregierung für Flüchtlingsangelegenheiten verantwortlich, und das Bundesinnenministerium war der Gesprächspartner der UNHCR in allen den Schutz der Flüchtlinge und die Versorgung von Asylsuchenden betreffenden Fragen. Es gab ein Aufnahmezentrum in Zirndorf bei Nürnberg, und das Bundesamt für die Anerkennung ausländischer

Flüchtlinge befand sich nebenan. Nur 2 Verwaltungsgerichte (Ansbach als Erstinstanz und München als Zweitinstanz) verhandelten Asylklagen. Das Recht zu arbeiten wurde sowohl anerkannten Flüchtlingen als auch Asylsuchenden gewährt. (...)

5. Vor 1978 blieben Asylsuchende während des Asylverfahrens in Bayern, nur anerkannte Flüchtlinge wurden auf die Länder verteilt. 1978 wurde jedoch ein Schlüssel für die Neuverteilung von Asylsuchenden eingeführt. Gemäß dem Gesetz weisen die Länder Kreise und Gemeinden an, eine festgelegte Anzahl von Asylsuchenden, Kontingentflüchtlingen und anerkannten Flüchtlingen zu übernehmen und unterzubringen. Die meisten der den Gemeinden entstandenen Kosten werden durch die Länder erstattet, aber die Praxis variiert von Land zu Land beträchtlich. Für Behörden und Öffentlichkeit der BRD, einem mit der Rezession konfrontierten modernen Wohlfahrtsstaat, stellen die für Asylsuchende aufgebrachten Kosten eine Frage von erheblichem Interesse dar. Demgemäß wurden die Abschreckungswirkungen der erzwungenen Internierung in Zentren, einer Maßnahme, die formal 1982 eingeführt wurde, aber tatsächlich schon in mehreren Ländern seit 1980 besteht, von den Behörden mit Befriedigung registriert. Tatsächlich ist die Zahl der Asylsuchenden von 107818 im Jahre 1980 auf 49391 in 1981 und 37231 in 1982 zurückgegangen. Die geschätzte Zahl für 1983 beträgt 20000.

6. Zwei grundlegende Gesetze betreffen Flüchtlinge und Asylsuchende: Das Ausländergesetz, zuletzt geändert am 1. August 1982, und das Bundessozialhilfegesetz, ergänzt im Januar 1982.

7. Als ein Beispiel für die Entwicklung der Lagersituation könnte man Baden-Württemberg anführen, das bei der Übernahme seiner ersten Asylsuchenden aus Bayern ein Landesasylgesetz am 3.4.1979 in Kraft setzte, das die Verteilung unter den Gemeinden von mehr als 10000 Einwohnern regelte. Urspünglich lehnte das Land es ab, Lager einzurichten, in der Furcht, daß Zusammenballungen von Ausländern unterschiedlicher Nationalitäten, Kulturen und Religionen zu unüberwindlichen Problemen in den Lagern selbst als auch mit der örtlichen Bevölkerung führen würden. Jedoch seit dem 15. September 1980 werden alle neuen Asylsuchenden gemäß einem am 28. Juli 1980 verkündeten Erlaß des baden-württembergischen Innenministeriums in Lagern interniert. Sogar Personen, die eine Unterkunft bei Verwandten oder Freunden gefunden hatten, wurden gezwungen, in die Lager zu gehen. In dem erwähnten Erlaß vom 28. Juli 1980 ist ausdrücklich festgestellt, daß es der Zweck der Lager ist, «in den Asylsuchenden den Wunsch hervorzurufen, in ihre Herkunftsländer zurückzukehren» und «potentiellen Neuankömmlingen entgegenzuwirken». (...)

9. Paragraph 23 des neuen Asylverfahrensgesetzes, das am 1. August 1982 in Kraft trat, legt fest, daß grundsätzlich *alle* Asylsuchenden in Gemeinschaftsunterkünften untergebracht werden sollen. Diese Praxis ist bereits früher in einigen Bundesländern wie Baden-Württemberg, Bayern, Hessen und Niedersachsen eingeführt worden. Die Zahl der Zentren in der BRD und die Gesamtzahl ihrer Bewohner ist gegenwärtig unserem Zweigbüro nicht bekannt, das sich bemühen wird, diese Zahlen zu erhalten.

II. Bedingungen in den Zentren

10. Lage

Die Zentren sind in ehemaligen Kasernen, nicht mehr benutzten Krankenhäusern, Schulen, Hotels und anderen für den Zweck hergerichteten Gebäuden eingerichtet worden. Einige von denen, die wir besuchten, waren in sehr schlechtem Zustand, mit knapp ausreichenden, zerbrochenen Möbeln, unzureichender Heizung und schlechten sanitären Anlagen. Einige lagen in oder nahe einer Stadt oder eines Dorfes, andere waren auf dem Lande isoliert, fern von jedem öffentlichen Verkehr.

11. Bewegungsfreiheit

Diese ist beschränkt auf den Kreis oder die Gemeinde. Ein unerlaubter Besuch in anderen Gebieten ist streng verboten und mit Geldstrafe oder Gefängnis bedroht. Es kann um Erlaubnis zum Besuch naher Verwandter (Ehepartner, Kinder) oder eines Rechtsanwalts ersucht werden, jedoch wird sie sparsam gewährt. Überdies ist die Bewegung auch innerhalb der erlaubten Grenzen noch weiter durch das Fehlen finanzieller Mittel eingeschränkt. (Personen-)Transport ist in der BRD teuer, und Asylsuchende können sich eine Fahrt in das nächste Dorf oder die nächste Stadt kaum leisten.

12. Sozialhilfe

In den meisten der Zentren wird Verpflegung aus einer Gemeinschaftsküche zur Verfügung gestellt. In diesem Falle erhalten alleinstehende Asylsuchende monatlich Taschengeld zwischen 55 und 70 DM, Familien erhalten allgemein 55 DM für den Haushaltsvorstand, 44 DM für jedes weitere erwachsene Familienmitglied und 25 bis 50 DM pro Kind, nach Alter gestaffelt. Mit diesen Summen müssen sie alle ihre persönlichen Bedürfnisse befriedigen: Ergänzende Verpflegung, Toilettenartikel, Briefmarken, Fahrgeld, Zigaretten. Manche zweigen von dieser Summe monatlich Zahlungen an ihren Rechtsanwalt ab. In Zentren, wo Asylsuchende ihr eigenes Essen zubereiten, erhalten sie monatliche Unterstützung, 240 DM niedrig, einschl. Taschengeld. Dieser Betrag war ursprünglich höher, wurde aber aufgrund der Änderung des Bundessozialhilfegesetzes am 1. Januar 1982 um 20 % gekürzt. Die örtlichen Behörden bestreiten Fälle von Unterernährung, doch bleibt das Risiko hoch, wenn man Anwaltsgebühren und die möglichen Versuche einiger, Geld nach Hause zu schicken, bedenkt.

13. Verpflegung
In Zentren, in denen diese zur Verfügung gestellt wird, besteht sie gewöhnlich aus Frühstück, einer warmen Mittagsmahlzeit und einem kalten Abendbrot, zu bestimmten Stunden herausgegeben. Personen, die sich zu ihren Mahlzeiten nicht melden, können bestraft werden. Die meisten Zentren beherbergen Asylsuchende verschiedener Nationalität und Religion. Während einige diesen Faktor berücksichtigen (Zirndorf mit seiner langen Erfahrung und seinem verständnisvollen Leiter bietet täglich zwei verschiedene Mahlzeiten an), bieten andere (für die Bewohner) fremdartige oder sogar anstößige Mahlzeiten an. In einigen gibt es keinen Zutritt zur Küche, es ist verboten, in den Räumen zu kochen. In einem vorwiegend von Moslems bewohnten Zentrum erzählten uns Asylsuchende, daß es unter diesen Bedingungen für sie unmöglich war, Ramadan zu halten, der gerade zur Zeit unseres Besuchs begann. Überdies wurde ihnen Schweinefleisch serviert.

In Zentren, in denen Asylsuchende ihre eigenen Mahlzeiten zubereiten, erhalten einige Bargeld und andere (Lebensmittel-)Rationen. In letzteren Fällen erhielten wir Beschwerden darüber, daß Kindern nicht genug Milch, Obst oder Säfte gegeben werden.

14. Medizinische Versorgung
Die größeren Zentren haben zu bestimmten Zeiten einen Arzt, in anderen erhalten die Bewohner freie Behandlung in medizinischen Zentren, müssen jedoch ihre Fahrt dorthin selbst bezahlen. In Köln informierten uns die Behörden darüber, daß, wenn die Asylsuchenden übermäßige medizinische Versorgung erfordern, von ihnen zunächst die Vorsprache bei einem Amtsarzt verlangt wird, der die Notwendigkeit medizinischer Behandlung bestimmt, in welchem Falle sie mit einer Karte (Krankenschein), die drei Monate gültig ist, ausgestattet werden. Wenn bei Ablauf die Behandlung andauert, müssen sie den Amtsarzt noch einmal für eine weitere Erlaubnis sprechen.

Bewohner erzählten uns, daß es Unterbringungen in psychiatrischen Abteilungen und Fälle von Selbstmord oder versuchtem Selbstmord gegeben habe. Unser Vertreter und Stellvertreter trafen bei ihrem Besuch in Zentren im März einen jungen, intellektuellen Afghanen, der zwei Selbstmordversuche gemacht hatte. Der allgemein depressive Zustand der Asylsuchenden, die wir sahen, und die Auswirkungen ihrer in die Länge gezogenen Inaktivität, Ungewißheit über ihre Zukunft, Isolation, das Gefühl der Abweisung, Hilflosigkeit und zunehmende Verzweiflung waren sehr spürbar.

15. Personal
Obwohl aus einem Leiter, manchmal einem Stellvertreter und Wartungspersonal bestehend, wird dennoch von den Asylsuchenden erwartet, die meiste Reinigungsarbeit zu tun. Mit Ausnahme des Leiters des Zirndorfer Lagers, der erfahren und verständnisvoll ist, schienen in den anderen Zentren die Leiter, von denen drei gerade erst ernannt worden waren, ungeeig-

nete Qualifikationen zu haben. Es war klar: Die Grundanforderung war die Fähigkeit, Disziplin aufrechtzuerhalten. In abgelegenen Zentren ohne soziale Dienste nahmen die Leiter eine vorherrschende Rolle ein; das Fehlen der notwendigen menschlichen Qualität kann sehr schädliche Wirkungen haben.

16. Soziale Dienste

Die Länder haben ein Übereinkommen mit der Liga der freien Wohlfahrtsverbände getroffen, die untervertraglich mit freiwilligen Organisationen geregelt hat, die Sozialarbeit in einigen Zentren durchzuführen. Die kleineren Zentren sind von solchen Diensten ausgeschlossen. Sie bestehen hauptsächlich aus Beratung, Orientierungskursen, kleinen Werkstätten sowie Erholungsaktivitäten, durchgeführt von Teams von zwei bis drei Sozialarbeitern. Ihre Leistungsfähigkeit und Ergebnisse variieren in Abhängigkeit von den Qualifikationen und von den ihnen zur Verfügung stehenden Mitteln. Die meisten schienen insbesondere mit anderen Kulturen wenig Erfahrung zu haben und mit ihrer Aufgabe überfordert zu sein.

17. Orientierungskurse / Beschäftigungstherapie

Seit 1981 sind Sprachkurse in den Zentren nicht erlaubt, weil sie die Integration der Asylsuchenden fördern würden. Die Sozialdienste haben deshalb Orientierungskurse organisiert, die etwas Grund-Sprachtraining beinhalten. In einigen Zentren werden diese zwei Stunden täglich, in anderen zweimal wöchentlich gegeben. Die Sozialarbeiter beklagten die geringe Teilnahme, Asylsuchende erklärten, daß die Kurse uninteressant, immer dasselbe und den verschiedenen Lernfähigkeiten der Bewohner nicht angepaßt seien. In der Tat waren die Lehrer oft Freiwillige, offenbar ohne jede spezielle Ausbildung. Nach der Anerkennung werden Flüchtlinge zu achtmonatigen Sprachintensivkursen zugelassen. Nichtanerkannte Asylsuchende, denen eine Aufenthaltsgestattung für die BRD gewährt wurde, bekommen diese Vergünstigung nicht. Somit bereitet sie diese Wartezeit in keiner Weise für ihre zukünftige Integration vor.

18. Andere Aktivitäten

In drei der besichtigten Zentren wurden seitens der Verbände Anstrengungen unternommen, eine Art Beschäftigungstherapie durch Schaffung kleiner Werkstätten einzuführen. Jedoch waren diese wegen Fehlens von Mitteln und geeigneten Lehrern sehr eingeschränkt. Wir diskutierten mit den uns begleitenden örtlichen Behördenvertretern bei jedem Besuch die Möglichkeit, arbeitslose Techniker (von denen während des Bezugs von Sozialhilfe erwartet wird, etwas gemeinnützige Arbeit zu leisten) bei der Verbesserung dieser Werkstätten helfen zu lassen. Es war jedoch klar, daß keine Neigung besteht, Asylsuchenden, von denen im Prinzip erwartet wird, das Land zu verlassen, Ausbildungsmöglichkeiten anzubieten. Obgleich eine große Anzahl asylsuchender Studenten sind, können diese somit nicht ein einmal die Minimalfertigkeiten erwerben, die ihnen den Versuch erlauben würden, auf einem zunehmend schwierigen Arbeitsmarkt (9 % Arbeitslose) Arbeit zu suchen.

19. Kontakte mit der örtlichen Bevölkerung
Diese sind praktisch nicht vorhanden. Das Fehlen von Sprachkursen, das Arbeitsverbot, die Lage vieler Zentren in ländlichen Gebieten, wo die örtliche Bevölkerung besonders wenig aufnahmebereit und sogar feindlich ist, haben den von den Behörden beabsichtigten Effekt weitgehend totaler Isolation erreicht. Besuchserlaubnisse müssen beim Leiter beantragt werden; Besucher werden oft verschreckt.

20. Status der Familienangehörigen
Familienangehörige, die zu einem Flüchtling in der BRD nachziehen, erwerben nicht automatisch dessen Status, sondern müssen das Asylverfahren durchlaufen und werden nur anerkannt, wenn sie einen triftigen persönlichen Anspruch vorweisen können. Somit müssen die Angehörigen anerkannter Flüchtlinge, die nach Einführung der Zwangsinternierung eingereist sind, in ein Zentrum gehen, und wenn ein anerkannter Flüchtling mit seiner Familie zusammenleben will, muß er zu ihnen ziehen.

Es wurde das Beispiel einer jungen Frau mit Kleinkind erzählt, die zu einem anerkannten Flüchtling nachzog, der Arbeit und Unterkunft gefunden hatte. Die Ehefrau wurde gezwungen, in ein Zentrum zu ziehen, und es wurde ihr geraten, das Kind mitzunehmen, «weil sie einen langen Aufenthalt haben würde».

Mitglieder derselben Familie können somit unterschiedliche Status und Rechte haben. Den Nichtanerkannten wird eine Arbeitserlaubnis nicht gewährt, und andere soziale Vergünstigungen werden ihnen versagt. Asylsuchende dürfen um Zusammenführung mit nahen Verwandten (Eltern, Ehegatten, Kinder) in einem anderen Zentrum nachsuchen. Andere Verwandtschaftsgrade werden nicht berücksichtigt.

21. Arbeitserlaubnis
Bundesrecht untersagt die Ausstellung von Arbeitserlaubnissen an Asylsuchende während der ersten zwei Jahre ihres Aufenthaltes (herabgesetzt auf ein Jahr für Osteuropäer). Diese Wartezeit wird durch andere Restriktionen weiter verlängert: Asylsuchende dürfen nur eine Arbeit aufnehmen, für die kein deutscher Bürger oder Ausländer mit gültiger Arbeitserlaubnis während einer Freihaltezeit von drei Monaten zur Verfügung steht. Ebenso dürfen sie nur innerhalb des Kreises, in dem sie wohnen, nach Arbeit suchen. In Anbetracht der hohen Arbeitslosenrate, besonders in den nichtindustrialisierten Gebieten, in denen die meisten Zentren liegen, und eingeschränkt durch den Mangel an Sprachkenntnissen und geeigneten Trainings, ist es für die meisten Asylsuchenden eigentlich unmöglich, Arbeit zu finden, und sie sind dadurch verurteilt, auf unbestimmte Zeit in den Zentren zu verbleiben.

Solche, denen Asyl gewährt wurde, dürfen Arbeit in anderen Ländern suchen und werden zu einem Intensivsprachkurs (1982 von 12 auf 8 Monate herabgesetzt) gemäß dem Arbeisförderungsgesetz zugelassen. Diese Vergünstigung wird nur einem Familienmitglied gewährt, und der Unterstützungssatz wird während des Kurses reduziert. Gemäß einer Änderung des Ausbildungsförderungsgesetzes ist die Berufsausbildung nicht mehr kostenlos, wird aber auf Darlehnsbasis gewährt, und Personen, die über 5 Jahre im Lande verbracht haben, sind für die Ausbildung nicht zugelassen. Deswegen stellt es sich selbst für anerkannte Flüchtlinge als unmöglich dar, die Zentren zu verlassen, und wir trafen einige, die in dieser Situation waren.

22. Gemeinnützige Arbeit
Das Bundessozialhilfegesetz legt fest, daß Asylsuchende der Verpflichtung zu gemeinnütziger Arbeit unterworfen werden können, die für von Arbeitslosenunterstützung abhängige arbeitslose Deutsche vorgesehen ist. Diese Arbeit ist unbezahlt, und sie erhalten einen Ausgleich von 1 bis 2 DM pro Stunde. Denen, die solche Arbeit verweigern, kann die Sozialhilfe gekürzt oder entzogen werden.

23. Rechtshilfe
Das komplizierte Asylverfahren und die daraus resultierende absolute Erforderlichkeit fachkundiger Rechtshilfe für Asylsuchende ist in dem Telex GSR/HCR/226 des Zweigbüros Bonn vom 6. Juni 1983 ausführlich umrissen. Ich würde nur hinzufügen, daß das Netz von 26 durch UNHCR unter dem Rechtshilfeprojekt eingesetzten Rechtsanwälten nur einen geringen Teil der durch die verschiedenen Stufen des Verfahrens laufenden Fälle echter Asylsuchender behandeln kann. Die übrigen müssen sich an niedergelassene Rechtsanwälte wenden, weil kostenlose Rechtshilfe praktisch nicht zur Verfügung steht, wie in Absatz 5 des o. g. Telex beschrieben ist. Sie müssen unter Umständen drei bis sechs Verfahren durchlaufen, um Asyl zu erhalten und Abschiebung zu vermeiden, bei Kosten von 200 bis 300 DM pro Verfahren. Rechtsanwälte akzeptieren zwar monatliche (Teil-)Zahlungen, oft auf 50 DM festgelegt, sind aber von Sanktionen seitens ihrer Standesorganisationen bedroht, wenn sie ihre Dienste kostenlos oder zu herabgesetzten Preisen anbieten. Ein zusätzliches Problem ist, daß Asylsuchende nach Inanspruchnahme eines Rechtsanwaltes bei ihrer Ankunft oft in andere Bundesländer verteilt werden und deshalb keinen direkten Kontakt mit ihrem Rechtsanwalt mehr haben. Besuche bei Rechtsanwälten sind zwar zugelassen, aber die Reisekosten vereiteln dies oft. (...)

IV. Schlußfolgerungen
27. Die seit 1980 eingeführten und in der Folgezeit verschärften Abschrekkungsmaßnahmen haben echte Flüchtlinge mehr getroffen als Wirtschaftsflüchtlinge: Die letzteren können das Land verlassen und haben dies in großer Zahl getan, die ersteren können es nicht.

28. Diese Maßnahmen erscheinen überzogen und drücken übertriebene Sorge aus. Tatsächlich waren 1982 von der gesamten ausländischen Bevölkerung von 4,7 Mio. nur 104000 anerkannte Flüchtlinge inkl. 24177 Kontingentflüchtlinge aus Indochina (0,16 % der Bevölkerung). Auch unter Hinzuzählung der 37231 Personen, die im letzten Jahr Asyl beantragten, erscheint die Gesamtzahl unbedeutend. Ein Vergleich könnte mit Frankreich mit seinen 150000 Flüchtlingen (0,24 % der Bevölkerung) unter seinen 4,5 Mio. Ausländern gezogen werden. Obwohl 1982 22500 Asylgesuche eingingen, wurden keine restriktiven Maßnahmen eingeführt. Ein anderes Beispiel ist die Schweiz, die trotz einer Flüchtlingsbevölkerung von 43000 (0,71 % der Bevölkerung) und einem Zugang von 7200 Asylsuchenden im Jahre 1982 (71 % mehr als 1981) fortgefahren ist, Personen im Asylverfahren großzügige Unterstützung zu gewähren, einschl. Sprachkursen und Arbeitserlaubnis.

29. Obgleich das Recht politisch Verfolgter auf Asyl in der 1949 verkündeten Verfassung der BRD aufgenommen ist, sind durch Zwangsinternierung in Zentren, ernsthafte Beschränkungen der Bewegungsfreiheit, Arbeitsverbot, Arbeitsverpflichtung in bestimmten Fällen und Nichtanerkennung des Grundsatzes der Familieneinheit (ungleicher Status der Mitglieder) in Europa einzigartige Abschreckungsmaßnahmen gegen Asylsuchende zum Tragen gebracht worden. (...)

33. Wärend des Asylverfahrens ist jede Ausbildung, auch sprachlicher Art, verboten. Weil die große Mehrheit der Asylsuchenden, echte oder mißbräuchliche, aus unterentwickelten Ländern kommen, wäre es eine humane, weitsichtige Politik, ihnen während der langen Wartezeit in den Zentren etwas Ausbildung angedeihen zu lassen. Die erworbenen Fertigkeiten würden die Integration solcher ermöglichen, denen Asyl gewährt oder der Aufenthalt aus humanitären Gründen erlaubt wurde, und könnte ein Zugeständnis an das Land derer sein, die zurückkehren, und hierdurch möglicherweise die Bedingungen verbessern, die zum Verlassen ihres Landes beigetragen haben.

34. Die schädlichen Wirkungen langanhaltender Untätigkeit, eingeschränkter Bewegungsfreiheit, Isolation, Trennung von Familienangehörigen und Freunden in anderen Bundesländern, Kulturschock, gleichgültige Behandlung in den Zentren, Zurückweisung durch die örtliche Bevölkerung, das zunehmende Gefühl der Hoffnungslosigkeit hinsichtlich ihrer Zukunft verstehen sich von selbst. Der psychische Niedergang, gepaart mit feindlichen Gefühlen und Ressentiments, der sich unvermeidlich in diesen Leuten aufbaut, wird ihre zukünftige Integration sehr problematisch machen. Die am meisten Betroffenen sind die echten Flüchtlinge, die nicht in die Heimat zurückkehren oder sonstwo hingehen können. Es wird ein größeres soziales Problem ergeben, das sehr wohl mit der in Europa in den frühen sechziger

Jahren bekannten Lagerauflösungs-Situation vergleichbar sein dürfte. Die der BRD entstehenden Kosten für die soziale und medizinische Rehabilitation von Tausenden von Personen, die sie schließlich doch zu behalten verpflichtet ist, werden enorm sein. Das eigentliche Drama wird jedoch die – für viele dauernde – Zerstörung menschlicher Würde, menschlichen Vermögens und des dem Menschen innewohnenden Glaubens sein, er werde aus Respekt vor den Grundrechten und der weltweiten Brüderschaft im Falle einer Verfolgung im eigenen Lande Schutz und menschliche Behandlung in einem anderen Lande finden. (...)
Informationsbrief Ausländerrecht 1983, S. 321f.

●●

Das Bundesinnenministerium kritisierte diesen Bericht in einer Stellungnahme, die am 14. Oktober 1983 in der «Frankfurter Rundschau» abgedruckt wurde. Hierin heißt es unter anderem:

●●

---

3. Mit Rücksicht auf die mangelnde Sachlichkeit des Berichts sehe ich von einer Stellungnahme zu sämtlichen Einzelheiten ab und beschränke mich auf einige wesentliche Punkte. Zuvor möchte ich einige grundsätzliche Bemerkungen machen:

3.1. Im Mittelpunkt des Berichts steht die sehr einseitige Kritik an der Art und Weise der Unterbringung von asylsuchenden Ausländern sowie an der Regelung, die die Erteilung einer Arbeitserlaubnis vor Ablauf von in der Regel 2 Jahren nach Stellung des Asylantrags ausschließt. Der Bundesrepublik Deutschland wird die Absicht unterstellt, mit derartigen Maßnahmen Ausländer generell von der Einreise zum Zwecke der Asylantragstellung abschrecken zu wollen.

3.2. Es erscheint notwendig, daran zu erinnern, daß die Bundesrepublik Deutschland der einzige Staat ist, der das Asylrecht als einklagbares subjektives Recht mit Verfassungsrang ausgestaltet hat. Jeder Ausländer, der politische Verfolgung geltend macht, kann sich auf dieses Recht berufen und so lange im Bundesgebiet aufhalten, bis in einem – auch im Bericht nicht bestritten – rechtsstaatlichen Verfahren über sein Gesuch entschieden ist.

3.3. Die Erscheinung, daß ein starkes Gefälle zwischen den sozioökonomischen Situationen verschiedener Staaten sowie die Erleichterung der Verkehrs- und der Informationsmöglichkeiten bewirken, daß eine ständig wachsende Zahl von Menschen versucht, sich unter fälschlicher Berufung auf eine Asyllage einen zumindest temporären (zeitweisen) Aufenthalt zum Zwecke der Arbeitsaufnahme in einem Industriestaat zu verschaffen, wird auch in anderen Staaten beobachtet, sie wirkte sich aber besonders nachdrücklich auf die Bundesrepublik Deutschland aus. Die Situation, die hier durch den sprunghaften Anstieg der Asylbewerberzahlen Ende der 70er

Jahre und insbesondere 1980 entstanden ist, ist bekannt und bedarf keiner erneuten Darlegung.

Das Ziel aller in der Bundesrepublik Deutschland in diesem Zusammenhang getroffenen Maßnahmen bestand und besteht einzig darin, Ausländern, die nicht politisch verfolgt sind, den Anreiz zu nehmen, aus wirtschaftlichen Gründen unter Mißbrauch des Asylrechts in die Bundesrepublik Deutschland illegal einzureisen.

3. 4. Diese Maßnahmen liegen nicht nur im Interesse der Bundesrepublik Deutschland. Sie sind auch in Verantwortung gegenüber den wirklich politisch verfolgten Ausländern, die im Bundesgebiet Asyl suchen, getroffen worden. Wäre nicht der Zustrom von Wirtschaftsflüchtlingen zurückgedrängt worden, wäre es nicht erreichbar, über die Asylgesuche tatsächlich politisch verfolgter Ausländer innerhalb einer zumutbaren und vertretbaren Frist zu entscheiden.

Als Folge dieser Maßnahmen einschließlich der Neuregelung des Asylverfahrens (Gesetz vom 16. Juli 1982) ist eine wesentliche Beschleunigung des Anerkennungsverfahrens für wirklich politisch verfolgte Asylbewerber möglich geworden.

3. 5. Es besteht deshalb keine Veranlassung, diese in der Rechtsordnung der Bundesrepublik Deutschland verankerten und mit ihr im Einklang stehenden Maßnahmen – vor allem die Regelung über das Arbeitsverbot und über die grundsätzliche Unterbringung der Asylbewerber in Gemeinschaftsunterkünften – aufzuheben oder einzuschränken.

3. 6. Die psychische und physische Belastung, denen asylsuchende Ausländer ausgesetzt sein können, wird hier nicht verkannt. Dies gilt vor allem dort, wo Menschen unterschiedlicher Herkunft, Kultur und Religion unter einem Dach zusammenleben. Besonders bedrückend empfunden wird die Lage von denjenigen, deren Asylanträge aussichtslos oder bereits abgelehnt sind.

Es trifft zu, daß psychische oder psychosomatische Störungen bei Asylbewerbern beobachtet und ärztlich behandelt worden sind. Diese bedauerlichen Erscheinungen ausschließlich oder auch nur überwiegend auf den Aufenthalt in Gemeinschaftsunterkünften zurückzuführen ist jedoch eine unzulässige Vereinfachung komplizierter Sachverhalte und Zusammenhänge und eine auch zumindest leichtfertige Beschuldigung der verantwortlichen deutschen Behörden.

Die Ursachen für die genannten Erscheinungen sind für jeden Verständigen vielschichtig. Die betroffenen Menschen haben in ihren Heimatländern nicht selten unvorstellbare Not erlitten. Ihre dadurch vielfach geschwächte Gesundheit wird zusätzlich beeinträchtigt durch die psychischen Belastungen, die ein oft schwieriger und langer Fluchtweg erzeugt. Hinzu kommen vor allem die Abkoppelung von den Wertvorstellungen der Kultur- und Gesellschaftsordnung des Heimatlandes sowie die Konfrontation mit der völlig andersartigen Zivilisation einer Industriegesellschaft.

Es mögen gelegentlich auch Enttäuschungen über die Aufnahmebedingungen in der Bundesrepublik Deutschland eine gewisse Rolle spielen. Diesem Faktor jedoch die alleinige oder auch nur überwiegende Ursächlichkeit für den beklagenswerten psychischen oder psychosomatischen Zustand mancher Asylbewerber zuzuschreiben ist eine unvertretbare und oberflächliche Wertung der Verhältnisse. Die Fehleinschätzung der Berichterstatterin wird überdies widerlegt durch die nicht seltenen Fälle, in denen Asylanten bzw. Flüchtlinge aus Gründen der Aufrechterhaltung bestehender menschlicher Beziehungen selbst in Gemeinschaftsunterkünften verbleiben möchten. (...)

Zu den nachfolgenden öffentlichen Diskussionen über die Zustände in den Lagern für Asylbewerber nahm die CDU/CSU-Bundestagsfraktion in einer Presseerklärung am 8. November 1983 Stellung:

Der Besuch eines engen Mitarbeiters des VN-Hochkommissars, der in der vergangenen Woche Gemeinschaftsunterkünfte für Asylbewerber im Bundesgebiet bereiste, hat die Diskussion um die Lage der Asylbewerber neu belebt.

Für die CDU/CSU-Fraktion möchte ich klarstellen: Auf eine Unterbringung von Asylbewerbern in Gemeinschaftsunterkünften und ein besfristetes Arbeitsverbot für diesen Personenkreis – wohlgemerkt gilt das nicht für anerkannte, d. h. asylberechtigte Personen – kann auch künftig nicht verzichtet werden. Es ist vordergründige Effekthascherei, wenn unter Berufung auf die Menschenwürde die Aufhebung dieser Maßnahmen verlangt wird. Damit leistet man der Sache der politisch Verfolgten keinen Dienst. Eine Entwicklung wie Ende der 70er Jahre, als der Zustrom von Asylbewerbern lawinenartig anstieg, weil eine immer größere Zahl von Ausländern vor dem sozialen Elend in der Dritten Welt ins Bundesgebiet floh, kann jederzeit wieder eintreten. Zwischen 1977 und 1982 konnten nur 12 % der Asylbewerber als politische Flüchtlinge anerkannt werden, bei manchen Herkunftsländern lag die Anerkennungsquote unter 1 %. Wenn die Bundesrepublik Deutschland für politische Flüchtlinge aufnahmefähig bleiben soll und diese hier in angemessener Frist Asylrecht erhalten sollen, muß der Zustrom von Wirtschaftsflüchtlingen eingedämmt bleiben.

Wer tatsächlich vor politischer Verfolgung in seiner Heimat geflohen ist, wird den vorübergehenden Aufenthalt in der Gemeinschaftsunterkunft und das Arbeitsverbot bis zu seiner Anerkennung als Asylberechtigter ertragen, während der Ausländer, der um des besseren Lebensstandards willen nach hier gekommen ist, sich zu Recht in seinen Erwartungen getäuscht sieht. Es kommt deshalb entscheidend darauf an, die Bemühungen um Beschleunigung des Asylverfahrens noch zu verstärken, damit möglichst umgehend über die Asylberechtigung entschieden und damit die Zeit des Aufenthalts in der Gemeinschaftsunterkunft und des Nichtstuns abgekürzt wird. Das seit gut einem Jahr wirksame Asylverfahrensgesetz hat sich gerade insoweit, wie auch die Ministerpräsidenten-Konferenz unlängst bestätigt hat, bewährt: Während vorher Asylverfahren noch bis zu 7 Jahren dauerten, fällt jetzt die erste Entscheidung über den Asylantrag innerhalb von 6 Monaten. Die CDU/CSU-Fraktion wird sich deshalb für eine Verlängerung und einen Ausbau der dieser Beschleunigung dienenden Regelungen im Asylverfahrensgesetz einsetzen.

Die Bundesrepublik Deutschland hat in den letzten 10 Jahren ca. 340000 Asylbewerber aufgenommen; davon wurden 51896 Personen als Asylberechtigte anerkannt. Für Unterbringung und Unterhalt der Asylbewerber haben die Bundesländer im vergangenen Jahr gut 620 Mio. DM aufgewandt. Diese Zahlen widerlegen eindrucksvoll das Märchen von der angeblich asylfeindlichen Bundesrepublik Deutschland. Für die CDU/ CSU-Fraktion ist es eine Selbstverständlichkeit, diese humanitäre Tradition fortzusetzen.

Arbeitsvorschlag 38

1. a) Lesen Sie Art. 1–20 GG und prüfen Sie, welche Grundrechte nur für Deutsche und welche auch für Ausländer gelten. Überlegen Sie mögliche Gründe für diese Differenzierung.
   b) Nach den Wahlgesetzen des Bundes und der Länder haben nur Deutsche das aktive und passive Wahlrecht. Ausländer sind nicht wahlberechtigt. Was spricht für und was spricht gegen eine Einführung des Wahlrechtes für Ausländer (etwa bei Kommunalwahlen)? Lesen Sie hierzu Art. 3, 20, 38 GG.
   c) Besorgen Sie sich eine Ausgabe des Ausländergesetzes. Vergleichen Sie dieses Gesetz mit den Artikeln 1 bis 20 des Grundgesetzes. Falls möglich, ziehen Sie hierzu auch die ausländerrechtlichen Richtlinien Ihres Bundeslandes heran.
2. Laden Sie einen ausländischen Mitbürger aus Ihrer Nachbarschaft ein. Fragen Sie ihn, ob er in seine Heimat zurückkehren will, wie sicher sein Aufenthaltsstatus in der Bundesrepublik ist, welche Formalien er regelmäßig bei den Ausländerbehörden zu erfüllen hat, wie die Situation seiner Familienangehörigen ist. Vergleichen Sie seine Lage mit der Lage der Deutschen.
3. Besuchen Sie eine Sammelunterkunft für Asylbewerber in Ihrer Umgebung. Sprechen Sie mit den dort lebenden Menschen über die Gründe ihrer Einreise in die Bundesrepublik und über ihre Situation in Deutschland.

Arbeitsvorschlag 39

Nehmen Sie Stellung zu den beiden Thesen:

1. Jeder Staat kann die Rechte von Ausländern nach freiem Ermessen gestalten, und sie mit der alleinigen Begründung, seine Interessen seien verletzt, ausweisen; denn dies ist langjährige internationale Praxis.
2. Es besteht kein Grund, eingereiste Ausländer rechtlich schlechter zu stellen als Inländer.

Arbeitsvorschlag 40

Diskutieren Sie das in einigen Bundesländern praktizierte «Rotationsprinzip», nach dem Ausländer nach einer bestimmten Aufenthaltsdauer regelmäßig ihr Aufenthaltsrecht verlieren. Nehmen Sie dabei Stellung zu der Argumentation:

«Das Rotationsprinzip sorgt dafür, daß die Ausländer nicht so lange hier bleiben, bis sie jeden Kontakt in ihrer Heimat verloren haben. Außerdem kann man mit diesem Prinzip besser auf den tatsächlichen Arbeitsbedarf in der Bundesrepublik eingehen.»

B. Koalitionsfreiheit

I. Die Koalitionsfreiheit im Grundgesetz

Art. 9 Abs. 3 GG lautet:

●●

Das Recht, zur Wahrung und Förderung der Arbeits- und Wirtschaftsbedingungen Vereinigungen zu bilden, ist für jedermann und für alle Berufe gewährleistet. Abreden, die dieses Recht einschränken oder zu behindern suchen, sind nichtig, hierauf gerichtete Maßnahmen sind rechtswidrig.

●●

Die sogenannte Koalitionsfreiheit, die in Art. 9 III GG garantiert wird, war lange Zeit Gegenstand heftiger Auseinandersetzungen, insbesondere zwischen Arbeitnehmern und Arbeitgebern. So waren in Frankreich bis zum Ende des vorigen Jahrhunderts selbst Vereinigungen, die sich als Selbsthilfeorganisationen der Arbeiterschaft gegründet hatten und Versicherungen auf Gegenseitigkeit zur Abwehr unmittelbarer sozialer Not sein sollten, verboten. Der Ablehnung der Koalitionsfreiheit lag die liberale Auffassung zugrunde, daß dem allgemeinen Wohl am besten gedient sei, wenn der einzelne nur seinem eigenen Interesse folge. Vereinigungen, die diese absolute Handlungsfreiheit beschränken könnten, seien deshalb weder notwendig noch überhaupt erwünscht. Es zeigte sich allerdings im Verlauf der Industrialisierung bald, daß eine so verstandene formale Gleichheit in der Realität zu einer Verschärfung der Ungleichheiten beitrug, daß etwa ein einzelner Arbeitnehmer bei der Frage der Lohnfestsetzung nicht einem einzelnen Arbeitgeber gleich war. So bildeten sich in Deutschland um die Mitte des vorigen Jahrhunderts die ersten Gewerkschaften, um die Interessen der Arbeitnehmer gemeinsam zu vertreten.

Während in der Weimarer Republik Gewerkschaften staatlicherseits anerkannt waren, wurden sie nach der Machtübernahme der Nationalsozialisten zerschlagen. Das «Führerprinzip» wurde auch auf der Betriebsebene angewandt, wo der Untergebene dem «Führer», der die objektiven Interessen des Geführten angeblich kannte und durchsetzte, «Treue» schuldete:

Verordnung Adolf Hitlers über die Deutsche Arbeitsfront vom 24. Oktober 1934

●●

... Wesen und Ziel

§ 1. Die Deutsche Arbeitsfront ist die Organisation der schaffenden Deutschen der Stirn und der Faust.

In ihr sind insbesondere die Angehörigen der ehemaligen Gewerkschaften, der ehemaligen Angestelltenverbände und der ehemaligen Unternehmer-Vereinigungen als gleichberechtigte Mitglieder zusammengeschlossen.

Die Mitgliedschaft bei der Deutschen Arbeitsfront wird durch die Mitgliedschaft bei einer beruflichen, sozialpolitischen, wirtschaftlichen oder weltanschaulichen Organisation nicht ersetzt. Der Reichskanzler kann bestimmen, daß gesetzlich anerkannte ständische Organisationen der Deutschen Arbeitsfront korporativ angehören.

§ 2. Das Ziel der Deutschen Arbeitsfront ist die Bildung einer wirklichen Volks- und Leistungsgemeinschaft aller Deutschen. Sie hat dafür zu sorgen, daß jeder einzelne seinen Platz im wirtschaftlichen Leben der Nation in der geistigen und körperlichen Verfassung einnehmen kann, die ihn zur höchsten Leistung befähigt und damit den größten Nutzen für die Volksgemeinschaft gewährleistet.

§ 3. Die Deutsche Arbeitsfront ist eine Gliederung der NSDAP im Sinne des Gesetzes zur Sicherung der Einheit von Partei und Staat vom 1. Dezember 1933.

Führung und Organisation

§ 4. Die Führung der Deutschen Arbeitsfront hat die NSDAP. Der Stabsleiter der PO führt die Deutsche Arbeitsfront. Er wird vom Führer und Reichskanzler ernannt. Er ernennt und enthebt die übrigen Führer der Deutschen Arbeitsfront. Zu solchen sollen in erster Linie Mitglieder der in der NSDAP vorhandenen Gliederungen der NSBO und der NS-Hago, des weiteren Angehörige der SA und der SS ernannt werden . . .

Die nationalsozialistischen «Gewerkschaften» kannten dementsprechend auch das Mittel des Streiks nicht.

Zwar ist im Grundgesetz ein Streikrecht ebenfalls nicht ausdrücklich genannt. Doch geht die herrschende Meinung davon aus, daß mit der Koalitionsfreiheit, also mit der Zubilligung der Bildung von Gewerkschaften auch deren wichtigstes Mittel zur Durchsetzung ihrer Forderungen gewährleistet sein muß.

II. Das Streikrecht

Warum der Streik für die Arbeitnehmerschaft ein so wichtiges Instrument ist, hat ein englischer Arbeiter 1911 auf die Frage «Warum streikt der Arbeiter?» so formuliert:

Als Arbeiter befinde ich mich im Besitze einer einzigen marktfähigen Ware, und das ist meine Arbeitskraft. Ich beanspruche das Recht, diese Ware zu ihrem Marktwert zu veräußern, und suche, wie es ja mein kapitalistischer Arbeitgeber auch mit seinen Waren hält, einen möglichst hohen Preis dafür herauszuschlagen. Ferner trete ich, wiederum in Übereinstimmung mit den Methoden meines Arbeitgebers, einer Vereinigung bei, die den Preis, zu dem meine Arbeitskraft verkauft werden kann, festsetzt; wir, die Mitglieder dieser Vereinigung, verpflichten uns, unsere Arbeitskraft unter diesem Preis nicht zu verkaufen. Das Recht, diese Methode anzuwenden, bestreitet mir mein Arbeitgeber, während er sie unbedingt befolgt und anwendet. Wenn ich seine Ware nicht mit dem von ihm festgesetzten Betrag bezahlen will, erhalte ich sie nicht, und wenn er mir den festgesetzten Preis für meine Ware nicht zahlen will, erhält er diese auch nicht. Ich streike.

Voraussetzungen des Streikrechts

Da genaue Umschreibungen des Streikrechts in das Grundgesetz nicht aufgenommen wurden, sind die Bedingungen und Begrenzungen, innerhalb derer gestreikt werden darf, im wesentlichen durch die Rechtsprechung definiert worden. Die Rechtsprechung ging dabei davon aus, daß Arbeitskämpfe im allgemeinen unerwünscht seien, da sie der Wirtschaft schadeten. Auch die Rechte Dritter, am eigentlichen Arbeitskampf Unbeteiligter, gelte es zu schützen, etwa das Interesse der Verbraucher an ungestörter Versorgung und das Interesse der Allgemeinheit an einem gesamtwirtschaftlichen Gleichgewicht. So heißt es im *Beschluß des Bundesarbeitsgerichts vom 21. April 1971*

●●

In unserer verflochtenen und wechselseitig abhängigen Gesellschaft berühren aber Streik wie Aussperrung nicht nur die am Arbeitskampf unmittelbar Beteiligten, sondern auch Nichtstreikende und sonstige Dritte sowie die Allgemeinheit vielfach nachhaltig. Arbeitskämpfe müssen deshalb unter dem obersten Gebot der Verhältnismäßigkeit stehen. Dabei sind die wirtschaftlichen Gegebenheiten zu berücksichtigen und das Gemeinwohl darf nicht offensichtlich verletzt sein.

●●

Auf Grund dieser Überlegungen hat das Bundesarbeitsgericht (BAG) dem Streikrecht enge Grenzen gezogen. Die Rechtmäßigkeit eines von Arbeitnehmern geführten Streiks hängt nach seiner Meinung insbesondere davon ab, ob der Streik mit dem Gebot der Verhältnismäßigkeit zu vereinbaren ist, das heißt: der Streik muß ein angemessenes Mittel für das mit ihm verfolgte Ziel sein. Jeder Arbeitskampf, also auch der Streik, ist nur dann rechtmäßig, wenn das Prinzip der Verhältnismäßigkeit beachtet wird.

Über das Prinzip der Verhältnismäßigkeit hinaus muß ein Streik nach heute herrschender Meinung folgende Voraussetzungen erfüllen, um rechtmäßig zu sein:

1. Führung durch eine Gewerkschaft

Da das BAG davon ausgeht, daß Streiks im allgemeinen unerwünscht sind, weil sie volkswirtschaftliche Schäden zur Folge haben, ist es wichtig, daß der Streik von Institutionen durchgeführt wird, die die Gewähr dafür bieten, daß nur in tatsächlich begründeten Fällen gestreikt wird, und daß die Regeln, die im Interesse der Allgemeinheit eingehalten werden müssen, auch eingehalten werden. Solche Institutionen können auf der Seite der Arbeitnehmer nur die Gewerkschaften sein. Der Streik muß also von einer Gewerkschaft geführt werden. Sie muß ihn entweder ausrufen oder einen bereits begonnenen Streik genehmigen und weiterführen. Ein Streik, der nicht von einer Gewerkschaft geführt wird, wird als wilder Streik bezeichnet und gilt als rechtswidrig.

2. Ziel kollektiver Vereinbarungen
Der Streik muß die kollektive Regelung von Arbeitsbedingungen zum Ziel haben. Wenn nämlich nur Gewerkschaften einen Streik führen dürfen, folgt daraus, daß auch nur solche Kampfziele verfolgt werden dürfen, die dem Aufgabenbereich der Gewerkschaften entsprechen. Dazu zählen individuelle Regelungen von Arbeitsverhältnissen nicht.

3. Einhaltung tariflicher Friedenspflicht
Solange etwas tariflich geregelt ist und der Tarifvertrag noch nicht durch Kündigung oder Zeitablauf ungültig geworden ist, dürfen keine Kampfmaßnahmen ergriffen werden. Diese Einhaltung der tariflichen Friedenspflicht bindet die Arbeitnehmer auch dann, wenn sich Bedingungen, unter denen ein Tarifvertrag geschlossen worden ist, während seiner Laufzeit entscheidend ändern.

4. Faire Kampfführung
Der Streik muß dem Prinzip der fairen Kampfführung folgen. Das verbietet insbesondere die Androhung oder Anwendung von Gewalt, wahrheitswidrige Streikpropaganda, Sabotageakte u. ä. Aus dem Prinzip der fairen Kampfführung wird auch die Verpflichtung der Gewerkschaft abgeleitet, Notdienste einzurichten, um übermäßigen Schaden vom Arbeitgeber fernzuhalten oder die öffentliche Sicherheit zu gewährleisten. Wenn die Gewerkschaft vorsätzlich gegen das Prinzip der fairen Kampfführung verstößt, wird damit der ganze Streik rechtswidrig.

5. Streik als letztes Mittel
Ein Streik darf nur nach Ausschöpfung aller friedlichen Mittel zur Behebung des Konflikts ausgerufen werden. Der Streik muß die Ultima ratio (letztes Mittel) der Gewerkschaft zur Durchsetzung ihrer Forderung sein. Das Bundesarbeitsgericht geht so weit, daß bereits die Ankündigung einer Urabstimmung – also einer Befragung der Gewerkschaftsmitglieder darüber, ob nötigenfalls für die Durchsetzung der Gewerkschaftsforderungen gestreikt werden soll – ein Kampfmittel darstellt, das nicht vor Ausschöpfung aller Verhandlungsmöglichkeiten einschließlich eventuell vereinbarter Schlichtungsverhandlungen angewandt werden darf.

6. Streik als Antwort auf Aussperrung
Ein Abwehrstreik liegt dann vor, wenn der Arbeitgeber nach erfolglosen Tarifverhandlungen als erste Kampfmaßnahme eine Aussperrung vornimmt. Wenn sich diese Angriffsaussperrung nicht an die oben genannten Regeln hält, gilt sie als nicht rechtmäßig. In diesem Fall gelten die genannten Beschränkungen für den gewerkschaftlichen Streik nur mehr in dem Sinn, daß weiterhin der Streik von der Gewerkschaft geführt werden muß und daß dem Arbeitgeber kein unverhältnismäßig hoher Schaden zugefügt werden darf.

Die Rechtsfolgen des Streiks

1. Der rechtmäßige Streik

Der rechtmäßige Streik führt nicht zur Aufhebung des Arbeitsverhältnisses, sondern nur zu seiner Suspendierung. Das bedeutet, daß die aus dem Arbeitsverhältnis herrührenden Rechte und Pflichten für die Dauer des Streiks außer Kraft gesetzt sind. Das heißt insbesondere:

- Während des Streiks braucht der Arbeitgeber nicht zu arbeiten, ohne daß das ein Kündigungsgrund wäre oder der Arbeitgeber daraus Schadenersatzansprüche geltend machen könnte.
- Lohn- und Urlaubsanspruch kann von den Arbeitnehmern für die Dauer des Streiks nicht gefordert werden.
- Auch Arbeitnehmer, die nicht unmittelbar am Streik beteiligt sind (selbst in Werken, die nicht bestreikt werden, aber aus Mangel an Material nicht arbeiten können) oder sogar arbeitswillig sind, haben keine Ansprüche auf Entlohnung.
- Arbeitnehmer haben während des Streiks keinen Anspruch auf Lohnfortzahlung im Falle der Erkrankung, es sei denn, sie sind im Notdienst beschäftigt.

2. Der rechtswidrige Streik

Ein rechtswidriger Streik bedeutet von seiten des Arbeitnehmers einen Arbeitsvertragsbruch. In diesem Fall kann der Arbeitnehmer, wenn er um die Rechtswidrigkeit des Streiks wußte, fristlos entlassen werden.

Der Arbeitgeber kann gegen die Gewerkschaft, die einen rechtswidrigen Streik geführt hat, Schadenersatzansprüche geltend machen. Der einzelne Arbeitnehmer ist nur schadenersatzpflichtig, wenn ihm die Rechtswidrigkeit des Streiks bekannt war oder bekannt hätte sein müssen. Ein solcher Streikteilnehmer oder die Gewerkschaft sind als Gesamtschuldner verpflichtet, das heißt: jeder der Schadenersatzpflichtigen muß nach Verlangen des Arbeitgebers die gesamte Schuld begleichen. Leistet ein Schuldner Ersatz, werden alle anderen damit von der Schuld befreit. Hat die Gewerkschaft einen rechtswidrigen Streik geführt, wird sie in der Regel auch die Schadenersatzansprüche begleichen müssen.

Nach Beendigung des Streiks, wenn die weitaus überwiegende Zahl der Arbeitnehmer die Arbeit wieder aufnimmt oder die Gewerkschaft den Streik für beendet erklärt, müssen alle Arbeitnehmer die Arbeit wieder aufnehmen. Eine Weigerung kann die fristlose Entlassung zur Folge haben.

Die Problematik des wilden Streiks

Nachdem die Gewerkschaften unter dem Eindruck der vorhergehenden Rezession in den Jahren 1968/69 relativ zurückhaltende Tarifpolitik betrieben hatten, kam es 1969 unerwartet schnell zu einem neuen Boom. Die Gewinne wuchsen überproportional, während die Löhne durch die Tarifverträge auf relativ niedrigem Niveau festgefroren waren. Gewerkschaftliche Forderungen auf Lohnerhöhungen wurden von der Arbeitgeberseite mit dem Hinweis auf die Tarifverträge abgelehnt. Darauf kam es zu spontanen nichtgewerkschaftlichen Streiks, mit denen tatsächlich höhere Löhne durchgesetzt wurden.

Kennzeichnend für diese Situation waren die beiden folgenden Stellungnahmen aus dem Jahre 1969:

●●

---

16 Prozent Lohnerhöhung!
Was brachte der Arbeitskampf bei Klöckner?
Nach 8 Tagen Streik erhalten die Kollegen der Klöcknerhütte Bremen eine Lohn- und Gehaltserhöhung von insgesamt 16 Prozent!

Was wäre für die Klöckner-Kollegen ohne Streik bei den Lohnverhandlungen der Gewerkschaft erreicht worden, was habt Ihr bekommen?

Ohne Euch zu fragen, handelte der IG-Metall-Vorstand 8 Prozent aus. Bezogen auf den gleichen Ecklohn, bedeutet das die Hälfte.

Warum hat die Belegschaft der Klöcknerhütte gestreikt?

- die Unternehmensleitung hatte in den vergangenen Jahren ständig die übertariflichen Zuschläge abgebaut;
- die Gewerkschaft hatte sich durch langfristige Laufzeit des Tarifvertrages die Hände selbst gebunden. Trotz der hohen Konjunktur und der großen Gewinne sollten die Löhne erst ab Dezember erhöht werden;
- die IG Metall hatte trotz steigender Preise und gesteigerter Arbeitsproduktivität für die metallverarbeitende Industrie nur 8 Prozent herausgeholt.

Die Belegschaft der Klöcknerhütte wußte, daß, wenn sie sich nicht rührt, sie keinen Pfennig mehr zu erwarten hat.

Deshalb forderte die Belegschaft der Klöcknerhütte eine sofortige Erhöhung der außertariflichen Zulage. Da der Betriebsrat ohne eine starke Belegschaft im Rücken in Verhandlungen nicht viel erreichen kann, entschieden sich die Kollegen für Streik.

Nur durch diesen Streik allein ist es gelungen, die außertarifliche Zulage von 20 Pfennig zu erreichen und – was noch viel wichtiger ist – eine Lohnerhöhung von 11 Prozent anstatt von 8 Prozent. Was ist nun davon zu halten, wenn die Gewerkschaftsspitze auf der einen Seite versucht, die Streikenden zu diffamieren und sich andererseits mit dem Verhandlungsergebnis von 11 Prozent brüstet?

Es bedeutet nichts anderes, als den Erfolg, den die Belegschaft der Klöcknerhütte in vorbildlicher Disziplin und Geschlossenheit erkämpft hat, nun auf ihre Fahnen zu schreiben, um das selbständige Handeln der Klöckner-Kollegen und ihren Erfolg abzuwerten.

Dagegen müssen wir uns wehren!

Die Selbstherrlichkeit der Funktionäre müssen wir zurückweisen!

Nur durch unser eigenes Handeln im Betrieb können wir unsere Interessen durchsetzen!

Gruppe Arbeiterpolitik Bremen
Verantw.: Günter Kuhlmann
28 Bremen, Admiralstr. 139

Horst Niggemeier, Pressechef der IG Bergbau, in: einheit – Organ der Industriegewerkschaft Bergbau und Energie, 2. September-Ausgabe Nr. 18, 16. 9. 1969

Kein Freiwild

Was sind das für Arbeiter, die bei den wilden Streiks in Dortmund und Saarbrücken die Sprecher und Funktionäre der IG Bergbau und Energie niederschreien und sie nicht zu Wort kommen lassen?! Was sind das für Arbeiter, die ihre gewählten Männer ‹Verräter›, ‹Schweine›, ‹Lumpen› und was weiß noch schimpfen und beleidigen?! Was sind das für Arbeiter, die mit 20, 30 Mann den Dortmunder Bezirksleiter Franz Neumann auf Minister Stein gewaltsam an die Wand drücken, ihn tätlich bedrohen und ihn anspucken und dabei schreien: ‹Du hast genauso eine Verrätervisage wie der Arendt.›

Was sind das für Arbeiter, die da lauthals erklären: ‹Die Gewerkschaft schläft› und dann so tun, als könne man mit wüstem Geschimpfe und Randaliererei die Lage der Arbeiter verbessern. Was sind das für Arbeiter, die nicht einmal das von der Gewerkschaft ausgehandelte Ergebnis kennen, aber es dennoch ablehnen.

Das können keine Arbeiter sein, die es ehrlich mit sich selbst und der Gewerkschaft meinen. Das können keine Arbeiter sein, die Anstand und Verstand haben. Wer seine eigenen Kollegen ‹Schweine› und ‹Lumpen› nennt, stellt sich außerhalb unserer Gesellschaft. Dafür gibt es keine Entschuldigung! Die ehrenamtlichen und hauptamtlichen Funktionäre der IG Bergbau und Energie sind kein Freiwild! Für niemanden! Auch nicht für Arbeiter, die scheinbar noch nicht begriffen haben, was diese aktiven Männer in der IG Bergbau und Energie Tag für Tag und Jahr für Jahr für die Wahrnehmung der Interessen der Arbeiter und Angestellten leisten.

Die IG Bergbau und Energie verzichtet lieber auf ein paar Mitglieder, als daß sie jemals bereit wäre, sich in dem Gossenjargon zu unterhalten, den man in Dortmund und Saarbrücken von einigen Arbeitern hören konnte.

Wir sind stolze und selbstbewußte Bergarbeiter, aber keine Gassenjungen, die sich gegenseitig beleidigen.

Wir sind eine straff organisierte demokratische Gewerkschaft, aber kein wilder Haufen, in dem jeder machen kann, was und wie es ihm gefällt.

Wir kämpfen und verhandeln stets und immer für bessere Lebens- und

Arbeitsbedingungen, aber wir jagen mit wilden Streiks unsere Mitglieder nicht ins Unglück.

Wir sind hart und entschlossen, wenn es um die Interessen unserer Mitglieder geht, aber wir machen keine selbstmörderische Politik, indem wir durch wilde Streiks die eigenen Arbeitsplätze gefährden.

Wir, die IG Bergbau und Energie, sind eine Gemeinschaft, in der jeder für jeden eintritt. Mitglieder, Betriebsräte, Funktionäre und Vorstand der IG Bergbau und Energie wissen um ihre Pflichten, die sie dort erfüllen, wo es ihre Aufgabe verlangt. Die Devise aller organisierten Bergarbeiter und Bergbauangestellten kann deshalb nur lauten: Wir bekämpfen uns nicht gegeneinander, sondern wir kämpfen miteinander.

Die Ereignisse von Dortmund und Saarbrücken müssen ein einmaliger Vorgang in der Geschichte unserer Gewerkschaft bleiben, wenn wir uns nicht der Wirkung unseres Kampfinstruments selbst berauben wollen. H. N.

Arbeitsvorschlag 41

Argumentieren Sie für eine der beiden Thesen:

1. Tarifverträge werden abgeschlossen, um die für eine moderne Wirtschaft unabdingbare Mindestsicherung für Kalkulationen zu gewährleisten. Auch eine staatliche Wirtschaftspolitik ist auf sichere Daten angewiesen und bedarf der Einsicht der Gewerkschaften in überbetriebliche Gesichtspunkte; eine Einrichtung wie die «konzertierte Aktion» wäre ohne das «Streikmonopol» der Gewerkschaften gar nicht denkbar. Abgesehen von diesen Gesichtspunkten steht es den Tarifvertragsparteien ja frei, in ihre Vereinbarungen Klauseln aufzunehmen, die veränderten Umständen etwa durch kürzere Laufzeiten, Lohnanpassungsklauseln, Festlegung von vorgezogenen Kündigungsmöglichkeiten unter bestimmten Bedingungen etc. gerecht werden. Aus diesen Gründen sind wilde Streiks weder wünschenswert noch notwendig.
2. Streikrecht ist als konstitutiver Bestandteil des Koalitionsrechtes nicht ein Recht der Gewerkschaften, sondern ein Recht der Arbeitnehmer. In bestimmten Situationen haben die Arbeitnehmer gar keine andere Möglichkeit, ihren Anliegen Gehör zu verschaffen, etwa beim Abbau übertariflicher Leistungen, da die Gewerkschaften ja der tariflichen Friedenspflicht unterliegen. Auch das Streikrecht unterliegt dem Wandel, und die Tatsache, daß die Streiks 1969 nicht zu rechtlichen Auseinandersetzungen geführt haben, zeigt die Grenzen der Macht der Rechtsprechung und stellt das Streikmonopol der Gewerkschaften in Frage.

Die Aussperrung

Die Rechtsprechung fordert das Prinzip der «Gleichheit der Waffen». Damit ist gemeint, daß die Aussperrung das Mittel der Arbeitgeber im Arbeitskampf ist, um der Erpressung durch streikbereite Gewerkschaften nicht ausgeliefert zu sein. Es soll gewährleistet werden, daß sich durch die Gleichheit der Waffen ein vernünftiger und gerechter Kompromiß als Ergebnis des Arbeitskampfes herausbildet. So heißt es im *Beschluß des Bundesarbeitsgerichts vom 21. April 1971*

●●

Im Rahmen des Prinzips der Verhältnismäßigkeit sind nicht nur Streiks der Arbeitnehmer, sondern auch als Kampfmaßnahme der Arbeitgeber Aussperrungen zulässig. Unsere Rechtsordnung geht davon aus, daß der Arbeitgeber derartige Maßnahmen – und zwar auch als den ersten Akt eines Arbeitskampfes – ergreifen kann. Denn anderenfalls wäre nicht gewährleistet, daß es im Rahmen der Tarifautonomie durch Verhandlungen und notfalls durch Ausübung von Druck und Gegendruck zum Abschluß von Tarifverträgen und damit zu einer kollektiven Regelung von Arbeitsbedingungen kommt. Könnte die eine Seite, nämlich die Arbeitnehmerschaft, vertreten durch die Gewerkschaft, allein das Kampfgeschehen bestimmen und wäre der Arbeitgeber auf ein Dulden und Durchstehen des Arbeitskampfes beschränkt, so bestünde die Gefahr, daß die Regelung der Arbeitsbedingungen nicht mehr auf einem System freier Vereinbarungen beruht, das Voraussetzung für ein Funktionieren und innerer Grund des Tarifvertragssystems ist. Vorbehaltlich der konkreten, insbesondere auch der wechselnden wirtschaftlichen Situation, die vorgegeben ist, muß im Prinzip sichergestellt sein, daß nicht eine Tarifvertragspartei der anderen von vornherein ihren Willen aufzwingen kann, sondern daß möglichst gleiche Verhandlungschancen bestehen. Auf andere Weise kann die Tarifautonomie unter Ausschluß der staatlichen Zwangsschlichtung nicht funktionieren.

●●

Diese grundsätzliche Auffassung bekräftigte das Bundesarbeitsgericht im Jahre 1980 in mehreren Urteilen. Gleichzeitig wurde von dem Gericht jedoch erklärt, daß für Aussperrungen das Prinzip der Verhältnismäßigkeit gelten müsse. Arbeitgeber und ihre Verbände seien weniger als Gewerkschaften darauf angewiesen, ihre Interessen durch Mittel des Arbeitskampfes durchzusetzen. Insbesondere dürfe ein angestrebtes Gleichgewicht der Verhandlungspartner nicht dadurch gestört werden, daß ein Streik mit einem untragbaren Risiko belastet werde. Das würde etwa bedeuten, daß auf einen begrenzten Streik nicht mit einer unbegrenzten Aussperrung geantwortet werden dürfe. Maßgebend hierbei sei der Umfang des Angriffsstreiks. Eng begrenzte Teilstreiks dürften also nicht mit einer unbefristeten

Aussperrung aller Arbeitnehmer eines Tarifgebietes beantwortet werden.

Die Gewerkschaften waren mit diesem Urteil nicht völlig einverstanden. So äußerte das Vorstandsmitglied der IG Metall, Karlheinz Janzen, noch im Gerichtssaal: «Wir werden über weitere Schritte nachdenken. Der Kampf gegen die Aussperrung geht weiter.»

Arbeitsvorschlag 42

Nehmen Sie in diesem Zusammenhang Stellung zu der gewerkschaftlichen Auffassung: Aussperrung und Streik lassen sich keineswegs vergleichen. Während durch einen Streik dem Arbeitgeber schlimmstenfalls Einkommenseinbußen entstehen, wird mit der Aussperrung dem Arbeiter die Existenzgrundlage entzogen, für den Arbeitgeber also stellt bereits das «bloße Durchhalten des Arbeitskampfes eine Waffe von genügender Durchschlagkraft dar». Deswegen ist die Aussperrung zu verbieten, wie es die hessische Verfassung vorsieht.

Der politische Streik

Der bedeutendste «politische» Streik ereignete sich in der Bundesrepublik 1952: Nachdem in der Regierungserklärung von 1949 eine Regelung der betrieblichen Verfassung angekündigt worden war, wurde die Auseinandersetzung darüber zunächst den Sozialpartnern überlassen, was allerdings nicht zu einer Einigung führte. Ein 1951 von der Regierung vorgelegter Entwurf entsprach in keiner Weise den Vorstellungen der Gewerkschaften. Als dieser schließlich 1952 im Bundestag zur Verabschiedung anstand, kam es zu einer Reihe von gewerkschaftlich organisierten Demonstrationen, Warnstreiks und Protesten, deren Höhepunkt ein zweitägiger Streik der Drucker darstellte. Ein darauf folgendes Verhandlungsangebot der Regierung wurde mit der Bedingung verknüpft, die Kampfmaßnahmen müßten als erstes beendet werden. Obwohl diese Verhandlungen nicht die von den Gewerkschaften gewünschten Ergebnisse hatten, wurde das Gesetz bald darauf in Kraft gesetzt. Die Gewerkschaftsführung unterwarf sich der parlamentarischen Entscheidung; so erklärte der IG Metall-Vorsitzende Freitag: «Das Parlament hat gesprochen, und der Entscheidung des Parlaments müssen wir uns beugen.»

Am Fall des Druckerstreiks erneuerte sich die Diskussion um die Bestimmung und Zulässigkeit des «politischen Streiks». Die sich dabei herausbildende herrschende Meinung nimmt an, daß ein politischer Streik grundsätzlich nicht verfassungswidrig sei; sie unterscheidet allerdings zwei Formen und bewertet sie verschieden:

1. Der politische Erzwingungskampf

Er gilt als unzulässig und ist dadurch gekennzeichnet, daß er

- gegen den Staat gerichtet ist;
- einen Hoheitsträger zu hoheitlichem Verhalten veranlassen soll;
- bewußt und gewollt darauf gerichtet ist, den Hoheitsträger zu einem bestimmten Verhalten zu zwingen.

2. Der Demonstrationsstreik

Er wird als legitimes Mittel der Auseinandersetzung betrachtet, da er

- als akzentuierte Meinungsäußerung angesehen werden kann,
- von vornherein zeitlich und räumlich begrenzt ist,
- ihm also ein Erzwingungscharakter fehlt.

Ein Streik gilt demnach dann als verfassungswidrig, wenn er eine Willensentscheidung hoheitlicher Art, die nach unserer Rechtsordnung nur von den verfassungsmäßigen Organen unter politischer Verantwortung und frei von Zwängen Außenstehender erfolgen soll, erzwingen will.

Die Tatsache, daß ein Streik als Demonstrationsstreik verfassungsgemäß ist, heißt nicht, daß er damit auch privatrechtlich, also im Verhältnis von Arbeitgeber und Arbeitnehmer, zulässig ist. Im Falle des Druckerstreiks 1952 erklärte einzig das *Berliner Landesarbeitsgericht (Urteil vom 17. August 1953)* den Demonstrationsstreik als privatrechtlich zulässig. Das entsprechende Urteil lautete (in Auszügen):

●●

... Es geht nicht an, einen Streik lediglich deshalb als einen politischen zu werten, weil er sich gegen im Parlament verfolgte Bestrebungen richtet. Vielmehr muß ausschlaggebend sein, ob der Streik als ein noch zulässiges Mittel der Einflußnahme auf die Entscheidungen des Parlaments anzusehen ist. (...) Nachdem der Bundestag die Regelung des Betriebsverfassungsgesetzes aber an sich gezogen hatte, war es wenig sinnvoll, noch Tarifverhandlungen zur Regelung derselben Materie zu führen. Um so mehr muß den Gewerkschaften aber gestattet sein, Einfluß auf die Gestaltung des Betriebsverfassungsrechts durch den Gesetzgeber zu nehmen. Die dieserhalb eingeleiteten Aktionen der Gewerkschaften können keinesfalls allein wegen der Zielrichtung als politisch gewertet werden oder als aus dem Rahmen des Art. 9 Abs. 3 GG herausfallend. Ausschlaggebend für die Bewertung des Charakters eines Streiks, ob arbeitsrechtlicher oder politischer Natur, muß der Charakter der Materie sein, aber nicht die durch das Vorgehen des Parlaments erzwungene Zielrichtung.

Wollte man den Gewerkschaften die Einflußnahme auf die Gestaltung der die Arbeitnehmer betreffenden Gesetze durch Maßnahmen, wie sie anläßlich der Beratung des BetrVG ergriffen wurden, verbieten, so würde ihre Betätigungsfreiheit nach Art. 9 GG in einer unerträglichen Weise eingeengt. (...)

Gerade die Bedeutung der Gewerkschaften als Organisation von mehr als einem Drittel der Arbeitnehmer des Bundesgebiets und Berlin verbietet, ihnen das Recht zu bestreiten, zur Einflußnahme auf die arbeitsrechtliche und sozialpolitische, die Arbeitnehmer direkt berührende, ja in ihren Lebenskreis tief eingreifende Gesetzgebung wie im Falle des BetrVG auch zum kurzfristigen Demonstrationsstreik zu greifen, zumal wenn dadurch die tarifvertragliche Friedenspflicht nicht verletzt wird, wie im Falle des Streiks v. 27.–29. 5. 1952.

Solche Demonstrationsstreiks aus dem Kreis der sog. arbeitsrechtlichen Streiks auszuschließen, nur, weil der Bundestag Adressat des Kampfes war, weil er die an sich tariflich zu regelnde Materie unter besonderer Billigung der Arbeitgeber an sich gezogen hatte, bedeutet, die Grenze zwischen arbeitsrechtlichen oder politischen Streiks willkürlich zu ziehen (. . .).

Es ist wohl richtig, daß die Widerrechtlichkeit des Streiks i. S. des § 823 Abs. 1 BGB durch vorherige Kündigung des Arbeitsvertrages ausgeschlossen werden kann, weil mit der Beendigung des Arbeitsvertrages die Verpflichtung zur Arbeitsleistung aufhört. Welchen Sinn hat es aber, den Arbeitsvertrag zu kündigen, wenn gar nicht beabsichtigt ist, ihn zu beenden, sondern nur zeitweilig, oftmals nur ganz kurzfristig, mit der Arbeitsleistung zurückzuhalten und bei dem Demonstrationsstreik nur zu dem Zweck, seine Meinung eindringlich zu bekunden? Daß von diesem Mittel nur in dringendsten Fällen und solchen von äußerster Wichtigkeit Gebrauch gemacht wird, folgt aus dem Verantwortungsbewußtsein der Gewerkschaften und dem Umstand, daß die Beteiligung am Streik für den Arbeitnehmer mit einem Verlust an Arbeitsentgelt verbunden ist.

(. . .)

Unter diesen Umständen kann ein billig und gerecht Denkender das Handeln der Beauftragten der Bekl. (gemeint ist der Aufruf zum Druckerstreik) keinesfalls mißbilligen, wenn er berücksichtigt, welch starkes Interesse die Arbeitnehmer daran hatten, ihre Willensbildung gegenüber dem Parlament zu bekunden, das beabsichtigte, ein Gesetz zu verabschieden, das erhebliche Nachteile für die Mehrheit der Arbeitnehmer zur Folge hatte. Selbst unter Berücksichtigung des den betr. Unternehmern entstehenden Schadens war die Maßnahme nicht zu verurteilen, wenn beachtet wird, daß es sich bei der beabsichtigten gesetzlichen Regelung um eine solche handelte, die die Interessengegensätze zwischen den Arbeitgebern und Arbeitnehmern betraf. Ein Schaden im Gefolge des Austragens dieser Interessengegensätze ist aber im Rahmen des unternehmerischen Risikos in Kauf zu nehmen. Anders wäre nur zu urteilen, wenn die Beauftragten der Bekl. aus verwerflichen Gründen und nur zu dem Zweck gehandelt hätten, den Zeitungsunternehmen zu schaden.

●●

Arbeitsvorschlag 43

Nehmen Sie Stellung zu folgenden Argumentationen:

1. Es entspricht nicht der gesellschaftlichen Wirklichkeit, anzunehmen, das Parlament entscheide ohne Einflußnahme von Interessengruppen. Daher muß auch die Arbeiterschaft die Möglichkeit haben, durch das Mittel des Streiks dem Parlament ihre Interessen nahezubringen.
2. Nach Art. 20 GG geht die Staatsgewalt vom Volke aus. Das in freien Wahlen gewählte Parlament ist Ausdruck dieser Staatsidee. Wenn es von einzelnen Gruppen zum Handeln genötigt werden kann, tritt an Stelle der Volkssouveränität die Diktatur einer Gruppe, unter Umständen einer Minderheit. Deswegen ist ein politischer Streik mit der Demokratie nur in Ausübung eines Widerstandsrechtes wie etwa bei dem Generalstreik gegen den Kapp-Putsch im Jahre 1920 denkbar, nicht aber gegenüber einer demokratisch legitimierten Regierung.
3. Der SPD-Politiker Lafontaine forderte 1983, die Gewerkschaften sollten darüber nachdenken, ob zur Verhinderung der Aufstellung von amerikanischen Atomraketen in der Bundesrepublik Deutschland ein Generalstreik ausgerufen werden könne oder solle. Würden Sie einen Generalstreik wegen dieser Frage für zulässig halten?

C. Die Versammlungsfreiheit

Das Verbot politischer Versammlungen und ihre Zerstreuung durch die Polizei ist ein schon klassisches Mittel autoritärer Staaten, eine politische Organisierung ihrer Gegner zu erschweren. Ebenso alt ist die liberale Forderung nach Versammlungsfreiheit. So forderte die Paulskirchenverfassung von 1849 in ihrem Art. VIII § 161:

●●

Alle Deutschen haben das Recht, sich friedlich und ohne Waffen zu versammeln; einer besonderen Erlaubnis dazu bedarf es nicht.

Volksversammlungen unter freiem Himmel können bei dringender Gefahr für die öffentliche Ordnung und Sicherheit verboten werden.

●●

Mit einer ähnlichen Formulierung garantiert auch das Grundgesetz in Art. 8 die Versammlungsfreiheit. Dieses Grundrecht ist in mehrfacher Weise von Bedeutung: Es ergänzt das Recht der freien Meinungsäußerung, die Informationsfreiheit, die Glaubens- und Bekenntnisfreiheit und die Vereinigungsfreiheit, indem es eine bestimmte Form der Ausübung dieser Rechte, die «öffentliche Kommunikation», gewährleistet. Die freie Kommunikation, der offene Austausch von Meinungen, die Darstellung von Interessen und Zielen in der Öffentlichkeit, die Möglichkeit zum Hinweis auf Mißstände und Verbesserungsmöglichkeiten durch die Betroffenen ist Voraussetzung einer demokratischen Willensbildung. Nur wenn ein von staatlicher Reglementierung freier und offener Prozeß der politischen Willensbildung in der Gesellschaft möglich ist, kann der Bürger sich informieren und engagieren, haben Wahlen einen Sinn. Auch dient die Versammlungsfreiheit der freien Entfaltung der Persönlichkeit des einzelnen; denn der Mensch ist nicht ein isoliertes Individuum, er entfaltet sich erst in Gemeinschaft mit anderen. Das Recht, sich frei zu versammeln, ermöglicht kollektives Handeln.

In Art. 8 Grundgesetz wird unterschieden zwischen Versammlungen in geschlossenen Räumen und Versammlungen unter freiem Himmel. Das Recht, sich ohne Anmeldung oder Erlaubnis friedlich und ohne Waffen zu versammeln, kann nur für Versammlungen unter freiem Himmel gesetzlich beschränkt werden. Nach Art. 19 Abs. 2 GG darf durch solche Beschränkungen aber nicht der Wesensgehalt des Grundrechtes der Versammlungsfreiheit angetastet werden. Beschränkungen der Versammlungsfreiheit enthalten die Bannmeilengesetze des Bundes und der Länder und vor allem das *Versammlungsgesetz vom 24. Juli 1953*. Wichtige Bestimmungen des Gesetzes lauten:

●●

---

§ 2 (Namensangabe des Veranstalters; Störungs- und Waffentragungsverbot)
(1) Wer zu einer öffentlichen Versammlung oder zu einem Aufzug öffentlich einlädt, muß als Veranstalter in der Einladung seinen Namen angeben.

(2) Bei öffentlichen Versammlungen und Aufzügen hat jedermann Störungen zu unterlassen, die bezwecken, die ordnungsmäßige Durchführung zu verhindern.

(3) Niemand darf Waffen bei sich tragen, es sei denn, daß er zum Erscheinen mit Waffen behördlich ermächtigt ist.

§ 3 (Uniformverbot)
(1) Es ist verboten, öffentlich oder in einer Versammlung Uniformen, Uniformteile oder gleichartige Kleidungsstücke als Ausdruck einer gemeinsamen politischen Gesinnung zu tragen.

(2) Jugendverbände, die sich vorwiegend der Jugendpflege widmen, ist auf Antrag für ihre Mitglieder eine Ausnahmegenehmigung von dem Verbot des Absatzes 1 zu erteilen . . .

§ 5 (Verbot von Versammlungen in geschlossenen Räumen)
Die Abhaltung einer Versammlung kann nur im Einzelfall und nur dann verboten werden, wenn

...
2. der Veranstalter oder Leiter der Versammlung entgegen § 2 Abs. 3 bewaffneten Teilnehmern Zutritt gewährt,
3. Tatsachen festgestellt sind, aus denen sich ergibt, daß der Veranstalter oder sein Anhang einen gewalttätigen oder aufrührerischen Verlauf der Versammlung anstreben,
4. Tatsachen festgestellt sind, aus denen sich ergibt, daß der Veranstalter oder sein Anhang Ansichten vertreten oder Äußerungen dulden werden, die ein Verbrechen oder ein von Amts wegen zu verfolgendes Vergehen zum Gegenstand haben.

§ 12 (Polizeibeamte in Versammlungen in geschlossenen Räumen)
Werden Polizeibeamte in eine öffentliche Versammlung entsandt, so haben sie sich dem Leiter zu erkennen zu geben. Es muß ihnen ein angemessener Platz eingeräumt werden.

§ 14 (Anmeldungspflicht)
(1) Wer die Absicht hat, eine öffentliche Versammlung unter freiem Himmel oder einen Aufzug zu veranstalten, hat dies spätestens 48 Stunden vor der Bekanntgabe der zuständigen Behörde anzumelden.
(2) In der Anmeldung ist anzugeben, welche Person für die Leitung der Versammlung oder des Aufzuges verantwortlich sein soll.

§ 15 (Verbot von Versammlungen im Freien; Auflagen, Auflösung)
(1) Die zuständige Behörde kann die Versammlung oder den Aufzug verbieten oder von bestimmten Auflagen abhängig machen, wenn nach den Umständen die öffentliche Ordnung oder Sicherheit unmittelbar gefährdet ist.
(2) Sie kann eine Versammlung oder einen Aufzug auflösen, wenn sie nicht angemeldet sind, wenn von den Angaben der Anmeldung abgewichen oder den Auflagen zuwidergehandelt wird oder wenn die Voraussetzungen zu einem Verbot nach Absatz 1 gegeben sind.
(3) Eine verbotene Veranstaltung ist aufzulösen.

●●

Die für die politische Willensbildung in der Gesellschaft wichtigsten Versammlungen unter freiem Himmel sind die Demonstrationen. Diese sind in der Nachfolge der Studentenbewegung in den vergangenen Jahren in den Vordergrund des Interesses gerückt. Demonstrationen sind eine besonders intensive Form der gesellschaftlichen, insbesondere der politischen Willenskundgebung. Sie ermöglichen auch unterprivilegierten und von Massenmedien nicht getragenen Gruppen, auf ihre Ansichten und Ziele aufmerksam zu machen und für sich zu werben. Einschränkungen des Demonstrationsrechts sind deshalb besonders gravierende Eingriffe in den demokratischen Willensbildungsprozeß in der Gesellschaft.

Arbeitsvorschlag 44

Die Landesregierung des Landes Baden-Württemberg plant den Bau eines großen Atomkraftwerkes in der Nähe des Ortes W. Die Bevölkerung in der Umgebung ist empört. Sie befürchtet radioaktive Ausströmungen, Klimaveränderungen und eine Verminderung der touristischen Attraktivität der Region durch das Atomkraftwerk. Eine Bürgerinitiative, die sich in den umliegenden Dörfern gebildet hat, möchte den Bau des Atomkraftwerkes verhindern. Um die Öffentlichkeit auf ihr Anliegen aufmerksam zu machen, plant sie eine große Demonstration im Zentrum der Landeshauptstadt Stuttgart mit Traktoren, einem Autokorso und einem Protestmarsch an einem Freitagnachmittag von 16 bis 18 Uhr. Sie meldet die Demonstration bei dem Polizeipräsidenten an. Dieser verbietet die Demonstration mit der Begründung, sie behindere den Berufsverkehr; außerdem sei der Bau des Atomkraftwerkes in W. notwendig und Proteste dagegen seien sinnlos.

1. Versuchen Sie, mit Hilfe des Grundgesetzes und der oben abgedruckten Bestimmungen aus dem Versammlungsgesetz festzustellen, ob der Polizeipräsident die Demonstration verbieten durfte.
2. Versuchen Sie, Argumente zu formulieren zur Beantwortung der Frage: Was ist in einer Demokratie wichtiger, das Recht, in einer Demonstration friedlich und ohne Waffen die Öffentlichkeit auf ein aktuelles politisches Problem hinzuweisen oder der ungehinderte Ablauf des Berufsverkehrs?
3. Versuchen Sie Argumente zu formulieren zur Beantwortung der Fragen: Darf eine Demonstration wegen der in ihr vertretenen Forderungen verboten werden? Macht es einen Unterschied, ob die Demonstranten den Bau eines Atomkraftwerkes zur Vermeidung einer neuen Energiekrise oder die Verhinderung des Baues eines Atomkraftwerkes fordern? Wie ist es, wenn die Demonstranten die Bevölkerung friedlich dazu aufrufen wollen, sich an einer Besetzung des für den Bau des Kraftwerks vorgesehenen Geländes zu beteiligen, um den Beginn der Bauarbeiten zu verhindern?

D. Die Freiheit der Meinungsäußerung

Art. 5 GG bestimmt, daß jeder das Recht hat, seine Meinung in Wort, Schrift und Bild frei zu äußern und zu verbreiten. Die zentrale Bedeutung dieses Grundrechts für die politische Willensbildung in einer Demokratie, aber auch für die Freiheit im privat-persönlichen Bereich ist offensichtlich: Dabei schützt Art. 5 GG nicht nur das Recht jedes Menschen, eine Meinung zu haben; dies ist ohnehin staatlicher Kontrolle nicht zugänglich. Meinungsfreiheit bedeutet vor allem auch das Recht, seine Meinung frei zu äußern und zu verbreiten und durch die Meinungsäußerung Wirkung auf die Umwelt auszuüben.

Art. 5 Abs. 2 GG weist darauf hin, daß auch das Grundrecht der Meinungsfreiheit nicht unbegrenzt ist. Eine seiner wichtigsten Schranken findet sich in den *Bestimmungen des Strafgesetzbuches zum Schutz der persönlichen Ehre*:

●●

---

§ 185. Beleidigung. Die Beleidigung wird mit Freiheitsstrafe bis zu einem Jahr oder mit Geldstrafe und, wenn die Beleidigung mittels einer Tätlichkeit begangen wird, mit Freiheitsstrafe bis zu zwei Jahren oder mit Geldstrafe bestraft.

§ 186. Üble Nachrede. Wer in Beziehung auf einen anderen eine Tatsache behauptet oder verbreitet, welche denselben verächtlich zu machen oder in der öffentlichen Meinung herabzuwürdigen geeignet ist, wird, wenn nicht diese Tatsache erweislich wahr ist, mit Freiheitsstrafe bis zu einem Jahr oder mit Geldstrafe und, wenn die Tat öffentlich oder durch Verbreiten von Schriften (§ 11 Abs. 3) begangen ist, mit Freiheitsstrafe bis zu zwei Jahren oder mit Geldstrafe bestraft.

§ 187. Verleumdung. Wer wider besseres Wissen in Beziehung auf einen anderen eine unwahre Tatsache behauptet oder verbreitet, welche denselben verächtlich zu machen oder in der öffentlichen Meinung herabzuwürdigen oder dessen Kredit zu gefährden geeignet ist, wird mit Freiheitsstrafe bis zu zwei Jahren oder mit Geldstrafe und, wenn die Tat öffentlich, in einer Versammlung oder durch Verbreiten von Schriften (§ 11 Abs. 3) begangen ist, mit Freiheitsstrafe bis zu fünf Jahren oder Geldstrafe bestraft.

§ 193. Wahrnehmung berechtigter Interessen. Tadelnde Urteile über wissenschaftliche, künstlerische oder gewerbliche Leistungen, desgleichen Äußerungen, welche zur Ausführung oder Verteidigung von Rechten oder zur Wahrnehmung berechtigter Interessen gemacht werden, sowie Vorhaltungen und Rügen der Vorgesetzten gegen ihre Untergebenen, dienstliche Anzeigen oder Urteile von seiten eines Beamten und ähnliche Fälle sind nur insofern strafbar, als das Vorhandensein einer Beleidigung aus der Form der Äußerung oder aus den Umständen, unter welchen sie geschah, hervorgeht.

●●

Nicht nur die Beleidigungsvorschriften des Strafgesetzbuches schützen den Betroffenen gegen Ehrverletzungen. Er kann außerdem unter bestimmten Voraussetzungen von einer Person, die ihn mit falschen und ehrenrührigen Behauptungen in Verruf bringt, vor dem Zivilgericht Schadensersatz, Unterlassung zukünftiger Ehrverletzungen und eventuell sogar Schmerzensgeld verlangen. Ein solcher Fall wurde am 17. 7. 1980 vom Bundesverfassungsgericht beschieden. Dieser Beschluß ist auch ein Beispiel dafür, wie lange ein Rechtsstreit dauern kann. Der Sachverhalt, der dem Gericht vorlag, datiert vom 21. 11. 1974. Damals hatte der Journalist Matthias Walden im Anschluß an einen Bericht über die Beisetzung des von Terroristen ermordeten Berliner Kammergerichtspräsidenten von Drenkmann den Schriftsteller Heinrich Böll in die Nähe der Sympathisanten des Terrorismus gestellt. Dabei hatte Walden sich auf Äußerungen Bölls bezogen und diese Äußerungen als wörtliche Zitate kenntlich gemacht. Böll habe den Rechtsstaat als «Misthaufen» bezeichnet und gesagt, er sehe nur «Reste verfaulender Macht, die mit rattenhafter Wut verteidigt würden»; er habe den Staat beschuldigt, die Terroristen «in gnadenloser Jagd» zu verfolgen. Einige dieser Zitate waren unrichtig. Andere waren nach Meinung von Böll unrichtig, weil sie entstellt und damit verfälscht wiedergegeben worden seien. Dieser Sichtweise hatte das Oberlandesgericht Köln zugestimmt. Der Bundesgerichtshof (BGH) lehnte trotzdem Bölls Klage auf Schmerzensgeld in Höhe von DM 100 000 wegen Persönlichkeitsverletzung ab, weil diese Zitate in der Vorstellung eines Durchschnittszuschauers «richtig» seien. In seiner Urteilsbegründung hatte der BGH ausgeführt, er habe nicht darüber zu entscheiden gehabt, ob Böll durch seine öffentlichen Äußerungen für den Mordanschlag auf Drenkmann mitverantwortlich zu machen sei. Das Gericht habe lediglich zu entscheiden gehabt, ob das Recht der freien Meinungsäußerung es Walden erlaube, Bölls Äußerungen so wiederzugeben, wie er (Walden) sie verstanden habe. Der Bundesgerichtshof bejahte dieses.

Das Bundesverfassungsgericht hob dieses Urteil auf und verwies den Rechtsstreit zurück an den BGH. In der Begründung heißt es unter anderem:

●●

---

1. a) Die in dem Kommentar gegen den Bf. gerichteten Angriffe waren geeignet, das verfassungsrechtlich gewährleistete allgemeine Persönlichkeitsrecht des Bf. zu beeinträchtigen. Dieses umfaßt unter anderem die persönliche Ehre und das Recht am eigenen Wort; es schützt den Grundrechtsträger auch dagegen, daß ihm Äußerungen in den Mund gelegt werden, die er nicht getan hat und die seinen von ihm selbst definierten sozialen Geltungsanspruch beeinträchtigen.

Insofern kann sich der Betroffene auch bei einer unrichtigen, verfälschten oder entstellten Wiedergabe seiner Äußerung auf das allgemeine Persönlichkeitsrecht berufen. Dieses wird sogar in besonderem Maße berührt. Wie der *BGH* zutreffend ausführt, wird mit einem Zitat nicht eine subjektive Meinung des Kritikers zur Diskussion gestellt, sondern eine Tatsache, an der sich der Kritisierende festhalten lassen muß. Aus diesem Grund ist das Zitat, das als Beleg für Kritik verwendet wird, eine besonders scharfe Waffe im Meinungskampf: Gegenüber der erkennbaren Meinungsäußerung kommt ihm die besondere Überzeuguns- und Beweiskraft des Faktums zu. Ist das

Zitat unrichtig, verfälscht oder entstellt, so greift dies in das Persönlichkeitsrecht des Kritisierten um so tiefer ein, als er hier sozusagen als Zeuge gegen sich selbst ins Feld geführt wird.

b) Die in dem Kommentar ausgesprochene Ansicht, der Bf. gehöre zu denjenigen, die den Boden der Gewalt durch den Ungeist der Sympathie mit den Gewalttätern gedüngt hätten, enthält eine Herabsetzung des Bf. in der Öffentlichkeit und damit einen Angriff auf seine persönliche Ehre. Dieser mußte um so größeres Gewicht erhalten, als er durch Zitate belegt wurde. Wenn der Bekl. zu 1 insoweit unrichtig behauptet hat, der Bf. habe den Rechtsstaat als «Misthaufen» bezeichnet, so liegt darin neben dem Angriff auf die Ehre eine weitere Verletzung des allgemeinen Persönlichkeitsrechts. Das gleiche muß für eine veränderte Wiedergabe von Äußerungen des Bf. gelten. Zu Recht hebt der *BGH* in der angegriffenen Entscheidung hervor, daß derjenige, der zitiere, seine Kritik nicht derart in das Zitat einfließen lassen dürfe, daß es den Inhalt des Gesagten entstellt wiedergebe. Dies verstieße gegen das Recht der zitierten Person am eigenen Wort, zu dem es gehört, selbst zu bestimmen, wie sie sich Dritten oder der Öffentlichkeit gegenüber darstellen will.

Ob die in dem Kommentar in bezug auf den Rechtsstaat aufgestellte Behauptung, der Bf. habe gesagt, er sehe nur «Reste verfaulender Macht, die mit rattenhafter Wut verteidigt» würden, und er habe diesen Staat beschuldigt, die Terroristen «in gnadenloser Jagd» zu verfolgen, zutreffende Zitate enthält, hat der *BGH* nicht entschieden. Er hat vielmehr die Zitate nach dem von ihm zugrunde gelegten Maßstab des vertretbaren Verständnisses eines Durchschnittslesers oder -hörers als «richtig» beurteilt. Dieser Maßstab kann nicht den Anforderungen genügen, die sich aus Art. 2 I i. V. mit Art. 1 I GG ergeben. Denn insoweit wird dem Zitierten die Entscheidung über sein eigenes Wort weitgehend genommen und durch eine mögliche Beurteilung Dritter ersetzt. Es entsteht ein breiter Spielraum von Deutungen, die geeignet sind, einer Äußerung eine andere Färbung oder Tendenz zu geben, als der Zitierte sie zum Ausdruck gebracht hat, und damit das allgemeine Persönlichkeitsrecht in der Ausprägung des Rechts am eigenen Wort zu beeinträchtigen. Ob und inwieweit die Meinungsfreiheit des Kritikers dies rechtfertigen kann, ist eine Frage der Tragweite des Art. 5 I GG.

2. Diesem Grundrecht entnimmt der *BGH* die tragenden Gründe seiner Entscheidung. Er hält die Angriffe gegen den Bf., auch soweit sie die streitigen Zitate betreffen, für durch Art. 5 I GG gedeckt. Soweit sich diese Beurteilung auf die in dem Kommentar vertretenen Ansichten des Bekl. zu 1 bezieht, ist das verfassungsrechtlich nicht zu beanstanden. Wenn der *BGH* die Auffassung vertritt, auch die Wiedergabe der Äußerungen des Bf. durch den Bekl. halte sich in dem Freiheitsbereich, der durch Art. 5 I GG gewährleistet sei, kann dem nicht gefolgt werden.

a) Unrichtige Zitate sind durch Art. 5 I GG nicht geschützt. Es ist nicht ersichtlich, daß die verfassungsrechtlich gewährleistete Meinungsfreiheit einen solchen Schutz fordert. Soweit Werturteile im öffentlichen Meinungskampf in Frage stehen, muß im Interesse des öffentlichen Meinungsbildungsprozesses ohne Rücksicht auf den Inhalt des Urteils die Vermutung für die Zulässigkeit freier Rede sprechen. Für unwahre Tatsachenbehauptungen gilt das nicht in gleicher Weise. Unrichtige Information ist unter dem Blickwinkel der Meinungsfreiheit kein schützenswertes Gut, weil sie der verfassungsrechtlich vorausgesetzten Aufgabe zutreffender Meinungsbildung nicht dienen kann; es kann nur darum gehen, daß die Anforderungen an die Wahrheitspflicht nicht so bemessen werden, daß dadurch die Funktion der Meinungsfreiheit in Gefahr gerät oder leidet: eine Übersteigerung der Wahrheitspflicht und die daran anknüpfenden, unter Umständen schwerwiegenden Sanktionen könnten zu einer Einschränkung und Lähmung namentlich der Medien führen; diese könnten ihre Aufgaben, insbesondere diejenige öffentlicher Kontrolle, nicht mehr erfüllen, wenn ihnen ein unverhältnismäßiges Risiko auferlegt würde. Weder die öffentliche Meinungsbildung noch die demokratische Kontrolle können indessen unter dem Erfordernis leiden, richtig zitieren zu müssen. Die im Interesse öffentlicher Meinungsbildung gestellte Aufgabe der Information wird gerade verfehlt, wenn dies nicht geschieht, und mit öffentlicher Kontrolle hat der Tatbestand nichts zu tun. Ebensowenig spielen Zeitdruck oder Schwierigkeiten der Nachprüfung eine Rolle, wie dies bei anderen Tatsachenmitteilungen der Fall sein kann. Demjenigen, der eine Äußerung wiedergibt, werden keine wesentlichen oder gar unzumutbaren Erschwerungen oder Risiken auferlegt, wenn er verpflichtet wird, konkret zu zitieren. Beeinträchtigt daher die Wiedergabe das allgemeine Persönlichkeitsrecht desjenigen, dessen Äußerung zitiert wird, so ist dieser Eingriff durch Art. 5 I GG nicht gedeckt. Im anderen Fall wäre es, namentlich den Medien, gestattet, mit der Wahrheit leichtfertig zu verfahren und Rechte der Betroffenen außer acht zu lassen, ohne daß dazu ein Anlaß oder gar eine Notwendigkeit bestünde.

b) Allerdings kann es für die Gerichte im Einzelfall schwierig sein zu erkennen, ob eine Äußerung richtig wiedergegeben worden ist oder nicht. Wenn der *BGH* es hierfür als maßgebend ansieht, wie der Durchschnittsleser oder -hörer einerseits das vom Kritisierten Geäußerte, andererseits das Zitat versteht, und wenn er auch ein Zitat als «richtig» beurteilt, das einer anderen nach dem bezeichneten Maßstab vertretbaren Bedeutung des Geäußerten folgt, so kann das verfassungsrechtlich bedenklich erscheinen: Auf diese Weise muß ein breites Spektrum zulässiger Deutungen entstehen, die nicht mehr dem entsprechen, was der Zitierte zum Ausdruck bringen wollte, die auch nach den üblichen Regeln korrekten Zitierens nicht mehr als einwandfreie Wiedergabe des Geäußerten anzusehen sind, die aber dem Leser oder Hörer als Äußerung des Kritisierten unterbreitet werden und damit den Anschein des Wahren und Objektiven erwecken. Ob der Maßstab des *BGH*, der den Anforderungen des Art. 2 I GG nicht genügt – etwa im Hinblick auf die Schwierigkeiten einer Abgrenzung –, in Art. 5 I GG eine hinreichende Stütze findet, kann indessen dahinstehen. Jedenfalls rechtfertigt das Grundrecht der Meinungsfreiheit es nicht, eine bei Anlegung dieses Maßstabs vertretbare Interpretation einer mehrdeutigen Äußerung des Kritisierten als Zitat auszugeben, ohne kenntlich zu machen, daß es sich um eine Interpretation des Kritikers handelt.

Das Zitat als Beleg für eine kritische Wertung ist, wie dargelegt, eine besonders scharfe Waffe des Meinungskampfes, die geeignet ist, nachhaltig in das Persönlichkeitsrecht des Kritisierten einzugreifen. In verstärktem Maße gilt dies, wenn die Kritik in der Presse, im Rundfunk, namentlich aber im Fernsehen mit seiner erheblichen Breitenwirkung geäußert wird. Sollen bei dieser Sachlage Verletzungen des allgemeinen Persönlichkeitsrechts nach Möglichkeit ausgeschlossen werden, so verpflichtet dies den Zitierenden dazu, die eigene Deutung einer Äußerung, die mehrere Interpretationen zuläßt, als solche kenntlich zu machen. Damit wird die Wiedergabe der Äußerung dorthin gerückt, wo sie hingehört: aus dem Bereich des Tatsächlichen in den des Meinungsmäßigen. Eine Verletzung des Rechts am eigenen Wort wird in jedem Fall vermieden. Der Hörer oder Leser kann erkennen, daß es sich um die Äußerung einer Meinung, nicht um die Mitteilung eines Faktums handelt. Er wird genau informiert und erhält eine zuverlässige Grundlage, auf der er sich ein Urteil bilden kann.

An dieser um des Schutzes der Persönlichkeit willen bestehenden Pflicht ändert Art. 5 I GG nichts. Es ist nicht ersichtlich, daß umfassende Informationen und freie Meinungsbildung eingeschränkt oder daß öffentliche Kritik unzumutbaren Risiken unterworfen würde, wenn derjenige, der eine Äußerung wiedergeben möchte, erkennbar zu machen hat, ob es sich um die genaue Wiedergabe oder um die Deutung des Geäußerten handelt.

Beschluß des Bundesverfassungsgerichts vom 3. Juni 1980, BVerfGE 54, S. 208 ff.

●●

Arbeitsvorschlag 45

Im Juli 1980 wurde die Schülerin Christine S. von ihrer Schule verwiesen, weil sie eine Plakette mit der Aufschrift «Stoppt Strauß» getragen habe. Die Schulleitung begründete dieses mit «pädagogischen Gründen und zur Vermeidung weiterer Störung des Schulbetriebes».
Die Schülerin reicht unter Berufung auf das Recht der freien Meinungsäußerung hiergegen Klage ein.

Diskutieren Sie anhand dieses Beispiels die Frage, ob und wenn ja in welchen Bereichen Sie das Recht der freien Meinungsäußerung für begrenzt halten.

E. Persönlichkeitsschutz und Datenschutz

Seit das Grundgesetz 1949 in Kraft getreten ist, hat sich der Stand der Technik in einem nicht vorhergesehenen Ausmaß verändert. Neue Technologien haben viele Lebensbereiche gewandelt und manche auch erleichtert. Sie sind aber teilweise zur Bedrohung der Freiheit und Selbstbestimmung der Person geworden. Dies gilt besonders für neue Formen der elektronischen Datenverarbeitung, Kommunikationstechnologien und neue Medien. Das Grundgesetz, das in Art. 1 die Menschenwürde und in Art. 2 die freie Entfaltung der Persönlichkeit schützt, konnte bei seiner Entstehung noch nicht auf solche Bedrohungen eingehen. Um den verfassungsrechtlichen Schutz auch bei neuen technischen Entwicklungen wirksam zu erhalten, muß die Verfassung im Wege der Auslegung konkretisiert werden.

Dies wurde einer breiten Öffentlichkeit deutlich bei dem Konflikt um die geplante Volkszählung 1983. Der Bundestag hatte am 25. März 1982 ein Gesetz über eine Volks-, Berufs-, Wohnungs- und Arbeitsstättenzählung beschlossen. Die Volkszählung sollte im Frühjahr 1983 stattfinden. Hiergegen erhob sich eine breite und aktive Protestbewegung. Zugleich wurde beim Bundesverfassungsgericht Verfassungsbeschwerde eingelegt. Das Bundesverfassungsgericht entschied mit dem Urteil vom 15. Dezember 1983 zwar, daß grundsätzlich eine Volkszählung zulässig sei. Die Richter machten jedoch dem Gesetzgeber Auflagen zur Durchführung und Organisation der Datenerhebung. Teile des Volkszählungsgesetzes 1983 wurden für verfassungswidrig und nichtig erklärt. In der Urteilsbegründung heißt es unter anderem:

●●

Freie Entfaltung der Persönlichkeit setzt unter den modernen Bedingungen der Datenverarbeitung den Schutz des einzelnen gegen unbegrenzte Erhebung, Speicherung, Verwendung und Weitergabe seiner persönlichen Daten voraus. Dieser Schutz ist daher von dem Grundrecht des Art. 2 Abs. 1 in Verbindung mit Art. 1 Abs. 1 GG umfaßt. Das Grundrecht gewährleistet insoweit die Befugnis des einzelnen, grundsätzlich selbst über die Preisgabe und Verwendung seiner persönlichen Daten zu bestimmen.

Dieses Recht auf «informationelle Selbstbestimmung» ist nicht schrankenlos gewährleistet. Der einzelne hat nicht ein Recht im Sinne einer absoluten, uneinschränkbaren Herrschaft über «seine» Daten; er ist vielmehr eine sich innerhalb der sozialen Gemeinschaft entfaltende, auf Kommunikation angewiesene Persönlichkeit. Information, auch soweit sie personenbezogen ist, stellt ein Abbild sozialer Realität dar, das nicht ausschließlich dem Betroffenen allein zugeordnet werden kann ...

Die Verfassungsbeschwerden geben keinen Anlaß zur erschöpfenden Erörterung des Rechts auf informationelle Selbstbestimmung. Zu entscheiden ist nur über die Tragweite dieses Rechts für Eingriffe, durch welche der

Staat die Angabe personenbezogener Daten vom Bürger verlangt. Dabei kann nicht allein auf die Art der Angaben abgestellt werden. Entscheidend sind ihre Nutzbarkeit und Verwendungsmöglichkeit. Diese hängen einerseits von dem Zweck, dem die Erhebung dient, und andererseits von den der Informationstechnologie eigenen Verarbeitungs- und Verknüpfungsmöglichkeiten ab. Dadurch kann ein für sich gesehen belangloses Datum einen neuen Stellenwert bekommen; insoweit gibt es unter den Bedingungen der automatischen Datenverarbeitung kein «belangloses» Datum mehr.

Wieweit Informationen sensibel sind, kann hiernach nicht allein davon abhängen, ob sie intime Vorgänge betreffen. Vielmehr bedarf es zur Feststellung der persönlichkeitsrechtlichen Bedeutung eines Datums der Kenntnis seines Verwendungszusammenhangs: Erst wenn Klarheit darüber besteht, zu welchem Zweck Angaben verlangt werden und welche Verknüpfungs- und Verwendungsmöglichkeiten bestehen, läßt sich die Frage einer zulässigen Beschränkung des Rechts auf informationelle Selbstbestimmung beantworten. Dabei ist zu unterscheiden zwischen personenbezogenen Daten, die in individualisierter, nicht anonymisierter Form erhoben und verarbeitet werden, und solchen, die für statistische Zwecke bestimmt sind...

Die Verwendung der Daten ist auf den gesetzlich bestimmten Zweck begrenzt. Schon angesichts der Gefahren der automatischen Datenverarbeitung ist ein – amtshilfefester – Schutz gegen Zweckentfremdung durch Weitergabe- und Verwertungsverbote erforderlich. Als weitere verfahrensrechtliche Schutzvorkehrungen sind Aufklärungs-, Auskunfts- und Löschungspflichten wesentlich.

Wegen der für den Bürger bestehenden Undurchsichtigkeit der Speicherung und Verwendung von Daten unter den Bedingungen der automatischen Datenverarbeitung und auch im Interesse eines vorgezogenen Rechtsschutzes durch rechtzeitige Vorkehrungen ist die Beteiligung unabhängiger Datenschutzbeauftragter von erheblicher Bedeutung für einen effektiven Schutz des Rechts auf informationelle Selbstbestimmung...

Das Erhebungsprogramm des Volkszählungsgesetzes 1983 führt nicht zu einer mit der Würde des Menschen unvereinbaren gänzlichen oder teilweisen Registrierung und Katalogisierung der Persönlichkeit.

Volks-, Wohnungs-, Berufs- und Arbeitsstättenzählungen sollen nach der Begründung des Regierungsentwurfs Angaben über den neuesten Stand der Bevölkerung, ihre räumliche Verteilung und ihre Zusammensetzung nach demographischen und sozialen Merkmalen sowie über ihre wirtschaftliche Betätigung, also im Ergebnis lediglich entpersönlichte Aussagen liefern.

Das Erhebungsprogramm vermag zwar einzelne Lebensbereiche, zum Beispiel den Wohnbereich des Bürgers, jedoch nicht dessen Persönlichkeit abzubilden. Etwas anderes würde nur gelten, soweit eine unbeschränkte Verknüpfung der erhobenen Daten mit den bei den Verwaltungsbehörden vorhandenen, zum Teil sehr sensitiven Datenbeständen oder gar die Erschließung eines derartigen Datenverbundes durch ein einheitliches Personenkennzeichen oder sonstiges Ordnungsmerkmal möglich wäre; denn eine umfassende Registrierung und Katalogisierung der Persönlichkeit durch die Zusammenführung einzelner Lebens- und Personaldaten zur Erstellung von Persönlichkeitsprofilen der Bürger ist auch in der Anonymität statistischer Erhebungen unzulässig. (...)

Die Zusammenführung von im Rahmen der Volkszählung 1983 erhobenen Daten oder deren Verbindung mit bei den Statistischen Ämtern bereits vorhandenen Informationen ermöglicht es auch nicht, Teilabbilder der Persönlichkeit anzufertigen, die mit der Würde des Menschen nicht vereinbar sind. Einmal muß sich die Verarbeitung und Verwendung der Daten innerhalb des mit der Bezeichnung als Volks-, Berufs-, Wohnungs- und Arbeitsstättenzählung gekennzeichneten und gesetzlich festgelegten Zweckes der Befragung bewegen; zum anderen gilt der die amtliche Statistik generell verpflichtende Grundsatz, daß die Aufbereitung der Individualdaten immer zu einer «strukturierten» – anonymen – Form führen muß, so daß im Ergebnis die Erstellung von «Bildern» mit Persönlichkeitsbezug auch in der Form von Teilabbildern unzulässig ist. (...)

Das Volkszählungsgesetz 1983 soll dem Staat die für künftiges Planen und Handeln benötigten Informationen verschaffen. Als Vorbedingung für die Planmäßigkeit staatlichen Handelns (vgl. BVerfGE 27, 1 [7]) dient die Volkszählung 1983 einem einleuchtenden, zur Erfüllung legitimer Staatsaufgaben angestrebten Zweck. (...)

Indessen bedarf es zur Sicherung des Rechts auf informationelle Selbstbestimmung noch ergänzender verfahrensrechtlicher Vorkehrungen für Durchführung und Organisation der Datenerhebung. Die verfassungsrechtlichen Anforderungen sind für die durch das Volkszählungsgesetz 1983 vorgesehene Erhebung nur zum Teil erfüllt. Zwar trägt § 11 BStatG dem Schutz des Rechts auf informationelle Selbstbestimmung durch eine Regelung über das Statistikgeheimnis Rechnung. Auch schreibt § 11 Abs. 7 Satz 1 BStatG die Löschung der zur Identifizierung dienenden Daten vor, sobald diese nicht mehr für statistische Zwecke des Bundes benötigt werden. Bis zu diesem Zeitpunkt sollen nach Satz 2 der Vorschrift Namen und Anschriften von den übrigen Angaben getrennt und unter besonderem Verschluß gehalten werden. Diese Bestimmungen reichen jedoch nicht aus, um für die Volkszählung verfassungsgemäße Bedingungen der Datenerhebung und -verarbeitung zu gewährleisten. Vielmehr hat der Gesetzgeber darüber hinaus für notwendige Sicherheitsvorkehrungen zum Schutz des informationellen Selbstbestimmungsrechts Sorge zu tragen. Er braucht nicht alles selbst zu regeln, muß aber dafür sorgen, daß das Notwendige geschieht. Im einzelnen sind folgende grundrechtssichernde Maßnahmen geboten:

Es bestehen Aufklärungs- und Belehrungspflichten. Zwar braucht der Auskunftspflichtige sich nicht mit anderen einem Haushalt zurechnen zu lassen, sondern wird, sofern er es wünscht, anhand eines eigenen Haushaltsbogens gezählt; denn § 5 Abs. 1 VZG 1983 sieht grundsätzlich eine persönliche Auskunftspflicht jedes einzelnen Bürgers vor. Auch steht diesem – wie bereits ausgeführt – das Recht zu, den ausgefüllten Erhebungsbogen in verschlossenem Umschlag dem Zähler zu übergeben, bei der Zählungsdienststelle abzugeben oder ihn ihr mit der Post zuzusenden. Diese Rechte sind für den Bürger bei Massenerhebungen der streitigen Art aber nur schwer erkennbar und der gesetzlichen Regelung erst im Wege der Auslegung zu entnehmen; die vorgesehene Durchführung der Erhebung lenkt von ihnen eher ab. Daher hat der Gesetzgeber sicherzustellen, daß die Bürger über diese Rechte schriftlich belehrt werden. Auch ist deutlich kenntlich zu machen, soweit bestimmte Angaben (wie etwa die Telefonnummer) lediglich auf freiwilliger Basis erhoben werden.

Die zur Identifizierung dienenden Merkmale (insbesondere Namen, Anschriften, Kennummern und Zählerlistennummern) sind zum frühestmöglichen Zeitpunkt zu löschen und bis dahin von den übrigen Angaben getrennt unter Verschluß zu halten. Die Handhabung der Vorschrift des § 11 Abs. 7 BStatG, der insoweit grundrechtssichernde Funktion zukommt, darf nicht allein dem Ermessen der Verwaltung überlassen bleiben. Zugleich ist eine effektive Kontrolle durch die Datenschutzbeauftragten notwendig. Sinnvollerweise wird der Auskunftspflichtige genauer darüber zu belehren sein, welche Merkmale lediglich Hilfsmittel der Erhebung sind. (...)

Den Bürgern treten Zähler entgegen, die Einblick in die Unterlagen erhalten, wenn der ausgefüllte Erhebungsbogen offen abgegeben wird. Deshalb müssen Maßnahmen getroffen werden, um Interessenkollisionen möglichst zu vermeiden. Dem Schutzbedürfnis wird zwar schon weitgehend durch die aufgeführten verschiedenen Möglichkeiten der Abgabe des ausgefüllten Fragebogens Rechnung getragen. Dies allein reicht jedoch bei einer Massenerhebung mit etwa 600000 Zählern für einen effektiven Schutz des Rechts auf informationelle Selbstbestimmung nicht aus. Mit Recht haben die Datenschutzbeauftragten deshalb in ihrer Besprechung vom 22. März 1983 angeregt, auf den Einsatz von Zählern zu verzichten, bei denen im Hinblick auf ihre dienstliche Tätigkeit Interessenkonflikte nicht auszuschließen sind. Als weitere Maßnahme ist eine Vorschrift geboten, daß Zähler – darüber besteht zwischen dem Bundesminister des Innern und den Datenschutzbeauftragten Einvernehmen – nicht in der unmittelbaren Nähe ihrer Wohnung eingesetzt werden sollen, damit in der Nachbarschaft die Auskunftsbereitschaft nicht beeinträchtigt wird. (...)

Urteil des Bundesverfassungsgerichts vom 15. Dezember 1983, BVerfGE 65, 1

Unter der Überschrift «Der Staat darf nicht alles wissen. Die Richter setzen der Ausforschung Grenzen» kommentierte und erläuterte Hans Schueler in der «Zeit» vom 23. Dezember 1983 dieses Urteil:

Ernst Benda, der scheidende Präsident des Bundesverfassungsgerichts, hat das Ende seiner Amtszeit durch ein großes Urteil gekrönt. Der Spruch, den er und seine sieben Richterkollegen des Ersten Karlsruher Senats zum Volkszählungsgesetz fällten, fügt sich ein in die lange Reihe von Grundsatzentscheidungen, die unter dem Motto stehen könnten: «Im Zweifel für die Freiheit.»

Mit dem Recht auf «informationelle Selbstbestimmung» – ein häßliches Wort für eine gute Sache – hat der Senat kein neues Grundrecht erfunden. Aber er hat für alle Zukunft klargestellt, daß der Schutz des Bürgers vor der Datengier der Bürokratie Verfassungsrang genießt. Dieser Schutz ist Bestandteil, ist gleichsam spiegelbildlicher Ausdruck des Rechts auf freie Entfaltung der Persönlichkeit. Er begründet damit, so das Gericht wörtlich, «die Befugnis des einzelnen, grundsätzlich selbst über die Preisgabe und Verwendung seiner persönlichen Daten zu bestimmen».

Es ist notwendig, vor Beginn des Orwell-Jahres 1984 noch einmal an die Kompromißlosigkeit zu erinnern, mit der sich die Bonner Staatsmacht über die jetzt vom Verfassungsgericht für unabdingbar erklärten Prinzipien des Daten- und Persönlichkeitsschutzes hinwegsetzte. Im März dieses Jahres hatte Bundesinnenminister Zimmermann die Gegner einer unter dem Namen «Volkszählung» geplanten Totalerhebung als Minderheit von Staatsfeinden bezeichnet und ihre Gegnerschaft einen «Angriff auf das ganze System» genannt. Welches «System» war da wohl gemeint? Wohl kaum das des Grundgesetzes und der freiheitlichen Demokratie.

Als das Bundesverfassungsgericht dann im April die unmittelbar bevorstehende Zähl-Aktion per einstweiliger Anordnung verbot, erklärte Zimmermann wendig, nicht er, sondern die sozial-liberale Koalition habe das Volkszählungsgesetz zu vertreten. Ungesagt ließ er dabei, daß die Fraktion der CDU/CSU im Frühjahr 1982 – wie die anderen Parteien – geschlossen dafür gestimmt hatte. Das Gesetz war vom Bundestag so einstimmig beschlossen worden, wie es die acht Verfassungsrichter jetzt – im Kern seiner Ausforschungs-Regelungen – einstimmig für null und nichtig erklärten.

Dieses Gesetz ist ein Musterbeispiel für die Irreführung und Entmachtung des Gesetzgebers durch die Bürokratie. Die Abgeordneten aller Parteien – und auch die Journalisten – erkannten damals einfach nicht, daß die Verwaltung sich eine Pauschalermächtigung zum Schnüffeln erschlichen hatte. Eine Randbemerkung im Karlsruher Urteil zeigt, daß die Richter dies inzwischen begriffen haben: Auch der «Gewaltenteilung» (zwischen Gesetzgeber und Verwaltung) solle wieder zu ihrem Recht verholfen werden.

Diesmal kam aus dem Bonner Innenministerium kein Muckser mehr. Denn das Gericht hat, einmaliges Ereignis in der Geschichte seiner Rechtsprechung, in der Urteilsbegründung auf die Invektiven des Ministers angespielt, auch wenn es ihn nicht beim Namen nannte: «Die durch dieses Gesetz angeordnete Datenerhebung hat Beunruhigung auch in solchen Teilen der

Bevölkerung ausgelöst, die als loyale Staatsbürger das Recht und die Pflicht des Staates respektieren, die für rationales und planvolles staatliches Handeln erforderlichen Informationen zu beschaffen.»

Im Ernst war es bei der Auseinandersetzung um dieses Gesetz niemals darum gegangen, *ob* der Staat eine Volkszählung veranstalten dürfe. Streitpunkt war, *wie* die Bürger angesichts einer solchen Zählung davor geschützt werden können, sich bei kommunalen Meldeämtern, gegenüber dem Finanzamt, dem Verfassungsschutz oder gar der Strafverfolgungsbehörde auf dem Weg über einen vorgeblich nur statistischen Zwecken dienenden Erhebungsbogen selbst bezichtigen zu müssen. Den Fragebogen auszufüllen ist gesetzliche Pflicht. Der eherne Grundsatz, daß niemand, auch ein Straftäter nicht, gegen sich selbst aussagen muß, wurde über entlegene, vermeintlich belanglose Statistik- und Volkszählungsgesetze in eine Aussagepflicht umgemünzt. Hätte das Verfassungsgericht diese Aushöhlung hingenommen, würde sich der Rechtsstaat Bundesrepublik dem Gebaren von Unrechtsstaaten angenähert haben: hier Zwangsgeld, dort Folter.

Der Erste Senat reagierte in einem sogenannten *obiter dictum* (zu deutsch: «Was sonst noch zu sagen wäre») auf diesen Punkt besonders sensibel: Der Bürger solle sich nicht davor fürchten müssen, daß «abweichende Verhaltensweisen jederzeit notiert und als Information dauerhaft gespeichert, verwendet oder weitergegeben werden». Wer damit rechne, «daß etwa die Teilnahme an einer Versammlung oder einer Bürgerinitiative behördlich registriert» werde und deshalb befürchten müsse, «daß ihm dadurch Risiken entstehen» könnten, der verzichte möglicherweise «auf eine Ausübung seiner entsprechenden Grundrechte».

Hier werden nicht bloße Sorgen vor einem möglichen Ausforschungs-Staat beschrieben, sondern Tatsachen, die sich in «diesem unserem Lande» bereits ereignet haben. In der Bundesrepublik sind Menschen von öffentlichen und auch von privaten Dienstverhältnissen ausgeschlossen worden, nur weil sie eine abweichende Denkweise äußerten oder durch Teilnahme an unliebsamen Veranstaltungen bekundeten.

Die Neigung der Obrigkeit, über ihre Untergebenen soviel wie möglich zu wissen, ist heute noch so groß, wie es zur Zeit des Absolutismus war. Bisher beschränkte sich die rechtsstaatliche Kontrolle darauf, Bürokraten am Eingriff zu hindern; sie strebte nicht an, ihnen auch das Wissen vorzuenthalten, das den Eingriff ermöglicht. Dem Staat – außer bei Straftaten – Wissen über seine Bürger vorzuenthalten, darauf kommt es an; ob einer Homosexueller ist oder in vier Ehen gescheitert, ob er einer Bürgerinitiative gegen den Bebauungsplan Nord angehört oder sonstwie aus dem Rahmen verwalterischer Ordnung und Planung fällt.

Hier haben die Verfassungsrichter mit ihrem Urteil im Rahmen des Möglichen vorgebaut. Sie haben den Datenschutzbeauftragten Mut gemacht, ja sie sogar zu unverzichtbaren Garanten des Rechts auf «informationelle Selbstbestimmung» erhoben. Sie haben – und dies ist für jeden Kenner der Materie ein wichtiges Wort – «amtshilfefesten» Schutz gegen die «Zweckentfremdung durch Weitergabe- und Verwertungsverbote» verlangt. Auch diese Postulate, nicht nur die Nichtigkeitserklärung einiger Paragraphen, haben Gesetzeskraft.

●●

Arbeitsvorschlag 46

1. Das Bundesverfassungsgericht entwickelt in seinem Urteil ein von der Verfassung garantiertes Recht auf «informationelle Selbstbestimmung». Welche Grundlage, welchen Umfang und welche Schranken hat dieses Recht?
2. In seinem Kommentar schreibt Hans Schueler: «Dieses Gesetz ist ein Musterbeispiel für die Irreführung und Entmachtung des Gesetzgebers durch die Bürokratie.» Auf welche Gefahren weist er damit hin? Könnte sich aus dem Machtzuwachs staatlicher Verwaltungen ein Grundproblem für die parlamentarisch-repräsentative Demokratie des Grundgesetzes ergeben?
3. Schreiben Sie an den Datenschutzbeauftragten Ihres Bundeslandes, und bitten Sie um Zusendung des jährlich erscheinenden Datenschutzbriefes. Prüfen Sie anhand dieses Berichts, in welchen Bereichen der Persönlichkeitsschutz bei der Weitergabe von Daten besonders gefährdet ist.
4. Sollte nach Ihrer Meinung die Befugnis des einzelnen, grundsätzlich selbst über die Preisgabe und Verwendung seiner persönlichen Daten zu bestimmen, nur gegenüber dem Staat gelten oder auch gegenüber Arbeitgeber, Krankenhäusern, Versicherungen, Versandhäusern etc.? Welche Gefahren sehen Sie in diesen Bereichen?

Quellennachweise

Der Text des Grundgesetzes ist unentgeltlich zu erhalten bei der
Bundeszentrale für Politische Bildung
Berliner Freiheit 7, 5300 Bonn
oder als Taschenbuch im Buchhandel:
Grundgesetz. Mit Deutschlandvertrag, Menschenrechtskonvention, Bundeswahlgesetz, Parteiengesetz und Bundesverfassungsgerichtsgesetz (dtv-Beck-Texte, 5003).

Hinsichtlich der abgedruckten Gesetzesauszüge wird auf die entsprechenden Ausgaben des Bundesgesetzblattes verwiesen.

Die Seitenzahl vor den folgenden Zitatnachweisen bezieht sich immer auf die Seite dieses Buches, auf der das gedruckte Zitat zu Ende ist.

Seite 15 zitiert nach: Günther Franz (Hg.): Staatsverfassungen. Eine Sammlung wichtiger Verfassungen der Vergangenheit und der Gegenwart in Urtext und Übersetzung. 2. Auflage, München 1964, S. 303 ff

Seite 19 zitiert nach: Deutsche Verfassungen, 6. Auflage, München 1973, S. 39 f

Seite 26 zitiert nach: Günther Franz (Hg.): Staatsverfassungen, a. a. O., S. 212 ff

Seite 26 zitiert nach: Ossip K. Flechtheim (Hg.): Dokumente zur partei-politischen Entwicklung in Deutschland seit 1945. Band 2, Berlin 1963, S. 54 ff

Seite 26 Jahrbuch des öffentlichen Rechts. NF Band 1, Tübingen 1951, S. 1 ff

Seite 26 Jürgen Seifert: Grundgesetz und Restauration. 2. Auflage, Darmstadt/Neuwied 1975, S. 14 f

Seite 60 Urteil des Bundesverfassungsgerichts vom 19. Juni 1966. Abgedruckt in der Amtlichen Sammlung der «Entscheidungen des Bundesverfassungsgerichts» Band 20, S. 119 ff (Abkürzung: BVerfGE 20, 119 ff)

Seite 62 Urteil des Bundesverfassungsgerichts vom 15. Januar 1958. In: BVerfGE 7, 199

Seite 65 Urteil des Bundesverfassungsgerichts vom 15. Januar 1958. In: BVerfGE 7, 199 – hier: S. 208

Seite 68 Urteil des Bundesverfassungsgerichts vom 26. September 1969. In: BVerfGE 25, 256 ff

Seite 70 Deutsche Presse-Agentur: Gesellschaftsvertrag in der Fassung vom 16. Mai 1972 (den Autoren von der dpa zugesandt)

Seite 76 Jürgen Habermas: Strukturwandel der Öffentlichkeit. Neuwied 1974, S. 268

Seite 79 Urteil des Bundesverfassungsgerichts vom 28. Februar 1961. In: BVerfGE 12, 205 ff – hier: S. 259 f

Seite 87 Urteil des Bundesverfassungsgerichts vom 17. August 1956. In: BVerfGE 5, 85 ff – hier: S. 134 f

Seite 88 Beschluß des Oberverwaltungsgerichts Lüneburg vom 27. September 1972. In: Juristenzeitung 1973, S. 161 ff

Seite 89 Urteil des Bundesverfassungsgerichts vom 23. Oktober 1952. In: BVerfGE 2, 1 ff – hier: S. 12 f

Seite 91 zitiert nach: Edmund Brandt (Hg.): Die politische Treuepflicht. Rechtsquellen zur Geschichte des deutschen Berufsbeamtentums. Karlsruhe/Heidelberg 1976, S. 175 ff

Seite 91 zitiert nach: Edmund Brandt (Hg.): Die politische Treuepflicht. A. a. O., S. 100 f

Seite 92 zitiert nach: Edmund Brandt (Hg.): Die politische Treuepflicht. A. a. O., S. 105

Seite 92 zitiert nach: Edmund Brandt (Hg.): Die politische Treuepflicht. A. a. O., S. 110 f

Seite 94 zitiert nach: Edmund Brandt (Hg.): Die politische Treuepflicht. A. a. O., S. 138 f

Seite 94 zitiert nach: Edmund Brandt (Hg.): Die politische Treuepflicht. A. a. O., S. 162 f

Seite 96 Beschluß des Bundesverfassungsgerichts vom 22. Mai 1975. In: BVerfGE 39, 334 ff
Robert Leicht: Gift aus der Kartei. Süddeutsche Zeitung vom 3. Dezember 1975

Seite 101 Die Rede von Alfred Grosser ist abgedruckt in der Frankfurter Rundschau vom 13. Oktober 1975

Seite 102 zitiert nach: Edmund Brandt (Hg.): Die politische Treuepflicht. A. a. O., S. 171 f

Seite 120 Urteil des Bundesverfassungsgerichts vom 15. Dezember 1970. In: BVerfGE 30, 1 ff

Seite 124 Die abweichende Meinung der überstimmten Richter ist abgedruckt in: BVerfGE 30, 33 ff

Seite 125 Siehe hierzu Martin Kriele: ESJ Staats- und Verfassungsrecht. München 1972, S. 257

Seite 126 Urteil des Bundesverfassungsgerichts vom 25. Januar 1975. In: BVerfGE 39, 1 ff

Seite 127 Hans Schueler in: Die Zeit vom 28. Februar 1975

Seite 130 Urteil des Bundesverfassungsgerichts vom 17. August 1956. In: BVerfGE 5, 198

Seite 131 Konrad Hesse: Grundzüge des Verfassungsrechts der Bundesrepublik Deutschland. 8. Auflage, Karlsruhe 1975, S. 87

Seite 132 Hans-Hermann Hartwich: Sozialstaatspostulat und gesellschaftlicher status quo. Köln/Opladen 1970, S. 361 f

Seite136 zitiert nach: Felix Ermacora (Hg.): Internationale Dokumente zum Menschenrechtsschutz, Stuttgart 1971, S. 14 f

Seite 147 zitiert nach: Karl H. Pitz (Hg.): Das Nein zur Vermögenspolitik, Gewerkschaftliche Argumente und Alternativen zur Vermögensbildung. Reinbek bei Hamburg 1975, S. 55

Seite 148 Eugen Loderer: Qualität des Lebens statt Vermögenspolitik. In: Karl H. Pitz (Hg.): Das Nein zur Vermögenspolitik. A. a. O., S. 24

Seite 155 Programme der deutschen Sozialdemokratie. Hannover 1963, S. 77 ff – hier: S. 78

Seite 159 Hans G. Rolff unter Mitarbeit von Elek Nyssen: Sozialisation und Auslese durch die Schule. In: Gesellschaft und Erziehung, Teil VII, Sozialisation und Auslese durch die Schule, hrsg. von Carl-Ludwig Furck, Dietrich Goldschmidt, Ingeborg Röbbelen, Heidelberg 1973, S. 36

Seite 160 Donata Elschenbroich: Von der «Dummheit», die durch kompensatorische Erziehung kuriert werden soll. In: Wider die falsche Vorschulerziehung, hrsg. v. der Redaktion betrifft: erziehung, Weinheim und Basel 1973, S. 13

Seite 161 Urteil des Bundesarbeitsgerichts vom 15. Januar 1955. In: Neue Juristische Wochenschrift 1955, S. 684 f

Seite 165 Peter Schneider: Die Frauen bei Bosch. In: Kursbuch 21. Berlin 1970, S. 83 – hier: S. 100 f

Seite 168 Hans Heinz Heldmann: Ausländerrecht, Disziplinarordnung gegen die Minderheit, Darmstadt und Neuwied 1974, S. 76–78

Seite 183 zitiert nach: Walther Hofer (Hg.): Der Nationalsozialismus. Dokumente 1933–1945. Frankfurt am Main 1947, S. 887

Seite 183 zitiert nach: Edgar Weik: Streik und Klassenkampf. In: Recht und Gesellschaft, Heft 6, November 1973, S. 179 ff – hier: S. 173

Seite 184 Beschluß des Bundesarbeitsgerichts vom 21. April 1971. In: Neue Juristische Wochenschrift 1971, S. 1668 f

Seite 188 zitiert nach: Eberhard Schmidt: Ordnungsfaktor oder Gegenmacht. Die politische Rolle der Gewerkschaften. Frankfurt am Main 1971, S. 222

Seite 189 zitiert nach: Eberhard Schmidt: Ordnungsfaktor oder Gegenmacht. A. a. O., S. 265 f

Seite 190 Beschluß des Bundesarbeitsgerichts vom 21. April 1971. In: Neue Juristische Wochenschrift 1971, S. 1668 – hier: S. 1669

Seite 193 Urteil des Landesarbeitsgerichts Berlin vom 17. August 1953. In: Neue Juristische Wochenschrift 1954, S. 124

Seite 194 zitiert nach: Günther Franz (Hg.): Staatsverfassungen. A. a. O., S. 163

Urteil des Landgerichts Essen vom 5. Juni 1970. In: Juristenzeitung 1972, S. 89 f

Friedrich Kübler: Urteilsanmerkung zu Urteil des Landgerichts Essen vom 5. Juni 1970. In: Juristenzeitung 1972, S. 93

Sachregister

Zeitgeschichte

«Ich fühle mich bis auf den heutigen Tag nicht wohl in meiner Haut als deutscher Untertan — oder genauer: als Untertan und Deutscher. Einige alpdruckartige Eckdaten der jüngeren deutschen Geschichte lassen sich in meinem Kopf nicht so ohne weiteres streichen oder gar umfunktionieren.»
Joschka Fischer

Joschka Fischer
Von grüner Kraft und Herrlichkeit
(rororo aktuell 5532)
Aufsätze, Essays und Reden des grünen «Realo» Joschka Fischer.

Ralf Fücks (Hg.)
Sind die Grünen noch zu retten?
(rororo aktuell 13017)
Anstöße von Ulrich Beck, Monika Griefahn, Petra Kelly, Otto Schily, Michaele Schreyer, Antje Vollmer u.a.

Rudi Dutschke
Mein langer Marsch *Reden, Schriften und Tagebücher aus zwanzig Jahren*
Herausgegeben von Gretchen Dutschke-Klotz, Helmut Gollwitzer und Jürgen Miermeister
(rororo aktuell 4718)

Peter Mosler
Was wir wollten, was wir wurden
Zeugnisse der Studentenrevolte
(rororo aktuell 12488)

Leo A.Müller
Gladio — das Erbe des Kalten Krieges *Der Nato-Geheimbund und sein deutscher Vorläufer*
Mit einem Beitrag von Werner Raith
(rororo aktuell 12993)

rororo aktuell

Mario Krebs
Ulrike Meinhof *Ein Leben im Widerspruch*
(rororo aktuell 5642)
Sie war die meistgesuchte Frau der Bundesrepublik - für die einen überzeugte, wenn auch gescheiterte Moralistin, für die anderen kaltblütige Terroristin. Marion Krebs hat den politischen Lebensweg von Ulrike Meinhof an Hand der Zeugnisse, der Erzählungen von Freunden und Angehörigen und an Hand ihrer eigenen Texte rekonstruiert.

Soziale Konflikte

«Die Antifeministen sind gern bereit, in der Frau schwärmerisch das "andere" zu preisen, um auf diese Weise ihr Anderssein als absolut und unverrückbar hinzustellen und ihr den Zugang zum menschlichen Mitsein zu verwehren.»
Simone de Beauvoir

Doris Lucke / Sabine Berghahn (Hg.)
Rechtsratgeber Frauen
(rororo frauen aktuell 12553)
«Frauen haben Rechte, aber sie müssen sie auch wahrnehmen. Frauen haben Rechte, aber diese Rechte sind oft nur eine schwache Waffe gegen die Macht, die sie begrenzen sollen. Und schließlich: Frauen haben Rechte, aber es könnten mehr und es könnten bessere sein!»
Die Herausgeberinnen

Frank Matakas
Sprünge in der Seele *Psychische Erkrankungen und was man dagegen tun kann Ein Handbuch*
(rororo aktuell 12516)

Christine Swientek
«Ich habe mein Kind fortgegeben» *Die dunkle Seite der Adoption*
(rororo frauen aktuell 5119)
Wenn Frauen nicht mehr leben wollen
(rororo frauen aktuell 12785)

Familienalltag *Ein Report des Deutschen Jugendinstituts Frauensichten - Männersichten*
(rororo aktuell 12517)
In einer Repräsentativbefragung haben Sozialwissenschaftler/innen des Deutschen Jugendinstituts den Familienalltag erkundet und untersucht, welches Lebensgefühl, welche Erwartungen und Enttäuschungen Frauen, Männer und Jugendliche mit ihrem Familienleben verbinden.

H. Rosenberg / M. Steiner
Paragraphenkinder *Erfahrungen mit Pflege- und Adoptivkindern*
(rororo aktuell 12989)
Was passiert mit Kindern, die aus den verschiedensten Gründen zu Sozialwaisen geworden sind? Welche Lebenschancen und Perspektiven haben diese Kinder, wenn sie der Obhut öffentlicher Einrichtungen überantwortet werden? Auf der Grundlage eigener Erfahrungen sowie anhand zahlreicher Fallbeispiele untersuchen die Autoren die Entstehungsbedingungen und das Ausmaß sozialer Verwaisung.

rororo aktuell

Liberalität

«Kaum einer von denen, die über die deutsche Grenze drängen, ob Türken oder Afghanen, ob Boat people oder Tamilen, hat seine Heimat aus Übermut oder Leichtsinn verlassen.»
Wilhelm Wöste, Weihbischof in Münster

Bahman Nirumand (Hg.)
Angst vor den Deutschen *Terror gegen Ausländer und der Zerfall des Rechtsstaates*
(rororo aktuell 13176)
Angst ist zu einem prägenden Lebensgefühl im Alltag von Ausländern geworden. Das Buch sucht mit Appellen, Analysen und Berichten Betroffener nach den Ursachen des Fremdenhasses.
Mit Beiträgen von Hans Magnus Enzensberger, Peter Schneider, Bahman Nirumand, Heiner Geißler, Freimut Duve, Wolfgang Thierse u. a.

Barbara Malchow / Keyumars Tayebi / Ulrike Brand
Die fremden Deutschen
(rororo aktuell 12786)
Aussiedler erzählen ihre Lebensgeschichte, beschreiben ihre Ausreisemotive und schildern ihre ersten Eindrükke vom Leben in der Bundesrepublik.

Dorothee Sölle
Im Hause des Menschenfressers
Texte zum Frieden
(rororo aktuell 4848)
Die Theologin berichtet von Menschenrechtsverletzungen in Brasilien, vom Bürgerkrieg in El Salvador, den «Verschwundenen» in lateinamerikanischen Diktaturen und der Vernichtung der Indianer in Guatemala.

rororo aktuell

Thomas Seiterich (Hg.)
Briefe an den Papst *Beten allein genügt nicht*
Ein Publik-Forum-Buch
(rororo aktuell 12140)

Erhard Eppler
Das Schwerste ist Glaubwürdigkeit
(rororo aktuell 4355)
Gespräche über ein Politikerleben mit Freimut Duve

Peter-Jürgen Boock
Schwarzes Loch
Im Hochsicherheitstrakt
(rororo aktuell Essay 12505)
Notizen und Erinnerungen aus den Haftjahren

aktuell ESSAY

Peter–Jürgen Boock
Schwarzes Loch im Hochsicherheitstrakt
(aktuell 12505)
«Mein Bericht über die Hochsicherheitshaft ist parteiisch und soll es auch sein. Hochsicherheitshaft zerstört Menschen, ihre Psyche wie ihre Physis, dazu kann es keine "neutrale" Position geben.
Jürgen–Peter Boock

István Eörsi
Erinnerung an die schönen alten Zeiten
(aktuell 12990)
1956, nach dem ungarischen Volksaufstand, wurde István Eörsi, Anhänger von Imre Nagy und Schüler des später verfolgten Georg Lukács, verhaftet. Dreißig Jahre danach erinnert er sich ...

Alain Finkielkraut
Die Niederlage des Denkens
(aktuell 12413)

Václav Havel
Briefe an Olga *Betrachtungen aus dem Gefängnis*
(aktuell 12732)
Versuch, in der Wahrheit zu leben
(aktuell12622)
Am Anfang war das Wort
(aktuell 12838)
Die Angst vor der Freiheit *Reden des Staatspräsidenten*
(akutell 13018)
«Ist nicht das Gefühl der Lebensleere und des Verlustes des Lebenssinns nur der Aufruf, nach einem neuen Inhalt und Sinn der eigenen Existenz zu suchen? Sind es nicht gerade die Augenblicke der tiefsten Zweifel, in denen neue Gewißheiten geboren werden?»
Václav Havel

rororo aktuell

Robert Havemann
Die Stimme des Gewissens *Texte eines deutschen Antistalinisten*
(aktuell 12813)
Vom Volksgerichtshof unter Freisler zum Tode verurteilt, als Leiter des Kaiser-Wilhelm-Instituts in Berlin-Dahlem fristlos entlassen, in der DDR seiner Ämter enthoben und aus der Partei ausgeschlossen - Robert Havemann war ein unbequemer Zeitgenosse für das SED-Regime.

Gunter Hofmann
Willy Brandt – *Porträt eines Aufklärers aus Deutschland*
(aktuell 12503)
«Willy Brandt war kein Held. Und er ließ das erkennen. Er war sich seiner selbst nicht ganz sicher. Politiker mit Schwächen kannte man, aber wenige, die sie zeigten. Er habe gelernt, "an die Vielfalt und an den Zweifel zu glauben", gestand er, als ihm der Friedensnobelpreis verliehen wurde.»

aktuell ESSAY

Wolfgang Huber
Protestantismus und Protest
Zum Verhältnis von Ethik und Politik
(aktuell 12136)
«Der christliche Glaube ist so politisch, wie er persönlich ist. Er betrifft die äußeren Lebensverhältnisse, wie er das Innere der Menschen verwandelt. Er hat es mit dem Frieden der Staaten ebenso zu tun wie mit dem Frieden der Herzen. Denn er betrifft den ganzen Menschen. Wer ihn zu einem abgesonderten Lebensbezirk macht, verurteilt ihn zur Bedeutungslosigkeit.»
Wolfgang Huber

Ivan Illich
H_2O und die Wasser des Vergessens
(aktuell 12131)

Walter Janka
Schwierigkeiten mit der Wahrheit
(aktuell 12731)
«Zu allen Zeiten hat es Schriftsteller gegeben, die gegen staatliches Unrecht aufgetreten sind. Was sie größer machte. Um so mehr, wenn sie dafür Opfer bringen mußten.»
Walter Janka

Rudolf zur Lippe
Freiheit die wir meinen
(aktuell 12900)
«Der gescheiterte Sozialismus hinterläßt uns ein erschreckendes Erbe. Die westliche Freiheit muß ganz neu ihren Aufgaben gerecht werden. Wie können wir ihre Werkzeuge tauglich machen, um den Erwartungen zu entsprechen und nicht länger Natur und Geschichte zu zerstören?»
Rudolf zur Lippe

3113/1a

Thomas Meyer
Fundamentalismus Aufstand gegen die Moderne
(aktuell 12414)
Was bleibt vom Sozialismus?
(aktuell 12898)
«Das Ende des Kommunismus kann keinen Sozialismus, der sich ernst nimmt, unberührt lassen. Was ansteht, ist eine neue Kritik des Sozialismus. Sozialismus, der mehr sein möchte als ein hartnäckiges Wort für eine alte Hoffnung, die sich verflüchtigt hat, müßte sich neu beweisen.»
Thomas Meyer

Bahman Nirumand
Leben mit den Deutschen *Briefe an Leila*
(aktuell 12404)

Richard von Weizsäcker
Die politische Kraft der Kultur
(aktuell 12249)
«Kultur ist das eigentliche Leben. Kultur ist kein Vorbehaltsgut für Eingeweihte, sie ist vielmehr unser aller Lebensweise. Sie ist folglich auch die Substanz, um die es in der Politik geht.»
Richard von Weizsäcker

rororo aktuell